Peter Waldmann
Argentinien

Peter Waldmann

Argentinien

Schwellenland auf Dauer

MURMANN

Meinen Söhnen
Adrian und Lucas
gewidmet

Dieses Buch wurde klimaneutral produziert:

Bibliografische Information der Deutschen Nationalbibliothek

Die Deutsche Nationalbibliothek verzeichnet diese Publikation in der deutschen Nationalbibliografie; detaillierte bibliografische Daten sind im Internet über http://dnb.d-nb.de abrufbar.

ISBN 978-3-86774-106-4

Das Werk einschließlich aller seiner Teile ist urheberrechtlich geschützt. Jede Verwertung ist ohne Zustimmung des Verlages unzulässig. Das gilt insbesondere für Vervielfältigungen, Übersetzungen, Mikroverfilmungen und die Einspeicherung und Verarbeitung in elektronischen Systemen.

Copyright © 2010 by Murmann Verlag GmbH, Hamburg

Lektorat: Evelin Schultheiß, Ahrensburg
Umschlaggestaltung: Rothfos & Gabler, Hamburg
Herstellung: Presse- und Verlagsservice, Erding
Gesetzt aus der Myriad und der Minion
Druck und Bindung: Freiburger Graphische Betriebe, Freiburg
Printed in Germany

Besuchen Sie uns im Internet: www.murmann-verlag.de

Ihre Meinung zu diesem Buch interessiert uns!
Zuschriften bitte an **info@murmann-verlag.de**

Den Newsletter des Murmann Verlages können Sie anfordern unter
newsletter@murmann-verlag.de

Inhaltsverzeichnis

Einleitung 7

I. **Argentiniens Weg in die Moderne (1880–2010): Von der blühenden Exportnation zum Entwicklungsstillstand** 17

   1. Wachstum nach außen, 1880–1930 19

      Die Belle Époque (1880–1914) 19
      Wirtschaftliche Entwicklung und soziale
      Probleme ab dem Ersten Weltkrieg 30
      Politische Entwicklung im Zeichen erweiterter
      politischer Partizipation 37

   2. Konservative Restauration und populistische Reaktion, 1930–1955 51

      Argentinien im Zeichen der
      konservativen Restauration 51
      Die Herrschaft der Militärs und
      der Aufstieg Peróns 66
      Die Ära Perón 73

   3. Ein Land in der Krise, 1955–1983 87

      Wirtschaftlicher Stillstand und relative Verarmung 88
      Politische Instabilität 97
      Refeudalisierung von Gesellschaft und Staat 109

4. Demokratie ohne Entwicklung, 1983–2010 121

    Strukturelle Veränderungen 122
    Demokratischer Aufbruch und Ernüchterung 136
    Das alte Spiel 156

II. Ursachen des Entwicklungsstillstands: Ein Erklärungsversuch 167

5. Was heißt Entwicklungsstillstand? 169

6. Mentale Muster und Grundeinstellungen 175

    Identitätsprobleme 175
    Der Staat als Ausbeutungsobjekt 183
    Regelsprengender Individualismus 191
    Fehlen einer nationalen Entwicklungsstrategie 197

7. Gab es Alternativen? 205

    Mögliche Wendepunkte: Der Zweite Weltkrieg
    und die Alfonsín-Regierung 206

Literaturverzeichnis 221
Danksagung 229

Einleitung

Dieses Buch, vor allem sein zweiter Teil, ist der vorläufige Endpunkt einer 40-jährigen, wiederholt unterbrochenen, aber stets aus Neue aufgenommenen Auseinandersetzung mit der La-Plata-Republik: mit ihren gesellschaftlichen, wirtschaftlichen und institutionellen Strukturen, ihren wachen, liebenswürdigen, oft faszinierenden Bewohnern, von denen nicht wenige meine Freunde geworden sind, und ihrer an dramatischen Wendungen reichen jüngeren Geschichte.

Zum ersten Mal sah ich das Land 1969. Ausgerüstet mit einem Stipendium der Friedrich-Ebert-Stiftung, hatte ich vor, eine wissenschaftliche Untersuchung über die erste peronistische Regierungszeit (1946–1955) durchzuführen. 1969 war das Jahr, in dem das von den Streitkräften 1966 errichtete autoritäre Regime unter der Präsidentschaft von General Juan Carlos Onganía, das von den Argentiniern bis dahin widerstandslos akzeptiert worden war, erstmals angegriffen wurde. In Córdoba und Rosario brachen Aufstände aus, neu entstandene Guerillaorganisationen machten durch terroristische Anschläge von sich reden. Die Wut und Erbitterung, die in diesen Gewaltaktionen zum Ausdruck kamen, erstaunten den Neuankömmling. Gewiss, die Militärregierung kam einer politischen Entmündigung der Bürger gleich. Aber hatten sich die politischen Parteien nicht als unfähig erwiesen, den Erwartungen der Bevölkerung zu entsprechen und gemäß den Regeln der Verfassung zu regieren, so dass der Vorschlag, die Streitkräfte möchten die Macht ergreifen, nicht selten von ziviler Seite ausging? Außerdem handelte es sich im Falle des Onganía-Regimes, wie von Argentiniern selbst oft zu hören war, um eine *dicta blanda*, eine milde Diktatur. Die Sicherheitskräfte waren im Straßenbild kaum präsent, die Zensur hielt sich in engen Grenzen, Verwaltung und öffentliche Dienstleistungsbetriebe funktionierten wie unter einer zivilen Regierung. Drei Jahre kontinuierlichen Wirtschaftswachstums schlugen sich in einem relativ hohen durchschnittlichen Lebensstandard und einer generell entspannten sozioökonomischen Situation nieder. Nach der anfänglichen »Säuberung« der Universitäten war auch das kulturelle Leben wieder aufgeblüht, hatte sich allerdings schwerpunktmäßig in Stiftungen und private Zirkel verlagert. Namhafte Künstler und Wissenschaftler aus der ganzen westlichen Welt gaben sich in Buenos Aires ein Stelldichein. Wie waren unter diesen Umständen die Heftigkeit und der Ingrimm zu erklären, mit denen vor allem junge Leute gegen ein Regime aufbegehrten, unter dem es sich, insgesamt betrachtet, doch recht gut leben ließ?

Als ich nach etwa fünf Jahren das Land erneut besuchte, erkannte ich es auf Anhieb kaum wieder. Inzwischen waren die Peronisten an die Macht zurückgekehrt, die zunächst von Héctor Cámpora, dann dem aus dem Exil zurückgekehrten greisen Perón selbst und nach dessen baldigem Tod durch die Vizepräsidentin, seine Gattin »Isabelita«, ausgeübt wurde. Ein Krieg aller gegen alle schien entbrannt zu sein; die vor fünf Jahren auf mich insgesamt friedfertig und tolerant wirkende Gesellschaft zeigte sich nunmehr von ihrer konfliktiven, gewaltbereiten Seite. Man musste nicht lange suchen, um diesen gewalttätigen Zug zu entdecken, er war im Alltag in den unterschiedlichsten Formen präsent und füllte zudem die Medien. Die Kriminalität hatte zugenommen, und die paramilitärischen Akteure hatten aufgerüstet. Die Guerillaverbände waren zu machtvollen Organisationen herangewachsen, die nach Gutdünken Unternehmer und Vertreter des sogenannten Establishments bedrohten und umbrachten. Auf der Gegenseite waren rechtsextreme Todesschwadronen auf den Plan getreten, die sich ihre Opfer unter Gewerkschaftsführern und angeblichen Linkssympathisanten aussuchten. Nimmt man die kaum kalkulierbaren Interventionen der offiziellen Sicherheitskräfte hinzu, so ergab sich eine schwer überschaubare Lage, in der nicht mehr klar zu erkennen war, wer wen bekämpfte, und kein Bürger, der, in welcher Form auch immer, hervorgetreten war, ein Amt oder eine wichtige Funktion bekleidete, noch seines Lebens sicher war. Ich begann zu begreifen, dass ich es mit einer vielschichtigen, komplexen Gesellschaft zu tun hatte; einer Gesellschaft, bei der hinter der Fassade der Zivilität und Toleranz die unterschiedlichsten, teils auch finstren Kräfte am Werke waren und ihr inneres und äußeres Gleichgewicht erschütterten.

Es folgten die Jahre der Militärdiktatur, in denen an die Stelle der offenen Konfrontation das »Verschwindenlassen« angeblicher und wirklicher Regimegegner in Nacht- und Nebelaktionen und das einer Distanzierung von den Opfern gleichkommende Schweigen der Mehrheit zu diesen Repressionsakten trat; dann die militärische Niederlage des Landes im Malvinas-/Falkland-Krieg gegen Großbritannien und die erneute Rückkehr Argentiniens zur Demokratie, die jedoch durch die wirtschaftlich angespannte Situation und die hohe Inflation überschattet wurde, die sich 1989 zur Hyperinflation steigerte; schließlich als Reaktion darauf die »neoliberale« Wende unter Carlos Menem 1990/1991 und zehn Jahre darauf der Staatsbankrott. Ich besuchte das Land in dieser Zeit mit einiger Regelmäßigkeit im Abstand von jeweils 3 bis 5 Jahren. Die Anlässe waren unterschiedlich: Teils handelte es sich um Einladungen von offizieller Seite, teils um wissenschaftliche Konferenzen und Gastdozenturen, teils um Gründe vorwiegend privater Natur. Auf diese Weise kam ich mit sehr unterschiedlichen sozialen Milieus, Institutionen und Personenkreisen in Berührung.

Der Eindruck, der sich aus diesen mannigfaltigen Begegnungen, Beobachtungen und Erfahrungen ergab, war, dass das Land nach einem kräftigen Modernisierungs- und Entwicklungsschub zwischen 1880 und 1930, von dem es immer noch zehrte, an eine Schwelle gelangt war, sich in eine Sackgasse manövriert hatte, welche zu überschreiten beziehungsweise aus der sich zu befreien ihm sehr schwerfiel. Die Entwicklung in den vergangenen Jahrzehnten als regelrechten Niedergang oder Abstieg zu bezeichnen erschiene übertrieben, da sie dazu zu ungleichmäßig verlief, sich in kleinen, unregelmäßigen Schritten vollzog. Der krisenhaften Zuspitzung der Verhältnisse folgten regelmäßig Erholungsphasen, am greifbarsten im ökonomischen Bereich in Form der »stop-go-cycles«. Nicht wenige unter den in kollektiven Angelegenheiten durchaus wundergläubigen Argentiniern knüpften an jeden dieser temporären Aufschwünge die Hoffnung, nun werde sich alles zum »Guten« wenden, das Land erneut den verlorenen Anschluss an die »Erste Welt« (den fortgeschrittenen Westen) finden. Doch eine strukturelle, längerfristige Betrachtungsweise enthüllte das Trügerische dieser Hoffnung. Die Indizien, die auf einen Entwicklungsstillstand, wenn nicht sogar auf regressive Tendenzen hindeuten, nahmen im Laufe der Jahre eher zu als ab. Dazu zählen unter anderem: die Häufung nicht naturbedingter, sondern durch Missmanagement verursachter Katastrophen; die wachsende Kluft zwischen Arm und Reich und die Zersplitterung der einst umfangreichen sozialen Mittelschicht; die Zunahme sozialer Armut und des informellen Sektors, verbunden mit dem wachsenden Bildungsdefizit der Unterschichten und sozialen Randgruppen; Inkompetenz und Korruptheit der öffentlichen Verwaltung sowie das sinkende Niveau der politischen Führung und der politischen Klasse insgesamt; schließlich der tendenzielle Rückzug des Staates aus dem öffentlichen Raum, von dem sich sowohl Oberschicht- als auch Unterschichtgruppen Teile angeeignet haben und in eigener Regie verwalten.

Diese Krisendiagnose ist nicht neu, etliche argentinische Sozialwissenschaftler und Argentinien-Experten aus anderen Ländern sind zu ähnlichen Schlussfolgerungen gelangt. *La declinación argentina*, der argentinische Niedergang, wurde zeitweise geradezu zum modischen Schlagwort. Unabhängig von dergleichen Modeströmungen stellt der *Bicentenario*, die Tatsache, dass Argentinien vor 200 Jahren seine staatsrechtliche Unabhängigkeit erlangt hat, für viele Argentinier einen Anlass dar, Bilanz zu ziehen und sich über den Entwicklungsverlauf der Nation, der nach einem äußerst hoffnungsträchtigen Start in der zweiten Hälfte des 19. Jahrhunderts mittlerweile in eine Dauerstagnation zu münden scheint, Gedanken zu machen. Die dabei regelmäßig auftauchende Frage lautet: Warum? Wie ist dieser merkwürdige Stillstand nach so vielversprechenden Anfängen zu erklären?

Lange Zeit war es üblich, den »Schuldigen« in einer bestimmten Epoche, einer historischen Konstellation oder politischen Kraft oder Bewegung zu suchen, etwa in der Tatsache, dass Argentinien es versäumte, rechtzeitig Zugeständnisse an die USA, die aufsteigende Supermacht nach dem Zweiten Weltkrieg, zu machen. Insbesondere Perón und generell der Peronismus wurden für zahlreiche Fehlentwicklungen, vor allem den Verfall der politischen Kultur des Landes verantwortlich gemacht. Diese Schuldzuweisungen haben heute, zumindest unter Wissenschaftlern, einer differenzierteren und stärker strukturell ausgerichteten Betrachtungsweise Platz gemacht, wobei jede Disziplin naturgemäß die Hauptdefizite im eigenen Zuständigkeitsbereich ortet. So sehen Ökonomen die Hauptursache für die Dauerkrise des Landes in regelmäßig auftretenden Zahlungsbilanzengpässen und dem Fehlen einer dynamischen Schicht von Industrieunternehmern, die dafür gesorgt hätte, dass die nationalen Industrieprodukte (ähnlich wie die Nahrungsmittel) einen internationalen Absatz finden. Politologen verweisen auf die ständige Verletzung der Verfassung, den Hyperpräsidentialismus als politische Fehlentwicklung und die frühzeitige Intervention des Militärs in den politischen Prozess, die dessen chronische Instabilität erkläre. Soziologen wiederum legen den Hauptakzent auf das mangelnde soziale Vertrauen, den ausgeprägten Gruppenpartikularismus und die große Kluft zwischen den sozialen Schichten, welche die soziale Integration als Voraussetzung eines Entwicklungsfortschritts beeinträchtigen.

Alle diese Teilerklärungen haben ihre Berechtigung. Hier wird indes davon ausgegangen, dass es weniger bestimmte wirtschaftliche, institutionelle oder soziale Sachverhalte als solche sind, welche die argentinische Malaise begründen, als vielmehr die ihnen zugrunde liegenden, sie begleitenden, teilweise auch daraus entspringenden mentalen Grunddispositionen und -haltungen. Bestimmte Perzeptions- und Verhaltensmuster, die in Grundüberzeugungen und -einstellungen verankert sind, so die hier vertretene These, bilden in ihrer gegenseitigen Verflechtung und Prägekraft, die sie vor allem auf das Handeln der politischen Klasse ausüben, die Hauptursache für den Entwicklungsengpass, in dem sich Argentinien seit geraumer Zeit befindet. Im ersten, historischen Teil nur gelegentlich angesprochen, werden diese mentalen Züge im zweiten, analytischen Teil systematisch herausgearbeitet. Dabei handelt es sich erstens um die gespaltene Identität der Argentinier und, daraus resultierend, eine tiefe Ambivalenz, was ihre nationale Zugehörigkeit und die Bereitschaft, sich für die nationale Gemeinschaft einzusetzen, betrifft; zweitens um eine einseitig utilitaristische Auffassung vom Staat als Beuteobjekt sowie, unabhängig davon, den fehlenden Willen und die mangelnde Fähigkeit, Konflikte auf dem Verhandlungswege beizulegen; drittens um exzessiven Individualismus, gepaart mit einer Missachtung der Gesetze und generell der Rechtsordnung, die diesen in die Schranken weisen könnte; schließlich – viertens – um das Denken und Operieren in kleinen taktischen Schritten, das Fehlen einer umfassenden Entwicklungsvision und -strategie. Den vier Einstellungsmustern wird sowohl in ihrer Genese als auch in ihren konkreten Auswirkungen auf Politik und Gesellschaft nachgegangen. Auch die Frage, ob und wann es eine Chance gegeben hat, aus den zu einem Gesamtsyndrom sich verdichtenden Mentalitätsmustern auszubrechen und einen alternativen Entwicklungsweg einzuschlagen, wird zur Diskussion gestellt.

Man könnte die Ergebnisse der Studie dahin gehend zusammenfassen, dass die Argentinier, ungeachtet ihrer Flexibilität und pragmatischen Anpassungsfähigkeit, außerstande waren, umzulernen und gewisse Parameter ihres Denkens, ihrer Orientierung und ihres Verhaltens zu verändern. Sie verharren weiterhin in Mythen, pflegen Einstellungen und Eigenschaften, die in der Phase des fabulösen Aufschwungs des Landes Anfang des 20. Jahrhunderts tolerabel oder gar nützlich gewesen sein mögen, angesichts der veränderten Gesamtsituation aber große Reibungsverluste mit sich bringen und gesamtgesellschaftlich betrachtet ein Entwicklungshindernis darstellen.

Anknüpfend an diesen Befund wäre die Frage aufzuwerfen, welche Lehren der argentinische Fall für Dritte bereithält. Man kann sie mehr ins Theoretisch-Abstrakte wenden oder in Bezug auf andere Länder stellen. Was zunächst die theoretisch-abstrakte Ebene betrifft, so liegt die argentinische Erfahrung sowohl quer zu den gängigen Elitetheorien als auch zu dem heute in den Sozialwissenschaften sich großer Beliebtheit erfreuenden sogenannten »rational-choice«-Ansatz. Die sozialwissenschaftliche Eliteforschung hat sich in den vergangenen Jahrzehnten fast ausschließlich für die Machteliten und die Funktionseliten interessiert. Der dritte Teiltypus der Werteliten blieb aus der Betrachtung weitgehend ausgeklammert, da man davon ausging, in fortgeschrittenen Industriegesellschaften herrsche ein Wertepluralismus, der die Bezeichnung einer Gruppe als Wertelite als mehr oder weniger willkürlich erscheinen lasse. Außerdem war man der Überzeugung, funktional ausdifferenzierte Gesellschaften entwickelten eine Stabilität eigener Art, die eine gemeinsame Wertebasis und Eliten, welche diese verkörperten, weitgehend überflüssig machte. Argentinien, dessen Gesellschaft bereits hochdifferenziert ist, zeigt das Irrtümliche dieser Annahmen auf. Viele der aufgezählten Defizite, vor allem der beklagenswerte Zustand der öffentlichen Institutionen und des politischen Bereichs, hängen letztlich mit dem Fehlen einer Elite zusammen, die sich jenseits aller partikularen Belange für das Wohl der nationalen Gemeinschaft in ihrer Gesamtheit einsetzt und die gemeinsame Zukunft im Auge hat.

Was den »rational-choice«-Ansatz angeht, so kann die argentinische Gesellschaft, vor allem die Mittelschicht, als Paradefall hochrational kalkulierender und vorgehender Individuen angesehen werden. Ich hatte während der Zeit der Hochinflation (1975–1988), als die durchschnittliche jährliche Inflationsrate bei 100 Prozent und teilweise darüber lag, wiederholt Gelegenheit, die Fähigkeit des Durchschnittsargentiniers zu bewundern, blitzschnell den Zeitverlauf zum Geldwert in Beziehung zu setzen und entsprechend (zum Beispiel bei der Verwendung von Kreditkarten) zu handeln. Zugleich ist das Land jedoch ein gutes Beispiel dafür, dass eine Vielzahl rational kalkulierender Individuen weder eine Gemeinschaft noch eine Gesellschaft, sondern allenfalls ein höchst instabiles, von ständigen Konflikten und Fragmentierungstendenzen bedrohtes soziales Gebilde ergibt. Es ist letztlich das »irrationale«, weil nicht auf den eigenen Vorteil bedachte Engagement, ein ohne genaue Vorkenntnisse und Absicherungen anderen Menschen entgegengebrachtes Vertrauen, das erst gesellschaftlichen Zusammenhalt stiftet und Entwicklung ermöglicht.

Können andere, insbesondere europäische Länder etwas aus dem argentinischen Beispiel lernen? Insoweit scheint große Vorsicht geboten. Die erheblichen Unterschiede, die zwischen einer ehemaligen spanischen Kolonie sowie einem klassischen transatlantischen Einwanderungsland einerseits und den Staaten des alten Kontinents mit ihren ganz andersartigen Strukturen und geschichtlichen Traditionen andererseits bestehen, sollten vor voreiligen Parallelisierungen warnen. Gleichwohl gibt es in Europa durchaus einige alarmierende Entwicklungstendenzen, die als Vorstufe zu den in Argentinien herrschenden Missständen gedeutet werden können. Zu denken ist etwa an Anzeichen einer allmählichen »Enthoheitlichung« des Staates, der zunehmend gesellschaftlichen und vor allem wirtschaftlichen Interessen untergeordnet wird, an die Aufweichung der Rechtsordnung sowohl im Rahmen der Terroristenverfolgung als auch bei Wirtschaftsdelikten oder bei der »flexiblen« Handhabung der Verschuldungsgrenzen der öffentlichen Haushalte sowie, last, but not least, an die anhand von zahlreichen Einzelfällen belegbare moralische Krise der wirtschaftlichen und politischen Eliten. Dabei handelt es sich bisher nur um Warnsignale, die auf möglicherweise bedenkliche Entwicklungen in der Zukunft hindeuten. Zwei Argumente sprechen jedoch dafür, diese Signale nicht auf die leichte Schulter zu nehmen. Das erste ist der Umstand, dass Europa mit Argentinien, wenngleich zeitlich verschoben, eine sich über gut 50 Jahre erstreckende Phase fast ununterbrochenen wirtschaftlichen Wachstums und Wohlstandsgewinns teilt. So erfreulich sich dies aus rein ökonomischer Sicht ausnimmt, so bedenklich sind die sozialpsychologischen Folgen solcher anhaltender Wachstumsperioden. Ein Gutteil, wenn nicht die meisten der gegenwärtig Argentinien in Bedrängnis bringenden mentalen Züge bildeten sich, zumindest keimhaft, bereits in der sogenannten »Belle Époque« (1880–1914) heraus. Es wäre verwunderlich, wenn die europäischen Länder von diesen negativen Folgen kontinuierlichen wirtschaftlichen Aufschwungs gänzlich verschont blieben. Das zweite Argument hängt mit der im letzten Abschnitt des Buches angewendeten Theorie der Pfadanalyse und deren Erkenntnissen zusammen. Wie dort aufgezeigt wird, sind pfadabhängige Entwicklungen prinzipiell langfristiger Natur. Wenn ein bestimmter historischer Entwicklungspfad einmal eingeschlagen ist, fällt es schwer, ihn zu verlassen und einen alternativen Kurs zu wählen. Man ist, mit anderen Worten, sobald sich bedenkliche Tendenzen abzeichnen, gut beraten, ihnen frühzeitig entgegenzutreten. Haben sie sich zu einem eigenen »Entwicklungsweg« verdichtet, dann fällt es schwer, das Steuer wieder herumzureißen und die entscheidenden Akzente für einen positiven Entwicklungsverlauf zu setzen.

I. Argentiniens Weg in die Moderne (1880–2010): Von der blühenden Exportnation zum Entwicklungsstillstand

1. Wachstum nach außen, 1880–1930

Die Belle Époque (1880–1914)

Am Vorabend des Ersten Weltkriegs konnte Argentinien auf einen fast 35 Jahre anhaltenden wirtschaftlichen Aufschwung zurückblicken. Das stabile Wachstum von durchschnittlich 5 Prozent im Jahr wurde nur Anfang der 90er Jahre des 19. Jahrhunderts durch eine vorübergehende Rezession unterbrochen. Das Land hatte sich neben Australien, Kanada und den USA zu einer der führenden Exportnationen für landwirtschaftliche Produkte wie Mais, Weizen oder Leinsamen sowie für Wolle und Rindfleisch entwickelt. Das durchschnittliche Pro-Kopf-Einkommen war dem in Deutschland und den Niederlanden vergleichbar und lag höher als in der Schweiz oder Schweden. Buenos Aires, mit 1,5 Millionen Einwohnern die größte Stadt Südamerikas, war zu einer mit europäischen Hauptstädten durchaus vergleichbaren Metropole herangewachsen. Die Pampa, ein etwa 600 Kilometer breiter Gürtel fruchtbaren Landes rund um Buenos Aires, war von einem langen und weit verzweigten Eisenbahnnetz durchzogen, für das es in ganz Lateinamerika keine Parallele gab.

Entscheidende Impulse für diesen spektakulären Wachstumsschub kamen aus Europa. Zu ihnen zählten der reichliche Zufluss von Kapital, eine unbegrenzte Zahl billiger Arbeitskräfte und die steigende Nachfrage nach Nahrungsmitteln auf dem alten Kontinent, die dort folglich gute Preise erzielten; außerdem die Verbilligung der Fracht- und Transporttarife über den Atlantik als Folge der Verbreitung der Dampfschifffahrt. Eine *relación especial*, eine besonders enge wirtschaftliche Beziehung, hatte sich zwischen Argentinien und Großbritannien, der damals führenden europäischen Industriemacht, herausgebildet. Die weitgehend in den städtischen Arbeitsprozess eingegliederte britische Bevölkerung wurde zu einem Hauptabnehmer argentinischer Agrarprodukte, vor allem von Rindfleisch. Im Gegenzug versorgte das Inselreich Argentinien mit den modernsten Industriegütern und Finanzierungsmitteln für den Aufbau seiner Wirtschaft. Rund 60 Prozent der ausländischen Investitionen entfielen auf britische Anleger, denen beispielsweise 80 Prozent des Eisenbahnnetzes gehörten.

Doch auch die einheimische Führungsschicht, die sogenannte »Generation der 80er Jahre«, leistete ihren Beitrag zur rapiden Modernisierung des Landes. Sie hatte die politischen Voraussetzungen geschaffen, indem sie die Indios in einem blutigen Feldzug aus der *pampa húmeda* brutal zurückgedrängt sowie der Rivalität zwischen Buenos Aires und den übrigen Provinzen durch die Trennung der Stadt Buenos Aires von der gleichnamigen Provinz ein Ende bereitet hatte. Zudem hatte sie durch die Konzentration militärischer, politischer und wirtschaftlicher Macht bei der Zentralregierung einen nach innen und außen handlungsfähigen, souveränen Staat errichtet. Auch die wirtschaftlichen Fortschritte im engeren Sinn waren primär das Verdienst dieser traditionellen Oberschicht. Sie öffnete das Land bewusst dem ausländischen Kapital und den Einwanderungsmassen aus Europa, bemühte sich durch großzügige staatliche Absicherung der ausländischen Kredite um den raschen Ausbau der Infrastruktur und sorgte als Besitzerin riesiger Ländereien durch Verbesserung des Saatgutes, der Rinderrassen sowie der Hege- und Weidebedingungen dafür, dass die argentinischen Ackerbau- und Viehzuchtprodukte international konkurrenzfähig wurden.

Der wirtschaftliche Aufschwung basierte auf einer umfangreichen Einwanderung und zog seinerseits unaufhörlich neue Zuwanderer an, so dass es zu einer regelrechten demografischen Erneuerung des Landes kam. Insgesamt kamen zwischen 1870 und 1914 rund sechs Millionen Ausländer nach Argentinien, von denen etwa die Hälfte dauerhaft im Lande blieb. Die meisten von ihnen stammten aus Italien und Spanien, doch bildeten sich auch deutsch-, französisch- und englischsprachige Einwandererkolonien. Der Zensus von 1914 wies circa ein Drittel der acht Millionen Einwohner des Landes als Nichtargentinier aus; in der Hauptstadt Buenos Aires lebten über Jahrzehnte hinweg fast genauso viele Ausländer wie Argentinier. Nicht wenige der Zugewanderten, vor allem italienische Familien, gingen in die Landwirtschaft. Der überwiegende Teil blieb jedoch in den Städten, so dass das rasche Bevölkerungswachstum nach 1880 von einer nicht minder rapiden Urbanisierung des Landes begleitet wurde. Großstädte wie Buenos Aires, Córdoba und Rosario verfünffachten oder verzehnfachten ihre Einwohnerzahl innerhalb von 50 Jahren; aus verlorenen dörflichen Siedlungen in der Pampa wurden Städte mittlerer Größe.

Die Gesellschaft, die sich im Zuge der raschen wirtschaftlichen Expansion und zunehmenden Bevölkerungsdichte allmählich herausbildete, war ebenso bunt wie heterogen, offen wie rücksichtslos. Die Möglichkeiten individueller Entfaltung und Mobilität schienen unbegrenzt zu sein. Die Kehrseite dieser Offenheit und Flexibilität der Strukturen war eine verbreitete Tendenz zur Desorientierung und Regellosigkeit, die sich in hohen Raten sozialer Abweichung und Anomie (Kriminalität, Prostitution, Spekulation, Glücksspiel) niederschlug. Gleichwohl blieben trotz des raschen sozioökonomischen Wandels die strukturbildenden Unterscheidungen zwischen Zugewanderten und Einheimischen und die zwischen den sozialen Schichten von Bedeutung.

Im Unterschied zu den USA ist für Argentinien oft betont worden, dass die Einwanderer kaum Vorurteilen von Seiten der einheimischen Bevölkerung ausgesetzt waren, so dass sich ihre wirtschaftliche und gesellschaftliche Integration reibungslos vollziehen konnte. Als ein Grund hierfür wird nicht zuletzt die Zugehörigkeit beider Gruppen zum romanischen Kulturkreis genannt, der die Verständigung zwischen ihnen erleichterte. Bei genauerer Betrachtung zeigt sich jedoch, dass die ausländischen Arbeiter, Angestellten, Unternehmensleiter und Pächter oft nicht an einer vollständigen Eingliederung in die argentinische Gesellschaft, insbesondere an der argentinischen Staatsangehörigkeit interessiert waren. Dies hing teils mit dem wirklich oder vermeintlich höheren Ansehen der Herkunftsnation zusammen, welches die »Argentinisierung« als sozialen Abstieg erscheinen ließ, teils mit der fortdauernden Verbundenheit mit dem Heimatland, die – bekräftigt durch eifrige Konsulatsbeamte – den Überseeaufenthalt zu einem zeitlich begrenzten Abenteuer machte, bei dem es möglichst viel Geld zusammenzuraffen galt. Hinzu kam, dass auch Nichtargentinier ihre wirtschaftlichen Interessen über Gewerkschaften und sonstige Interessenverbände verfolgen konnten, das heißt, die Annahme der argentinischen Staatsbürgerschaft brachte keinen offensichtlichen Vorteil. Diese Zurückhaltung wiederum kam der einheimischen Führungsschicht entgegen, die, sosehr sie die Fremden als Arbeitskräfte begrüßte, in politischer Hinsicht äußerst misstrauisch ihnen gegenüber war. Denn sie befürchtete, dass der Einfluss der Neuankömmlinge die eigene Machtposition untergraben und die bestehende gesellschaftliche und politische Ordnung erschüttern würde – eine Auffassung, die bei aller Konzilianz im täglichen Umgang von der einheimischen Bevölkerung prinzipiell geteilt wurde. Als Konsequenz dieser auf beiden Seiten vorherrschenden zwiespältigen Haltung behielten die meisten Einwanderer ihre ursprüngliche Nationalität bei. Dies hatte zur

Folge, dass ein Großteil der städtischen Unterschichten und generell der wirtschaftlich dynamischsten Gruppen der aufstrebenden Nation über Jahrzehnte hinweg ohne politische Vertretung und Stimme blieb.

Auch die vertikale Gliederung der Gesellschaft nach sozialen Schichten und Klassen blieb trotz des ungeheuren Einwanderungsschubs unangetastet. Dies erklärt sich daraus, dass das Streben nach einem hohen sozialen Status, unabhängig vom wirtschaftlichen Erfolg, und entsprechender sozialer Anerkennung und Respektierung zu den traditionellen Grundzügen der argentinischen Gesellschaft zählt. Den traditionellen Familien der Oberschicht fiel diese gesellschaftliche Wertschätzung sozusagen automatisch zu, vor allem wenn sie es verstanden hatten, einem verdienstvollen, oft bis weit in die Kolonialzeit zurückreichenden Namen durch die Ansammlung von Reichtum auch den gehörigen äußeren Glanz zu verleihen. Diese alten Oberschichtfamilien hatten in der *Sociedad Rural* (SR) ihr zentrales, dem Großgrundbesitz verpflichtetes Interessenorgan und im Jockey-Club von Buenos Aires ihren bevorzugten gesellschaftlichen Treffpunkt, traten aber nach außen hin keineswegs als eine geschlossene soziale Kaste auf. Vielmehr stellten sie eine relativ offene Gruppe dar, offen für Aufsteiger, die sich durch außergewöhnliche wirtschaftliche Erfolge oder durch bedeutende intellektuelle oder sonstige Leistungen hervorgetan hatten. Bei aller Bewunderung für Europa, das in jeder Hinsicht als vorbildlich erachtet wurde, blickte die argentinische Führungsschicht nicht ohne Stolz auf die spektakuläre Entwicklung des eigenen Landes. Von einzelnen Ausnahmen abgesehen zweifelte sie nicht daran, dass das Land erst am Beginn seiner »Karriere« stehe und eine große Zukunft zu erwarten habe. Wenngleich viele Sprösslinge aus den alten Häusern selbst wenig dazu beitrugen, diese Zukunft herbeizuführen, sich vielmehr auf den Lorbeeren und dem Vermögen der Vorfahren ausruhten, hat die »Oligarchie« – wie sie später genannt wurde – doch auch eine Reihe bedeutender Köpfe und begabter politischer Führer hervorgebracht.

Eine Besonderheit der argentinischen Schichtungspyramide bestand darin, dass sie schon zu einem relativ frühen Zeitpunkt eine breite Mittelschicht aufwies. Auf dem Lande hatte die dominierende Form des Großgrundbesitzes nur in einigen wenigen Gebieten, wie beispielsweise in der Provinz Santa Fe, die Entstehung eines unabhängigen mittleren Bauerntums zugelassen, wohingegen es in den Großstädten, vor allem in Buenos Aires, bereits zu Beginn des vergangenen Jahrhunderts zur Bildung umfangreicher mittelständischer Gruppen kam: einmal die genetisch ältere, weniger angesehene Schicht der Händler, Handwerker und Kleinproduzenten und, darüber gelagert, die neue Mittelschicht der Verwaltungsbeamten, Lehrer, mittleren und höheren Angestellten sowie Vertreter der freien Berufe. Die untere, hauptsächlich im produzierenden Gewerbe verankerte Mittelschicht setzte sich vorwiegend aus Einwanderern zusammen, die obere Mittelschicht vor allem aus Kreolen. In die gehobene Mittelschicht aufzusteigen war vor allem der Wunschtraum der Argentinier der »ersten Generation«, also der Einwanderersöhne, die damit ihre bescheidene soziale Herkunft überwinden wollten, was in der Regel durch einen höheren Bildungsabschluss, insbesondere ein Universitätsexamen gelang.

Zu den sozialen Unterschichten schließlich zählten auf dem Lande vor allem die kleinen Pächter und die saisonalen Landarbeiter. Die neue Form der intra- und internationalen Wanderarbeit – vor allem spanische Landarbeiter verließen im Winter ihr Land, um sich in Argentinien als Erntehelfer zu verdingen – verdrängte hier den Typus des traditionellen Viehhirten, den Gaucho. Das Gros der städtischen Unterschicht war im Handel, in den Gefrierfleischfabriken, bei der Eisenbahn, im produzierenden

Gewerbe sowie als Hauspersonal beschäftigt. Drei Viertel davon waren Einwanderer, die als ungelernte Arbeiter die unterste Stufe der sozialen Schichtungspyramide bildeten. Die nächsthöhere Schicht stellte die schon wesentlich besser bezahlte Gruppe der angelernten Arbeiter und Facharbeiter. Das Lohnniveau war – insbesondere im Verhältnis zu den preiswerten Grundnahrungsmitteln – generell relativ hoch. Hauptprobleme waren die fehlende sozial- und arbeitsrechtliche Absicherung sowie die katastrophale Wohnungssituation, vor allem in der Hauptstadt. Viele Arbeiterfamilien mussten mit einem einzigen Zimmer in einem der sogenannten *conventillos*, den ehemaligen Residenzen der Oberschicht, auskommen.

Der Stolz vieler Argentinier auf die beachtliche Entwicklungsleistung des Landes, die sie weit über das Niveau anderer lateinamerikanischer Länder hinausgetragen hatte, ließ sie übersehen, dass dieser Aufschwung zum einen an ganz spezifische, keineswegs als dauerhaft zu sehende Bedingungen geknüpft war und zum anderen neben den zutage liegenden positiven Auswirkungen auch einige bedenkliche Folgen zeitigte. Zu den Voraussetzungen für das Funktionieren des nach 1880 praktizierten wirtschaftlichen Wachstumsmodells »nach außen« zählte neben dem Zufluss an Finanzmitteln und Arbeitskräften aus Europa vor allem die Erhaltung des Weltfriedens, ohne den die internationalen Handelsströme nicht garantiert waren. Außerdem war binnenwirtschaftlich gesehen das rasche und stetige Wachstum des Primärsektors in erster Linie durch die Erschließung neuer fruchtbarer Ländereien für Ackerbau und Viehzucht ermöglicht worden. Doch eben diese relativ problemlose »horizontale« Expansion stieß allmählich an ihre Grenzen, nachdem das Reservoir noch ungenutzter Böden in der Pampa fast ausgeschöpft war. Fortan waren Produktionsfortschritte nur noch von einer intensiveren Nutzung der landwirtschaftlichen Betriebsflächen zu erwarten, das heißt von einer

Steigerung der Produktivität oder der Bewirtschaftung auch weniger ergiebiger Böden. Gleichzeitig war der industrielle Sektor noch außerstande, die Rolle eines wirtschaftlichen Wachstumsmotors zu übernehmen. Obwohl nach Beschäftigtenzahl und Beitrag zum Bruttoinlandsprodukt keineswegs mehr unbedeutend, war die Industrie, mit Ausnahme des Lebensmittelsektors, in technologischer Hinsicht gegenüber Europa deutlich im Rückstand. Vom Aufbau einer nationalen Schwerindustrie konnte kaum ansatzweise gesprochen werden, da die benötigten Rohstoffe größtenteils importiert werden mussten. Eine aus eigener Kraft sich entwickelnde Industrie schien ein nahezu aussichtsloses Unterfangen.

Zu den bedenklichen Folgen des beschleunigten Wachstums »nach außen« gehörte vor allem die Verzerrung der Binnenstruktur des Landes durch die einseitige Ausrichtung der gesamten Wirtschaft auf die internationalen Exportmärkte. Diese Verzerrung kam am deutlichsten im extremen Entwicklungsgefälle zwischen der Haupt- und Hafenstadt Buenos Aires einerseits und den Randprovinzen andererseits zum Ausdruck. Buenos Aires, das Paris Lateinamerikas, war im Grunde ein Vorposten Europas und verstand sich auch als solcher. Hier liefen alle Verkehrsadern zusammen, waren wirtschaftlicher Reichtum, politische und militärische Macht und soziales Ansehen konzentriert, verfügte man über alle technischen Errungenschaften der Moderne und nahm am intellektuellen und künstlerischen Leben der westlichen Welt teil. Demgegenüber schien in den fernen Randprovinzen der Republik, von ein paar wenigen Ausnahmen abgesehen, die Zeit praktisch stillzustehen. Die wenigen Siedlungen waren ärmlich, heruntergekommen, verlassen; es gab kaum Krankenhäuser, Schulen und Bibliotheken. Entsprechend hoch waren die Kindersterblichkeit und der Analphabetismus. Die Straßen waren in schlechtem Zustand, der Verkehr wurde auf Maultieren abgewickelt. Nur in einigen Provinzen (unter anderem Río Negro,

Mendoza, Tucumán, Misiones) hatte sich auf der Basis einer ausschließlich für den nationalen Markt bestimmten landwirtschaftlichen Produktion (unter anderem Wein, Früchte, Baumwolle, Zuckerrohr) ein bescheidener Wohlstand entwickelt. Zwischen diesen beiden Extrempolen erstreckte sich die Pampa, deren Erschließung für Ackerbau und Viehzucht das Land in erster Linie seinen rapiden Aufschwung zu verdanken hatte und die ihrerseits sichtbar an diesem Aufschwung teilgenommen hatte: zahlreiche Windmühlen, riesige bebaute Flächen, eingezäunte Weiden, bisweilen ein in einen Park eingebetteter stattlicher Gutshof *(estancia)* prägten das Bild. Aus dorfähnlichen Siedlungen waren etwa ein Dutzend Städte mittlerer Größe mit einer soliden infrastrukturellen Ausstattung entstanden. Dennoch blieb auch diese wirtschaftliche Schlüsselzone nur relativ dünn besiedelt, was wiederum mit der vorherrschenden Form des Großgrundbesitzes und der daraus resultierenden extensiven Bewirtschaftung der Ländereien zusammenhing: 61 Prozent aller Güter hatten einen Umfang von 1000 Hektar und mehr, auf Familienbetriebe von 500 bis 1000 Hektar entfiel dagegen nur ein knappes Viertel der gesamten Pampa-Fläche.

Insgesamt hatte der wirtschaftliche Wachstumsprozess große Ungleichgewichte geschaffen – Ungleichgewichte zwischen den verschiedenen wirtschaftlichen Sektoren und Ungleichgewichte im Entwicklungsniveau zwischen den verschiedenen Landesteilen. So wie die Nation als Ganze sich von den Schwankungen der Preise für ihre wenigen Exportprodukte auf dem Weltmarkt abhängig gemacht hatte, so hingen die peripheren Provinzen des Hinterlandes vom Entwicklungsrhythmus und den Entscheidungen des Macht- und Verteilungszentrums Buenos Aires ab. Die Chancen einer Diversifizierung und damit einer ausgeglicheneren Entwicklung waren in beiderlei Hinsicht für absehbare Zeit gering.

Ein ganz spezielles Ungleichgewicht, das sich in der Folge der wirtschaftlichen Stärkung des Landes einstellte, war das zwischen einer offenen und dynamischen Gesellschaft einerseits und dem geschlossen gebliebenen politischen System andererseits. Die politische Herrschaft lag unverändert in den Händen der traditionellen Oberschicht, die sie über den *Partido Autonomista Nacional* (PAN, Nationale Autonomistenpartei) ausübte, einen lockeren Zusammenschluss unterschiedlicher politischer Tendenzen und Gruppierungen. Wenngleich in vielen Punkten uneins und zerstritten, hatten sämtliche wichtigen Führer des PAN in der Frage der Machtausübung einen klaren Standpunkt – nämlich ihre politische Vorherrschaft mit allen Mitteln zu wahren. Die Einschüchterung des politischen Gegners durch Gewalt und Wahlbetrug waren bis 1910 keine Ausnahme, sondern fest verankerter Bestandteil der politischen Praxis.

Da die politische Macht auf legale Weise nicht zu erobern war, sahen sich oppositionelle Gruppen gezwungen, den Weg der Verschwörung oder des Putschversuches einzuschlagen. Zunächst waren es nur unbedeutende Minderheiten, die ihrer Unzufriedenheit – meist unter Führung eines oppositionellen Oberschichtmitgliedes – auf diese Weise Luft machten, während die Bevölkerungsmehrheit, insbesondere das Gros der Eingewanderten, in politischer Apathie verharrte. Allmählich entstand jedoch aus den politisch wacheren Teilen der Zuwanderer, vor allem der ersten Generation der im Lande Geborenen, ein politisches Oppositions- und Protestpotenzial. Diese systemkritischen Gruppen ließen sich machtpolitisch immer schwieriger in Schach halten, zumal sich auch Teile des Militärs für die wachsende Kritik am Regime nicht unsensibel zeigten. Neben dem *Partido Socialista* (PS, Sozialistische Partei), der nur in der Hauptstadt über einen nennenswerten Anhang verfügte, war die *Unión Cívica Radical* (UCR, Radikale Bürgerunion) Hauptexponentin dieser Oppositionsströmung. Dabei wichen die wirtschafts- und sozialpolitischen Vorstellungen der UCR kaum von jenen der herrschenden Oberschicht ab. Der einzige konkrete Programmpunkt, der hinter der wolkigen Rhetorik und den von moralischem Pathos durchtränkten Äußerungen ihres Führers Leandro N. Alem auszumachen war, bestand in dem Verlangen, selbst die Macht auszuüben. Dies allerdings wurde aufgrund der unbeweglichen Haltung des Establishments mit zunehmender Militanz vorgetragen. Die kompromisslose Ablehnung der bestehenden politischen Verhältnisse wurde außerdem durch die Aufforderung an die Anhänger, strikte Wahlenthaltung zu üben, zum Ausdruck gebracht.

Diese Hartnäckigkeit und Unnachgiebigkeit verfehlte ihre Wirkung nicht. Nach und nach gewann in der traditionellen Führungsschicht eine Fraktion, welche die politische Partizipationskrise ernst nahm, an Gewicht. Sie wollte verhindern, dass der aufgestaute politische Unmut in sozialrevolutionäre Aufstände münden würde, und ihn stattdessen durch ein politisches Reformprojekt auffangen und kanalisieren. Das Ergebnis dieses Umdenkens war die *Ley Sáenz Peña* von 1912 (benannt nach dem Präsidenten, unter dem das Gesetz eingebracht und vom Kongress verabschiedet wurde), die unter anderem die schriftliche, geheime, obligatorische Wahl für Männer vorsah und der stärksten Oppositionspartei ein Drittel der Sitze in der jeweiligen Kammer zubilligte. Die dahinterstehende Absicht war, der Herrschaft der traditionellen Machteliten eine breitere Legitimationsbasis zu verschaffen, zum Beispiel durch die Garantie eines politischen Mitspracherechts für die Partei der Radikalen. Tatsächlich eröffnete das Gesetz der UCR aber den Weg zur baldigen Regierungsübernahme.

Wirtschaftliche Entwicklung und soziale Probleme ab dem Ersten Weltkrieg

In einem wirtschaftsgeschichtlichen Standardwerk ist der Abschnitt über die Zeit von 1914 bis 1933 mit »la Demora«, das heißt »die Verzögerung«, überschrieben. Die Verfasser wollten damit zum Ausdruck bringen, dass der Weltkrieg zu einer künstlichen Unterbrechung eines kurz vor seinem Ende stehenden Wachstumszyklus geführt und die danach einsetzende günstige Konjunktur die Illusion genährt habe, man sei wieder zu den »Goldenen Jahren« vor 1914 zurückgekehrt. Diese Illusion habe die erforderliche wirtschaftspolitische Neuorientierung bis zur Weltwirtschaftskrise von 1929/1930 hinausgezögert, die sie dann unaufschiebbar machte.

Tatsächlich erzielten nach einer vorübergehenden Verschlechterung die Terms of Trade für Produkte der Landwirtschaft in der unmittelbaren Nachkriegszeit wieder steigende Preise auf den Weltmärkten, was seine stimulierende Wirkung auf den argentinischen Exportsektor nicht verfehlte. Das Land konnte in dieser Phase seine internationale Spitzenposition bei der Ausfuhr von landwirtschaftlichen Erzeugnissen wahren, indem es das Produktionsvolumen enorm steigerte. Die Exportökonomie als wirtschaftlicher Schlüsselsektor sorgte für eine Zunahme des allgemeinen Wohlstands. Die Bevölkerung wuchs weiter, die Einkommen stiegen, das durchschnittliche Bildungsniveau verbesserte sich ebenfalls, die Analphabetenzahlen schrumpften, die Argentinier konnten sich, wie gewohnt, die neuesten Produkte des Massenkonsums leisten. Bei alldem gab es allerdings bereits Anzeichen dafür, dass der wirtschaftliche Wachstumsprozess die ursprüngliche Dynamik der Zeit vor dem Weltkrieg eingebüßt hatte. Die Zunahme des Bruttosozialproduktes verlangsamte sich, der Zustrom ausländischen Kapitals ließ merklich nach, es wurden kaum mehr neue Eisenbahnlinien gebaut, auch die Einwanderung ging zurück.

Die wirtschaftliche Entwicklung von 1914 bis 1930 wurde durch zwei Konjunkturzyklen bestimmt; der erste umspannte die Jahre von 1914 bis 1921, der zweite dauerte von 1922 bis 1929. Sie wurden jeweils durch eine Rezession eingeleitet, die in eine allmähliche wirtschaftliche Erholung überging, welche sich bis zum Boom steigerte. Die Rezessionen folgten im Prinzip stets dem gleichen Ablaufmuster: Auslöser waren Einbrüche im Exportsektor, etwa eine Absatzkrise agrarwirtschaftlicher Produkte auf den Weltmärkten. In unmittelbarer Folge kam es zu Zahlungsbilanzproblemen, einer notwendigen Drosselung der Einfuhren sowie dem Rückgang der vorwiegend aus Importsteuern stammenden Staatseinnahmen. Kreditengpässe, zunehmende Firmenzusammenbrüche und steigende Arbeitslosenzahlen waren die unvermeidlichen Begleiterscheinungen.

Die erste der beiden Rezessionen war bei weitem die einschneidendere. Nachdem sie sich schon 1913 angebahnt hatte, erfuhr sie durch den Weltkrieg eine zusätzliche Verstärkung. Mit der kriegsbedingten jähen Unterbrechung der Welthandelsströme kam auch der Zufluss von ausländischem Kapital sowie die Lieferung von Konsumgütern, Maschinen, aber auch Rohstoffen wie Eisen und Kohle zu einem plötzlichen Stillstand. Zahlreiche Unternehmenspleiten, ein Rückgang der Industrieproduktion, zunehmende Arbeitslosigkeit waren die Konsequenz. Andererseits konnte der Exportsektor, vor allem die Rindfleischindustrie, vom steigenden Lebensmittelbedarf der Alliierten profitieren. Die Auswirkungen, die das Kriegsgeschehen auf die argentinische Wirtschaft im Allgemeinen und die Industrie im Besonderen hatte, führten zu einer erhöhten Unternehmenskonzentration im industriellen Bereich, förderten in einigen Branchen, wie zum Beispiel der Textilindustrie, die Importsubstitution, während andere

Branchen, wie etwa die hochgradig von ausländischen Rohstoffen und Kapitalgütern abhängige Metallindustrie, noch zu wenig entwickelt waren, um das Aussetzen des internationalen Konkurrenzdrucks ausnützen zu können. Jedenfalls kann nicht davon gesprochen werden, dass hier eine große Chance, die Fesseln der wirtschaftlichen Abhängigkeit von den dominanten Industriemächten abzustreifen, verspielt worden sei. Wie am Beispiel des ursprünglich größtenteils über deutsche Firmen abgewickelten Getreideexports nachgewiesen werden konnte, nahm im Laufe des Krieges der von den Alliierten auf Argentinien ausgeübte Druck, nur sie zu beliefern, nicht ab, sondern im Gegenteil zu.

Im Primärsektor setzte sich von 1914 bis 1930 die durch den Krieg nur unterbrochene Tendenz zur Ausweitung der Anbauflächen für Ackerbau auf Kosten der Viehzuchtweiden weiter fort. Durch die steigende europäische Nachfrage nach dem qualitativ hochwertigen, allerdings leicht verderblichen Kühlfleisch, dem »chilled beef«, wurde das weniger schmackhafte Gefrierfleisch vom Exportmarkt verdrängt und innerhalb des Viehzuchtsektors eine neue Form der Arbeitsteilung zwischen Züchtern *(criadores)* und Mästern *(invernadores)* eingeleitet. Die Züchter behielten die Kälber bis zum Alter von etwa zehn Monaten, anschließend kamen diese zu den Mästern, welche die besseren Böden sowie die bessere strategische Position im Handel hatten, und wurden von dort schließlich nach ein oder zwei Jahren an die Kühlfleischfabriken verkauft. Die beträchtlichen Ertragssteigerungen in der Landwirtschaft in dieser Phase gingen vor allem auf den vermehrten Einsatz landwirtschaftlicher Maschinen zurück, während sich an den Bodenbesitzverhältnissen nichts änderte. Die vorherrschende Form blieb der Großbetrieb, für arbeitsintensive Kulturen wurden Landarbeiter herangezogen oder das Land in Pacht gegeben. Die Entfaltungsmöglichkeiten für kleine beziehungsweise mittlere Bauern blieben nicht zuletzt deshalb begrenzt, weil das übliche System der Kreditvergabe einseitig die Eigentümer großer Ländereien begünstigte.

Die wichtigste Neuerung in diesem Zeitraum bestand in der expansiven Entwicklung des industriellen Sektors, dessen Anteil am Bruttoinlandsprodukt ständig zunahm. Die Zuwachsraten der Industrie lagen in den 1920er Jahren nicht niedriger, eher noch höher als nach 1930, dem Zeitpunkt, der allgemein als entscheidende Zäsur im Übergang vom auf den Primärsektor gestützten Wachstum »nach außen« zum von der Industrie getragenen Wachstum »nach innen« galt. Der industrielle Wachstumsprozess ging großenteils auf die Gründung ausländischer, insbesondere amerikanischer Niederlassungen vor allem der Chemie- und Elektrobranche zurück. Eine weitere Trägergruppe waren die Einwanderer, die einen weit überproportionalen Anteil an den Industrieunternehmern und -managern stellten, während die Kreolen die Verwaltung und die freien Berufe als soziale Aufstiegsleiter vorzogen. Diese Funktionsaufteilung zwischen Einwanderern und Einheimischen trat besonders krass im Großraum von Buenos Aires in Erscheinung, wo weiterhin industrielle Unternehmen und Produktionsstätten in hohem Maße konzentriert waren. Die Regierung, die sich primär als ein Anwalt der Interessen der kreolischen Mittel- und Oberschicht verstand, versagte der Industrie weiterhin einen effektiven und systematischen Zollschutz; wohingegen die von einheimischen Oberschichtfamilien betriebene Zuckerproduktion in der nördlichen Provinz Tucumán trotz mangelnder internationaler Konkurrenzfähigkeit von ihr großzügig unterstützt wurde. Auch hatten Importsteuern seit jeher mehr als Einnahmequelle für den Staat denn als Instrument zum Schutze einheimischer Produkte gedient – ein weiterer Grund, weshalb Regierung und Parlament dem aufstrebenden industriellen Sektor eine angemessene Förderung vorenthielten. Hinzu kam, dass die Arbeiter und ihr politisches Vertretungsorgan, die Sozialistische

Partei, aus Angst vor überzogenen Inlandspreisen systematisch gegen eine Heraufsetzung der Zölle für Einfuhren Front machten.

Bei den Neuinvestitionen aus dem Ausland traten an die Stelle der bisher führenden Briten nunmehr Anleger aus den USA, die besser imstande waren, sich den veränderten Bedingungen, also der Verlagerung der Gewinnchancen aus dem primären in den sekundären Sektor, anzupassen. Die USA investierten in den 1920er Jahren rund das Dreifache der Summe, die aus Großbritannien kam. Dennoch blieb der britische Anteil am gesamten Auslandskapital aufgrund der von Argentinien zu leistenden Zinszahlungen, Gewinntransfers und Schuldenrückzahlungen hoch. Es bildete sich jene prekäre Dreiecksbeziehung zwischen den USA, Argentinien und Großbritannien heraus, die bis nach dem Zweiten Weltkrieg die argentinischen Außenhandelsbeziehungen prägen sollte. Die Vereinigten Staaten stellten zunehmend technologisch hochwertige Ausrüstungsgüter und Industriewaren des modernen Massenkonsums (chemische Produkte, Haushaltswaren, Automobile) her, exportierten jedoch gleichzeitig agrarische und tierische Nahrungsmittel, so dass sie in dieser Hinsicht eher als Konkurrent denn als Abnehmer auftraten. Großbritannien wiederum, das weiterhin einen intensiven Bedarf an Weizen und Rindfleisch aus Argentinien hatte, war aufgrund seiner überalteten Industrieanlagen immer weniger dazu in der Lage, die aufstrebende Agrarnation mit den benötigten Technologien und Produkten zu versorgen. Die Zeit schien reif für die allmähliche Ablösung der traditionellen Hegemoniemacht Großbritannien durch die USA. Stattdessen kam es jedoch unter der Devise »comprar a quién nos compra« (wir kaufen nur von dem, an den wir verkaufen können) zu einer nochmaligen Festigung des Bündnisses zwischen Argentinien und Großbritannien, die im D'Abernon-Abkommen von 1929 ihren offiziellen Niederschlag fand. Ausschlaggebend hierfür war das große innenpolitische Gewicht des Viehzuchtsektors, dem die USA keinen gleichwertigen Verbündeten im internen Kräftespiel entgegensetzen konnten.

In sozialer Hinsicht zählen die Jahre von 1917 bis 1920 zu den turbulentesten in der jüngeren Geschichte der Republik. Streiks und soziale Unruhen waren an der Tagesordnung, die gewerkschaftliche Mobilisierung erreichte Rekordmarken.

Die argentinische Arbeiterbewegung gehört zu den ältesten Lateinamerikas. Sie reicht bis in die 60er und 70er Jahre des 19. Jahrhunderts zurück, als sich neben Selbsthilfegemeinschaften *(mutuales)* erste sozialistische Gruppen bildeten. Ihr rascher Bedeutungszuwachs rührte nicht zuletzt daher, dass die Arbeiter als Ausländer nicht wahlberechtigt waren, so dass gewerkschaftliche Aktionen die einzige Möglichkeit darstellten, ihre Forderungen und Beschwerden einer breiteren Öffentlichkeit zu Gehör zu bringen. Ab 1890 unter dem bestimmenden Einfluss der vorwiegend spanischen und italienischen Anarchisten stehend, führten die Arbeiterorganisationen zahlreiche Generalstreiks durch, allein in den Jahren 1903/1904 gab es zwölf davon. Die Regierung reagierte mit harten Unterdrückungsmaßnahmen und verabschiedete ein Gesetz, das die Abschiebung unerwünschter Ausländer gestattete. Den Höhepunkt der Protestaktionen bildeten die Unruhen im Zusammenhang mit den Feiern zum 100-jährigen Bestehen der Republik im Jahr 1910. In der Folgezeit verloren die Anarchisten an Gewicht, und die Führung der Arbeiterbewegung ging auf die Syndikalisten über, die, anders als die Anarchisten, zu geschlossenem Vorgehen in ihrem Protest fanden.

Die steigende Inflation im Weltkrieg und die damit einhergehende Verteuerung der Lebenshaltungskosten bei stagnierenden oder sinkenden Reallöhnen löste bei den unteren sozialen Schichten immer größeren Unmut aus. Ab 1917 äußerten sich die Proteste in einer zunehmenden Zahl von Streiks, die wichtigsten fanden im Transportsektor (Eisenbahn und Binnenschifffahrt) und in der

Kühlfleischindustrie statt. In der Hauptstadt spitzten sich die Auseinandersetzungen in dramatischer Weise während der sogenannten *semana trágica* (1919) zu. Ein mit gewaltsamen Ausschreitungen verbundener Generalstreik, der als Protestaktion gegen die Erschießung mehrerer Metallarbeiter durch die Polizei zustande kam, wurde vom Militär mit einem systematischen, zahlreiche Tote und Verletzte fordernden Unterdrückungsschlag gegen die Gewerkschaften beantwortet.

Der Höhepunkt der Streikbewegung in Buenos Aires in den Jahren 1918 (196 Streiks) und 1919 (259 Streiks allein in der ersten Jahreshälfte) fiel genau in jene Phase, in der die Arbeitslosenzahlen bereits rückläufig waren, während die Reallöhne noch weit unter dem Niveau von 1914 lagen. Die Arbeiter nutzten also die verbesserten Arbeitsmarktbedingungen, um den in den ersten Kriegsjahren erlittenen Reallohnverlust wieder aufzuholen. Sobald die Löhne den Stand von 1914 erreicht beziehungsweise überschritten hatten, ließ die Militanz der Arbeiter rasch nach, sanken die Zahlen der Gewerkschaftsmitglieder stark ab. Im Zeichen des allgemeinen Wohlstandes nach 1922 zählten Arbeitsniederlegungen zu den Ausnahmeerscheinungen.

Einer der Hauptgründe für die verringerte Kampfbereitschaft der Arbeiter in den 1920er Jahren war ohne Zweifel die konstant hohe Arbeitslosigkeit in der Hauptstadt. Den Unternehmern fiel es im Falle eines Streiks relativ leicht, unter den Arbeitslosen Ersatzleute für die Streikenden zu finden, besonders für die unqualifizierten Arbeitskräfte. Auf den großen Streik in der Kühlfleischindustrie der Jahre 1917/1918 hin gründeten sie eine regelrechte Agentur zur Anwerbung von Streikbrechern.

Im Unterschied zu den konservativen Regierungen vor 1916 nahmen die Radikalen als Regierungsmacht nicht mehr automatisch gegen die Streikenden Partei, sondern versuchten, einen neutralen Standpunkt zu beziehen, indem sie etwa mit den Gewerkschaftsführern Gespräche führten. Dies geschah sowohl aus prinzipiellen Gründen, da sie die Klassenversöhnung auf ihr Panier geschrieben hatten, als auch aus wahltaktischen Erwägungen heraus: Es sollte damit vermieden werden, dass die Sozialistische Partei, die Hauptkonkurrentin der UCR in der Hauptstadt, das politische Alleinvertretungsrecht für die Arbeiterklasse in Anspruch nahm. Wenn die Konfrontation sich zuspitzte, wie im Falle der *semana trágica*, stellte sich die Regierung allerdings eindeutig auf die Unternehmerseite und kehrte ihre Funktion einer Ordnungsmacht heraus; sei es, weil sie einen Rechtsputsch von Seiten des Militärs befürchtete, sei es, weil sie selbst aufgrund ihrer sozialkonservativen Ausrichtung vor größeren sozialreformerischen Experimenten zurückschreckte.

Politische Entwicklung im Zeichen erweiterter politischer Partizipation

Die politische Schlüsselfigur der UCR zu jener Zeit war Hipólito Yrigoyen, eine eigentümliche, von Zeitgenossen und Geschichtsschreibung sehr unterschiedlich beurteilte Persönlichkeit. Aus einer alten kreolischen Mittelschichtfamilie stammend, hatte Yrigoyen bereits mehrere Berufe ausgeübt (unter anderem war er Polizist, Dozent, Viehzüchter) und dabei ein stattliches Vermögen erworben, bevor er sich definitiv der Politik zuwandte. Mit seinem Hang zur Askese verkörperte er die Negation des in seiner Zeit und Gesellschaft vorherrschenden materialistischen Lebensstils, den er auch offen kritisierte. Überhaupt waren seine Reden und Botschaften erfüllt von moralischem Pathos und philosophischen Anspielungen, die mit seiner Vorliebe für den »Krausismo« zusammenhingen, die Lehre eines deutschen Philosophen des 19. Jahrhunderts, der – in seinem Heimatland kaum bekannt – besonders unter spanischen und lateinamerikanischen Intellektuellen zahlreiche Anhänger hatte. Der missionarische Eifer, mit dem Yrigoyen seine politischen Ziele verfocht, verriet ein messianisches Selbstverständnis, das ihm von seinen Kritikern den spöttischen Beinamen »Prophet« oder »Apostel« eintrug. Als er nach Jahrzehnten ständigen Konspirierens und mehr oder weniger offener Angriffe gegen die bestehenden Machtverhältnisse endlich – inzwischen war er 64 Jahre alt – das Amt des Regierungschefs übernahm, fiel es ihm sichtlich schwer, auf den gewohnten verschwörerischen und kompromisslosen Ton zu verzichten. Er war zu diesem Zeitpunkt noch nie außerhalb Argentiniens gewesen, hatte wenig Ahnung von der internationalen Politik und nur geringe wirtschaftliche Kenntnisse. Aufs Beste vertraut war er dagegen mit den internen Regeln und Machtmechanismen der argentinischen Politik. Auf sie sollte er sich während seiner Regierung in erster Linie stützen.

Die politische Machtübernahme der UCR wurde möglich durch die Verabschiedung der *Ley Sáenz Peña*, mit der der Übergang von der »beschränkten Demokratie zur Demokratie mit erweiterter politischer Partizipationsmöglichkeit« eingeleitet worden war. Nach der Einführung des Gesetzes gründete die Radikale Partei im ganzen Land »Komitees«, um ihren politischen Einfluss auszuweiten, was, wie einige Provinzwahlen deutlich signalisierten, auch gelang. Nachdem die zum Teil rivalisierenden konservativen Gruppen sich für die Präsidentschaftswahlen von 1916 auf keinen gemeinsamen Kandidaten einigen konnten, war der Zeitpunkt gekommen. Die Schwäche seiner Gegner verhalf Yrigoyen zu einem knappen Wahlsieg. Mit seinem Einzug als neuer Präsident in die *Casa Rosada*, das Regierungsgebäude, war zwar der Plan, mit der *Ley Sáenz Peña* der Herrschaft der traditionellen Führungselite gefahrlos eine breitere Legitimation zu verschaffen, gescheitert. Gleichwohl behielten die konservativen Kräfte eine überaus starke Position, die es ihnen gestattete, der Regierung der UCR mit Gelassenheit entgegenzusehen, verfügte diese doch weder im Senat noch in der Abgeordnetenkammer, noch innerhalb der Provinzen über die Stimmenmehrheit. In der Abgeordnetenkammer waren neben Radikalen und Konservativen auch die Sozialisten vertreten, deren Einfluss sich allerdings auf die Hauptstadt beschränkte; der Senat und die Mehrheit der Provinzen waren fest in der Hand der Konservativen. Gleiches galt für wichtige außerparlamentarische Machtfaktoren, insbesondere die bedeutenden Presseorgane und den Verband der Viehzüchter und Landwirte, die *Sociedad Rural*. Die politische Bewegungsfreiheit des neuen Präsidenten war somit von vornherein stark eingeschränkt.

Die Hauptziele der neuen Regierung und ihres rührigen Amtsträgers blieben im Unklaren, da es keinerlei offizielles politisches Programm gab. Auch die Verlautbarungen und Maßnahmen Yrigoyens lieferten keine klaren Hinweise, da in ihnen sehr unterschiedliche Elemente zusammenflossen. Sie ließen die offiziellen Leitideen des UCR-Präsidenten, die primär in der Regierungsrhetorik zum Tragen kamen, erkennen sowie eine Reihe von Hintergrundannahmen, die das politische Verhalten der Radikalen maßgeblich beeinflussten, und schließlich eine Ebene des reinen Macht- und Interessenkampfes.

Zu den offiziellen Leitideen der neuen Regierungspartei und ihres Führers zählten unter anderem die Forderung nach einer moralischen Erneuerung der Politik und der Gedanke der Klassenversöhnung; weiterhin das Anliegen, die nationalen Ressourcen gegen ausländischen Zugriff besser zu schützen wie überhaupt die nationale Souveränität sowohl nach innen als auch nach außen zu stärken; schließlich die besondere Förderungswürdigkeit von Bildung und Erziehung. In der praktischen Politik kamen diese Leitlinien allerdings nur selten und rein selektiv zur

Geltung; manchen von ihnen, wie dem angekündigten Kampf gegen Betrug und Korruption in der öffentlichen Verwaltung, wurde von Seiten der Radikalen selbst ständig zuwidergehandelt.

Im Unterschied dazu waren die »Hintergrundannahmen«, sozusagen das informelle, den Beteiligten selbst nicht immer ganz bewusste Regierungsprogramm, von größerer Bedeutung. Etwa die Überzeugung, dass formale Reformen, wie beispielsweise die Ausdehnung des politischen Wahlrechts und die Garantie seiner ungehinderten Ausübung oder die Demokratisierung der Universitätsstrukturen, automatisch auch inhaltliche Fortschritte verbürgen, sich also stets positiv auswirken würden. Oder auch der unterschwellige Traditionalismus und Konservativismus bis hin zur Fremdenfeindlichkeit, der Yrigoyens Eintreten für die katholische Religion und die Unauflösbarkeit der Ehe erklärte wie auch sein hartes Vorgehen gegen wirkliche oder vermeintliche soziale Erhebungen, für die regelmäßig ausländische Rädelsführer verantwortlich gemacht wurden. Auch die in der Radikalen Partei tief verankerte Vorstellung, das politische Geschäft bestehe wesentlich in der Verteilung von Ämtern und materiellen Vorteilen, während es Sache der Gesellschaft sei, die entsprechende wirtschaftliche Basis zu schaffen, gehörte zur inoffiziellen Programmatik der neuen Regierungspartei.

Vor all diesen »theoretischen« Vorgaben stand jedoch als dringlichstes Anliegen der UCR die Konsolidierung ihrer Herrschaft, herbeigeführt durch ihre prekäre politische Vormachtstellung im nationalen Kontext. Yrigoyen ließ nichts unversucht, um diesem Ziel näher zu kommen, es gab keine politische Maßnahme, die nicht auch einen rein machtpolitischen Nebenzweck verfolgte. Dies galt selbst für machtpolitisch scheinbar unverdächtige Entscheidungen wie die Unterstützung der von Córdoba ausgehenden Universitätsreform oder das (allerdings gescheiterte) Projekt eines umfassenden Arbeitsgesetzes.

Die Radikale Partei, die zwar von Wählern aus allen sozialen Schichten, vor allem der jüngeren Generation, unterstützt wurde, hatte einen besonders starken Rückhalt in den kreolischen Mittelschichten der dynamischen Landesteile, insbesondere der Städte. Ein Grund für diese politische Ausrichtung lag in der Strukturlosigkeit und Atomisierung der städtischen Gesellschaft nach einer Periode beschleunigten demografischen und sozialen Wandels. Die Radikalen stießen gewissermaßen in ein soziales Vakuum vor, das sie mit dem weit verzweigten Netzwerk ihrer Parteiorganisation ausfüllten. In jedem Stadtviertel von Buenos Aires gab es einen Parteiboss, eine Art Nachfahre der unter den konservativen Regimen vor 1916 eingesetzten *Caudillos*. Diese neuen »Anführer« kontrollierten nun aber ihre politische Klientel nicht mehr durch Gewaltandrohung, sondern durch das Zuschanzen materieller Vorteile, wie die Verteilung von Lebensmitteln, die Vermittlung von Pöstchen und Ämtern, die Kanalisierung von Krediten oder den Aufbau sozialer Dienstleistungsapparate. Außerdem trugen die lokalen Komitees mit ihren zahlreichen ehrenamtlichen Funktionen dem Verlangen der Parteianhänger nach Status und Sozialprestige Rechnung. All dies setzte einen großzügigen Umgang der Regierung mit den Staatsfinanzen voraus; vor allem von 1920 bis 1923 nahm die Ausgabenseite des Staatshaushaltes beträchtlich zu. Der größte Teil des materiellen Segens kam der Mittelschicht zugute. Die mehrheitlich aus nicht wahlberechtigten Ausländern bestehende städtische Unterschicht war aus naheliegenden Gründen für die Parteispitze weniger interessant, ihrerseits jedoch auch weniger empfänglich für das Werben der Radikalen. Die Gewerkschaften und die Sozialistische Partei boten ihr bereits einen institutionellen Bezugsrahmen für politisches Handeln, was sich allerdings mit dem Bedeutungsverlust der Gewerkschaften in der zweiten Hälfte der 1920er Jahre änderte.

Mindestens ebenso wie der aufstrebenden neuen Mittelschicht fühlte sich die UCR allerdings der alten Oberschicht gegenüber verpflichtet – ungeachtet ihrer konstanten Polemik gegen das alte Regime. Von den acht Ministern in Yrigoyens erstem Regierungskabinett gehörten fünf traditionellen Oberschichtfamilien an, Yrigoyen selbst war Mitglied der *Sociedad Rural*, und sein Amtsnachfolger Marcelo de Alvear trug einen der prestigeträchtigsten Namen der Republik. Die regierende Partei verstand sich als Anwalt der Belange des Großgrundbesitzes und brachte eine Vielzahl von Gesetzesinitiativen zu dessen Gunsten ein. Im Interessenkonflikt zwischen den Arbeitgebern in Viehzucht und Fleischproduktion einerseits, den Arbeitern in den Fleischfabriken und den städtischen Fleischkonsumenten andererseits stellte sich die Regierung konsequent auf die Seite der ersteren. Die alte Oberschicht hatte es angesichts der Willfährigkeit der regierenden Partei gar nicht nötig, ihrem Einfluss durch Gründung einer eigenen Parteiorganisation Nachdruck zu verleihen; gegen ihr Veto, dessen konnte sie sicher sein, kam keine politische Entscheidung zustande.

Die Haltung der konservativen Oberschicht gegenüber dem radikalen Präsidenten lässt sich als »bedingte Loyalität« kennzeichnen; das heißt, die politische Gefügigkeit war an den Vorbehalt gebunden, dass die zentralen wirtschaftlichen Interessen dieser Gruppe respektiert wurden. Eine ähnliche, aus äußerlicher Unterordnung und innerer Reserve gemischte Haltung nahmen auch die Streitkräfte gegenüber Yrigoyen ein. Ein Teil der Offiziere war der neuen Regierung durchaus gewogen, hatten sich doch nicht wenige von ihnen an den gewaltsamen Erhebungen vor 1912 beteiligt. Da jedoch der neue Präsident bei Streiks einen für ihren Geschmack allzu konzilianten Standpunkt gegenüber den Arbeitern vertrat und, was wichtiger war, den Verteidigungshaushalt kürzte, die Rüstung veralten ließ und keine neuen Kasernen baute, rückten immer mehr einflussreiche Militärs allmählich von ihm ab. Hinzu kam, dass die häufige Verwendung von Offizieren für politische Aufgaben (beispielsweise die *intervención* von Provinzen, das heißt deren direkte Unterstellung unter die Kontrolle der Zentralregierung) als ungerechte Bevorzugung von wenigen betrachtet wurde, wie generell als Gefährdung der politischen Neutralität der Streitkräfte. Die führenden Generäle hatten andere Vorstellungen von der Wahrung der professionellen Würde und Unabhängigkeit als Yrigoyen, aus dessen Sicht beides durchaus mit aktivem politischem Engagement vereinbar war.

Auch die *Liga Patriótica Argentina* (Patriotische Liga) wurde, obwohl offiziell als ihr Verbündeter auftretend, von der Regierung als unbequemer Rivale empfunden. Als eine mehr oder weniger spontane Reaktion rechter Gruppierungen auf die sozialen Unruhen während der *semana trágica* entstanden, breitete die von aristokratischen Clubs und ausländischen Firmen finanzierte Liga sich rasch über das ganze Land aus. Ihre vagen Ziele bestanden in der Erhaltung der nationalen Werte sowie im Schutz von Recht und Ordnung. Unterstützung fand sie bei Jugendlichen aus der Ober- und Mittelschicht, Militärs und Frauen der guten Gesellschaft. Bedroht sah sie ihre lauteren Ziele angeblich durch Verschwörer aus dem Ausland, die als Sendboten der erfolgreichen russischen Revolution von 1917 weltweit die bestehenden Verhältnisse zu untergraben suchten. Um dieser Gefahr zu begegnen, bildeten Militärangehörige im Rahmen der Liga Milizen, sogenannte »Brigaden« aus, daneben entstanden spontan Vigilantengruppen. Die einen wie die anderen machten Jagd auf alles, was sie für linksverdächtig hielten, wozu vor allem russische Juden und gewerkschaftlich organisierte Arbeiter zählten, und provozierten zahlreiche gewaltsame Zusammenstöße, ohne dass die Polizei einschritt. Positiv in Erscheinung trat die Liga, der zahlreiche einflussreiche Persönlichkeiten des öffentlichen Lebens angehörten, mit Initiativen etwa in Form von Volksbildungs- und sozialen Unterstützungsprogrammen, die zur Wahrung des sozialen Friedens in der Republik beitragen sollten.

Die legislative Bilanz der ersten Regierung Yrigoyen fiel – konservativen Gruppen und mangelnder eigener Effektivität geschuldet – mager aus. Die meisten Gesetzesvorschläge der Exekutive wurden von den Kammern entweder nicht behandelt oder zurückgewiesen. Nur die eine oder andere Initiative, sei es zum Schutz der einheimischen Zuckerproduktion, sei es zum Ausbau des Bildungswesens – hierzu zählte auch die von Yrigoyen geschickt aufgegriffene, von Córdoba ausgehende Universitätsreformbewegung –, wurde Gesetz. Um das Veto des Kongresses zu umgehen, wählte Yrigoyen für besonders brisante Maßnahmen den Weg der Regierungsverordnung oder eines Kabinettsbeschlusses, womit er den geharnischten Protest der Opposition hervorrief. Die umstrittenen Beschlüsse, die Provinzen unter die direkte Kontrolle der Zentralregierung zu stellen *(intervención)*, kamen mehrheitlich ebenso unter Missachtung des gesetzlichen Mitspracherechts des Parlaments zustande wie die meisten Entscheidungen über die Erhöhung von staatlichen Ausgaben.

Im Unterschied zur Innenpolitik, wo Hindernisse der unterschiedlichsten Art Yrigoyen bei der Umsetzung seiner Leitideen im Wege standen, fand der »Idealpolitiker« in ihm in der Außenpolitik ein dankbares Terrain. Die Grundsätze, um deren internationale Respektierung er rang, waren das Recht auf Neutralität seines Landes während des Ersten Weltkriegs und die völkerrechtliche Gleichheit aller Staaten. Auf dem neutralen Status Argentiniens im Weltkrieg zu insistieren bedeutete allerdings lediglich die Fortführung der bereits von der konservativen Regierung beschlossenen Politik, auch wenn es im Verlauf des Krieges immer schwieriger wurde, die Neutralität zu wahren, da die kriegführenden Mächte zunehmend Druck ausübten. Spürbar stärker wurden die Pressionen, nachdem sich die USA 1917 auf Seiten der Entente-Mächte engagiert hatten und ihre lateinamerikanischen Nachbarn aufforderten, sich ihnen anzuschließen, und nachdem der durch Deutschland erklärte unbegrenzte U-Boot-Krieg Argentinien zwei Handelsschiffe gekostet hatte. Nun gingen die Wellen der innenpolitischen Erregung hoch, forderte die öffentliche Meinung den Anschluss an die Westmächte, denen sich das Land ohnedies aufgrund seiner engen wirtschaftlichen und kulturellen Beziehungen zu Großbritannien und Frankreich eng verbunden fühlte. Andererseits war das Deutsche Reich vor dem Weltkrieg zum zweitwichtigsten Handelspartner Argentiniens aufgestiegen, und auch ein Teil des nach preußischem Muster ausgebildeten Militärs stand eher den Mittelmächten nahe. Yrigoyen traf angesichts dieser widersprüchlichen Gefühls- und Interessenlage den in der Rückschau weisen Entschluss, unbeirrt bis zum Kriegsende an der Neutralitätspolitik festzuhalten. Das zweite von ihm betonte Prinzip der Gleichheit aller Staaten diente ihm vor allem dazu, den lauter werdenden Führungsanspruch der USA gegenüber den machtmäßig unterlegenen südamerikanischen Nationen in die Schranken zu weisen. Es war jedoch zugleich der Grund, weshalb Argentinien dem nach dem Krieg gegründeten Völkerbund nicht beitrat, dessen Zustandekommen zwar begrüßt wurde, in dessen Statuten man das Prinzip jedoch nicht gewahrt sah.

Als Nachfolger wählte Yrigoyen gegen Ende seiner Regierungszeit Marcelo de Alvear, einen Radikalen der ersten Stunde, der einer der ältesten und angesehensten Familien des Landes angehörte. Darin lag zum einen ein Zugeständnis an die Oberschicht, zum anderen hoffte der schlaue Caudillo, den bisher politisch wenig profilierten Alvear lenken und somit die Zügel von Partei und Regierung in der Hand behalten zu können. Diese Hoffnung sollte sich allerdings nicht bestätigen. Ob aus Prinzip oder aus Eitelkeit, der neue Präsident wollte mehr sein als ein bloßer Statthalter Yrigoyens und setzte eigene politische Akzente. Er achtete strenger auf die Haushaltsdisziplin und legte bei der zentralstaatlichen Disziplinierung politisch abweichlerischer Provinzen mehr rechtsstaatliches Handeln an den Tag. Nachdem er zunächst vergeblich versucht hatte, den Haushalt durch Einsparungen in der Verwaltung wieder ins Gleichgewicht zu bringen, verabschiedete der Kongress ein Gesetz, das dem Staat durch die Erhöhung der Importzölle zusätzliche Einnahmen verschaffte. Der vermehrte Schutz der nationalen Industrie spielte als Nebeneffekt nur eine zweitrangige Rolle, wie sich überhaupt die beiden radikalen Regierungen in ihrer wirtschaftspolitischen Grundhaltung des Laisser-faire nicht unterschieden. Im Falle Alvears war dies verständlicher als zuvor unter Yrigoyen, da sich während seiner Präsidentschaft (1922–1928) aufgrund der günstigen nationalen wie internationalen Wirtschaftssituation jedes intensivere Nachdenken über einen wirtschaftspolitischen Kurswechsel zu erübrigen schien. Die Phase der mühelosen Wohlstandsmehrung vor dem Kriege war zurückgekehrt, die Exporte stiegen, desgleichen die Gewinne und Löhne, das Beschäftigungsniveau war relativ hoch, es gab keine sozialen Unruhen, jedermann schien zufrieden zu sein. Der Staat hielt sich im Zeichen seines liberalen Credos in jeder Hinsicht zurück. Nur wenige Gesetze wurden erlassen – was indes auch mit der erneuten Obstruktion der meisten Gesetzesvorschläge der Regierung durch den Kongress zusammenhing –, trotz gestiegenen Automobilverkehrs geschah wenig zur Verbesserung des Straßennetzes, lediglich im Erdölsektor wurden erste Initiativen zu einer gemischt privatwirtschaftlich-staatlichen Förderungspolitik ergriffen. Es bleibt aber das kaum zu überschätzende Verdienst Alvears, sich ziemlich strikt an die rechtsstaatlich-demokratische Ordnung gehalten und auf keinerlei fragwürdige Manipulationen der Verfassung eingelassen zu haben.

Die Unabhängigkeit, die Alvear gegenüber Yrigoyen demonstrierte, nahm sich eine Reihe radikaler Parteiführer, die seit längerem mit dem dirigistischen Stil Yrigoyens unzufrieden waren, zum Vorbild und gründete eine eigenständige Fraktion innerhalb der Partei. Etwa ab 1924 spalteten sich die Radikalen in einen »personalistischen«, die Führerschaft Yrigoyens weiterhin akzeptierenden und einen »antipersonalistischen« Flügel, der Yrigoyens Führung ablehnte. Alvear sah sich nolens volens an der Spitze eines Bündnisses, das Yrigoyens Rückkehr an die politische Macht zu verhindern suchte. Die Aussichten für dieses Unternehmen schienen zunächst günstig: Ein Teil der Konservativen und sogar der Sozialisten war bereit, die *antipersonalistas* zu unterstützen, die bei den Teilwahlen zur Abgeordnetenkammer von 1926 auf Anhieb ein gutes Ergebnis erzielten. Doch dieser Erfolg täuschte, Yrigoyen hatte nach wie vor den Parteiapparat fest unter seiner Kontrolle. Um sich eine eigene Basis in der Partei zu schaffen, hätte Alvear, entgegen seinen Prinzipien, durch eine großzügige Handhabung des Interventionsinstruments oppositionelle Provinzen auf seine Seite ziehen und die Haushaltsdisziplin lockern müssen; zu beidem war er nicht bereit. Andererseits führte Yrigoyen die Kampagne für die Präsidentschaftswahlen von 1928 erstmals mit einem auf einen zentralen Punkt zugespitzten Programm, der Verstaatlichung der Erdölindustrie. Der in diesem Programm enthaltene Appell an den Nationalismus, verbunden mit dem ungeheuren, während seines temporären Rückzugs aus der aktiven Politik noch gewachsenen persönlichen Prestige, verhalfen dem mittlerweile 75-jährigen Yrigoyen zu einem erdrückenden Wahlsieg über seine antipersonalistischen Gegner. In den neuen Führungsgremien des personalistischen Parteiflügels fanden sich keine Namen mehr aus der alten Oberschicht, sie bestanden ausschließlich aus politischen Günstlingen des alten Caudillo, die ihren sozialen Aufstieg der parteiinternen Karriere verdankten.

An die Macht zurückgekehrt, nahm Yrigoyen unverzüglich wieder seine früheren politischen Praktiken auf: Er säuberte die Verwaltung von »Alvearisten«, zögerte nicht, durch extensiven Gebrauch des Interventionsrechts möglichst viele Provinzen »gleichzuschalten«, und band seine politische Klientel eng an sich, indem er sie aus der Staatskasse alimentierte. Trotz solcher gezielten Bemühungen um den Ausbau und die Konsolidierung seiner politischen Herrschaft währte diese nicht lange. Der ihm noch nie besonders gewogenen Oberschicht begann die Machtkonzentration in Yrigoyens Händen unheimlich zu werden. Ähnlich reagierte das Militär, das seit seiner ersten Präsidentschaft eine gewisse Reserve ihm gegenüber bewahrt hatte. Beide oppositionellen Gruppen hüteten sich indes, den Präsidenten offen anzugreifen, solange dieser von einer Welle der Popularität bei den Volksmassen getragen wurde. Ab Mitte der 1920er Jahre jedoch begann der Nimbus demokratisch-populistischer Legitimität der Regierung allmählich Risse zu bekommen. Neue geistig-politische Strömungen tauchten auf, wie zum Beispiel der von französischen Vorbildern inspirierte und durch eloquente Intellektuelle wie Ricardo Rojas, Manuel Gálvez, Leopoldo Lugones in die argentinische Politik hineingetragene Rechtsnationalismus, der für einen kraftvollen, autoritären, die Wahrung von Recht und Ordnung verbürgenden Staat plädierte. Die Radikale Partei an der Macht war weit davon entfernt, diesem Ideal eines geschlossen auftretenden, nach innen wie außen handlungsfähigen staatlichen Führungsorgans nur einigermaßen zu entsprechen. Sie war in sich zerstritten, konnte von dem altersgeschwächten Staatspräsidenten kaum mehr zusammengehalten, geschweige denn geleitet werden, reagierte mehr, als dass sie eigene Initiativen ergriff, war korrupt bis hinauf zu den höchsten Chargen – kurzum, sie bot ein Bild der Schwäche.

Wie unbeweglich und ineffektiv der Staatsapparat mittlerweile war, zeigte sich mit erschreckender Deutlichkeit, als 1929 die Auswirkungen der Weltwirtschaftskrise Argentinien erreichten. Diese trafen das Land an seiner empfindlichsten Stelle, der Exportwirtschaft, deren Absatzverluste die Drosselung der Importe, sinkende Staatseinnahmen, einen Rückgang der wirtschaftlichen Aktivität und Arbeitslosigkeit nach sich zogen. Dies führte zum einen zum Zusammenbruch des Patronagesystems, das die Loyalität eines Großteils der Parteibasis verbürgt hatte. Zum anderen rief das Ausbleiben jeglicher Gegenmaßnahmen durch die Regierung die konservativen Gruppen auf den Plan, deren mächtigstes Organ, die Presse, sich zunehmend kritisch über die mangelnde Führungsfähigkeit des Präsidenten äußerte. Die Studenten gingen auf die Straße, allenthalben wurde Unzufriedenheit über die Regierungsschwäche der Radikalen, aber auch über die Ineffektivität der demokratischen Regierungsform als solcher laut. Auf diesen allgemeinen Stimmungsumschwung gegen den noch vor kurzem so überaus populären Staatspräsidenten hatten bestimmte militärische Zirkel schon seit längerem gewartet. Durch einen unblutigen Putsch im September 1930 besiegelten sie das Ende der liberaldemokratischen Ära.

Wie immer man die Rolle der Radikalen an der Macht im Einzelnen beurteilen mag, eines steht außer Frage: Von der Radikalen Partei Argentiniens gingen, entgegen ihren Ankündigungen in der Opposition, keinerlei innovative Impulse aus. Dies bezieht sich nicht allein auf den Bereich der Wirtschaft, in dem sie keinerlei Anstalten traf, die einseitige Ausrichtung des Landes auf den Export von Nahrungsmitteln zu korrigieren, sondern gilt nicht minder für die Innenpolitik im engeren Sinn. Die von den Radikalen lange vergeblich geforderte Öffnung des politischen Systems wurde, als die Konservativen dieser Forderung endlich entsprachen, nicht etwa zur Einführung eines liberal-pluralistischen politischen Stils und eines neuen Geistes gegenseitiger Toleranz genutzt. Vielmehr standen die Radikalen an der Macht im Hinblick auf mangelnde Kompromissbereitschaft und Streben nach einseitiger Machtkonzentration bei der Regierung ihren konservativen Vorgängern in nichts nach. Der aus einem konservativen Milieu stammende Alvear nahm das ursprüngliche Versprechen der Partei, auf die Liberalisierung und Demokratisierung des politischen Systems hinzuwirken, sogar ernster als Yrigoyen, der keinerlei Abstriche an seiner Machtfülle duldete.

Zwar ist den Radikalen die Überwindung der politischen Partizipationskrise, welche die Haupthypothek für die konservativen Regierungen vor 1916 darstellte, gelungen. Sie haben aber ihrerseits durch die Missachtung der herkömmlichen politischen Spielregeln eine Legitimitätskrise heraufbeschworen. Bis 1916 wurden politische Entscheidungen traditionell unter Vernachlässigung sozialer Klassengesichtspunkte auf der Basis flexibler Abkommen getroffen, bei denen keine der beteiligten Gruppen sich von vornherein festlegte und stillschweigend davon ausgegangen wurde, dass wirtschaftliche Macht auch in politischer Hinsicht ausschlaggebend sei. Yrigoyen hat diese Regeln außer Kraft gesetzt, indem er politische Abstimmungen provozierte, deren Ergebnisse von vornherein aufgrund der Abgeordnetenzahlen der einzelnen Parteien feststanden, nach 1928 klassenkämpferische Töne anschlug und eine Kaste professioneller Politiker heranzog, die über keine vom politischen Geschäft unabhängige wirtschaftliche Machtbasis verfügte. Der Militärputsch von 1930 zielte so gesehen, unabhängig von der Weltwirtschaftskrise, die nur Anlass war, auf die Bereinigung der Legitimitätskrise durch die Wiedereinführung der früher gültigen politischen Spielregeln ab.

2. Konservative Restauration und populistische Reaktion, 1930–1955

Argentinien im Zeichen der konservativen Restauration

Der Militärputsch vom 6. September 1930 kam nicht überraschend. Trotz geringer militärischer Stärke stürmten die Aufständischen unter General José F. Uriburu den Regierungssitz, ohne auf nennenswerten Widerstand zu stoßen. Die Regierung Yrigoyen, mittlerweile in die völlige Desintegration geraten und handlungsunfähig geworden, fiel in sich zusammen, während die politische Basis des greisen Caudillo in Apathie versank. Unter dem Druck der auf Argentinien übergreifenden Wirtschaftskrise waren Skrupel vor einem derart offenen Bruch der Verfassung in Militärkreisen und in weiten Teilen der Opposition gegen Yrigoyen geschwunden. Es fanden sich ideologisch recht heterogene Gruppen zusammen (unter anderem Nationalisten zum Teil faschistoider Herkunft, Kreise des Großbürgertums klassisch liberal-konservativer Orientierung, die klerikale Hierarchie), die dem Staatsstreich applaudierten und der neuen Regierung zu einer gewissen Legitimation verhalfen.

Die Speerspitze der Front gegen Yrigoyen bildeten zunächst General Uriburu und seine rechtsnationalistischen Anhänger. In Anlehnung an europäische Vorbilder wie Mussolini oder Primo de Rivera suchte Uriburu den Ausweg aus der konstitutionellen

Krise in der Idee eines korporativen Staates. Dieses Vorhaben kam jedoch nie über nebulöse Verlautbarungen hinaus. Uriburus Macht reichte nicht aus, um das ideologisch heterogene Offizierskorps auf diese Ziele einzuschwören. Sein Versuch, die »revolutionäre« Position gegen rivalisierende Militärs durch den Nachweis einer Massenbasis durchzusetzen, scheiterte in den Provinzwahlen von Buenos Aires vom April 1931, als die oppositionelle UCR wider Erwarten die Mehrheit erhielt. Korporativistische Reformvorstellungen fanden überdies wenig Anhänger innerhalb der sozial und wirtschaftlich tonangebenden Kreise, die, traditionell an Westeuropa und vor allem an Großbritannien orientiert, die Beibehaltung einer demokratischen Fassade und die Systemabsicherung durch »Berichtigung« der Wahlergebnisse als alternatives Projekt vorzogen. Mit diesem Konzept setzte sich General Agustín P. Justo durch, der unter Ausschluss der UCR am 8. November 1931 zum Präsidenten gewählt wurde.

General Justo war offensichtlich bemüht, seine Regierung (1932–1938) auf eine traditionellere, zivile Grundlage zu stellen. Die unter Uriburu scharfe politische Repression, unter der vor allem Kommunisten und Anarchisten zu leiden hatten, wurde zurückgeschraubt. Justo pflegte den Stil eines zivilen Politikers und versuchte, das Militär als Institution aus der Politik herauszuhalten. Die sogenannte *concordancia*, das heißt die ihn stützende rechtsgerichtete Parteienkoalition, setzte sich vor allem aus Konservativen (jetzt *Partido Demócrata Nacional,* Nationaldemokratische Partei genannt), einer anti-yrigoyenistischen Abspaltung der Radikalen Partei *(UCR-Antipersonalista)* sowie einer Gruppe ehemals zum rechten Flügel der Sozialistischen Partei gehörender Politiker *(Partido Socialista Independiente,* Unabhängige Sozialistische Partei) zusammen. Den Kern der *concordancia* bildeten die Nationaldemokraten, die nicht zuletzt wegen ihres auf Patronage und Wahlfälschung bis zur massiven Wählereinschüchterung zugeschnittenen politischen Apparats den Großteil der Abgeordneten im Parlament stellten. Die politisch weitsichtigsten und fähigsten Vertreter der konservativen Regierungen hingegen kamen, wie Roberto M. Ortiz oder Federico Pinedo, eher aus den beiden kleineren Koalitionsparteien.

In politisch-konstitutioneller Hinsicht war die konservative Restauration gewissermaßen eine Rückkehr in die Zeit vor dem Sáenz-Peña-Gesetz: Die »Oligarchie«, wie vor allem die Radikale Partei nicht müde wurde zu verkünden, war an die Macht zurückgekehrt. Mehr noch als damals aber lastete der Makel des Betrugs auf der Regierung. Der *fraude patriótico* (Betrug um des Vaterlands willen), wie ein Rechtsaußen der *concordancia* die systematische Missachtung des Wählerwillens offenherzig bezeichnete, ließ sich nach der vorangegangenen Phase der demokratischen Öffnung nur unter beträchtlichem Widerstand durchführen. Zu offensichtlich waren die Betrugsmanöver, zu rege die den Ablauf der Wahlen verfolgende Öffentlichkeit, als dass die konservative Rechtfertigung, die einzige Alternative zu »verantwortungsloser Demagogie« zu sein, als Grundlage für die Legitimierung der Restauration ausgereicht hätte. Selbst die bürgerliche »große Presse«, die den Sturz Yrigoyens noch gefeiert hatte, kam mit der Zeit nicht umhin, diese massiven politischen Betrugsmanöver zu beklagen. Eine Reihe von Korruptionsskandalen tat ein Übriges, um die Rechtmäßigkeit der Regierung zu unterhöhlen.

Teilen der konservativen Allianz war die Unhaltbarkeit dieses Zustands durchaus bewusst. Sie sammelten sich um Roberto M. Ortiz *(UCR-Antipersonalista)*, den Nachfolger Justos. Ortiz verdankte seine Präsidentschaft (1938–1942) einer extremen Wahlfälschung, schlug aber bald neue Töne an und suchte die »nationale Versöhnung« durch Annäherung an die größte Oppositionspartei, die UCR. Deren konservativere Repräsentanten um den Expräsidenten Alvear zeigten sich durchaus empfänglich für solche Signale, auch weil anhaltende Auseinandersetzungen um die parteiinterne Vormachtstellung und um die Bewertung des *Yrigoyenismo* ihre Position nachhaltig schwächten.

Mit dem Amtsantritt von Ortiz im Februar 1938 schien damit die Möglichkeit einer Wiederherstellung demokratischer Verhältnisse gegeben zu sein. Gegen heftigen Widerstand aus dem Regierungslager ließ er erzreaktionäre Provinzregierungen absetzen sowie erste »saubere« Wahlen abhalten, die der Opposition unter anderem die Mehrheit im Unterhaus bescherten. Jedoch setzten eine tödlich verlaufende Erkrankung von Ortiz und die Übernahme der Amtsgeschäfte durch den Vizepräsidenten Ramón S. Castillo im Juli 1940 diesem Prozess ein jähes Ende. Castillo repräsentierte den reaktionären Flügel der Konservativen und begann ein umfassendes politisches Rollback. Er schlug einen offen autoritären Ton an, der gelegentlich selbst eigene Parteifreunde vor den Kopf stieß, und suchte seinen politischen Rückhalt zunehmend in Kreisen des Militärs. Als diese sich wenige Jahre später, am 4. Juni 1943, gegen ihn stellten, fiel seine Regierung in sich zusammen. Die *década infame,* wie die Periode der konservativen Restauration oft genannt wird, endete, wie sie angefangen hatte: mit einem Militärputsch. Im Gegensatz zu 1930 bis 1932 ließen sich die Militärs 1943 jedoch nicht auf eine Verständigung mit politischen Parteien ein und waren, wie sich wenig später herausstellen sollte, nicht bereit, die Regierung so bald wieder aufzugeben. Diese Entwicklung aber ist erst vor dem Hintergrund anderer Prozesse der 1930er Jahre zu verstehen, die wirtschaftliche und soziale Fragen sowie die Stellung Argentiniens im internationalen System betreffen.

Die konservative Restauration konnte keine Rückkehr in die Zeit der »Belle Époque« sein, in der das Land über eine hochgradige Spezialisierung auf Agrarexporte jahrzehntelang hohe Wachstumsraten erzielt hatte. Die krisenhafte Entwicklung der Weltwirtschaft nach 1929 ließ die Orientierung auf den Exportsektor zu einem sehr unsicheren Geschäft werden. Dies wurde zunächst von den wenigsten Zeitgenossen erkannt. So galt die auf Argentinien übergreifende Weltwirtschaftskrise als ein normaler zyklischer Abschwung, dem mit streng orthodoxen Stabilisierungsmaßnahmen zu begegnen sei.

Im Vergleich zum Jahr 1928 waren die argentinischen Exportpreise 1932, dem Tiefpunkt der Krise, um 64 Prozent gefallen. Die Terms of Trade verschlechterten sich erheblich, da die Importpreise im selben Zeitraum »nur« um 41 Prozent fielen. Die steil abfallende Importkapazität führte nicht nur zu schweren Zahlungsbilanzproblemen. Sie dezimierte zudem die Staatseinnahmen, die sich bis dahin noch zu einem großen Teil aus Importzöllen zusammensetzten. Diese Bedingungen ließen die hohe Staatsverschuldung zu einer schweren Bürde werden. So erreichte der Posten »Schuldendienste« 1932 einen Anteil von nahezu 30 Prozent des nationalen Haushalts, der hingegen nur 5 Prozent für öffentliche Bauvorhaben vorsah. Die Regierung Uriburu versuchte sich in massiven Ausgabenkürzungen, unter denen vor allem die staatlichen Bediensteten zu leiden hatten. Andere Maßnahmen zur Sanierung des öffentlichen Haushalts waren durchaus innovativ. So wurde eine längst überfällige Einkommensteuer eingeführt. Weitere Einnahmequellen bildeten mehrfache Erhöhungen der Importzölle, die gleichzeitig die großen Zahlungsbilanzprobleme mildern sollten. Letzteren galt auch die Einführung der Devisenbewirtschaftung (1931), die unter anderem einen beträchtlichen Teil der knappen Devisen für anfallende Schuldenzahlungen reservierte sowie nichtessenzielle Importe reduzieren sollte.

Mit dieser Regierungspolitik waren die Grundlagen eines zeitgemäßeren Steuersystems gelegt, gleichzeitig wurde die Konsolidierung des öffentlichen Schuldenbergs ermöglicht. Allerdings war sie zu deflationär angelegt, um die Binnenkonjunktur zu stimulieren und damit den Auswirkungen der weltweiten Depression auf die wirtschaftliche Aktivität und das Beschäftigungsniveau entgegenzuwirken. Gerade die Entschlossenheit der argentinischen Regierungen, im Gegensatz zu den meisten lateinamerikanischen Regierungen dieser Jahre die Zahlungen der Auslandsschulden beizubehalten und den Ruf des Landes als höchst kreditwürdig zu sichern, schränkten Möglichkeiten einer stärker expansiv ausgerichteten Politik stark ein.

Sicherlich blieben hier die Krisenerscheinungen weit hinter denen in den hochindustrialisierten Ländern zurück. Trotz des starken Verfalls der internationalen Preise hielt sich die Produktion im volkswirtschaftlichen »Leitsektor«, der Landwirtschaft, recht stabil, während sich die Produzenten beträchtlich verschuldeten. Somit kam es nicht zu Merkmalen einer ökonomischen Paralysierung. Doch auch in Argentinien lassen sich vermehrt Konkurse, Arbeitslosigkeit und, mangels sozialstaatlicher Sicherungen, Anzeichen von Not, wie die *ollas populares* (Volksküchen), registrieren. Offizielle Angaben zur Höhe der Arbeitslosigkeit sind mit rund 7 Prozent der Erwerbstätigen für 1932 vermutlich zu niedrig veranschlagt. Auch übten die Arbeitgeber, begünstigt durch die politische Repression, unter der auch die Gewerkschaften litten, erfolgreich Druck auf die Löhne aus. Offizielle Angaben lassen für die Jahre 1930/1931 auf sinkende Reallöhne und für die gesamte Dauer der Restauration auf eine Stagnation der Reallohnentwicklung schließen.

Nach dem Amtsantritt Justos setzte sich allmählich die Erkenntnis durch, dass diese Krise mehr als ein kurzer zyklischer Abschwung war. Im Jahr 1932 wurde ein mit einer Benzinsteuer finanziertes Straßenbauprogramm beschlossen, das der Arbeitslosigkeit entgegenwirken sollte und dem Argentinien einen großen Teil seines heutigen Straßennetzes verdankt. Vor allem nach der

Ernennung Federico Pinedos zum Finanzminister (1933) lässt sich die Tendenz einer Ausweitung und Systematisierung der staatlichen Stabilisierungsmaßnahmen erkennen. Für die wichtigsten Agrarprodukte wurden sogenannte *juntas reguladoras* (für Anbaukontrollen und Vermarktung zuständig) sowie staatlich garantierte Mindestpreise eingeführt. Der Einkommensstabilisierung der von der Exportkrise betroffenen Sektoren diente auch eine Abwertung des Peso. Das System der Devisenbewirtschaftung wurde ausgebaut, weitere Steuerreformen folgten. Beträchtliche staatliche Finanzhilfen verhinderten den Zusammenbruch einiger Finanzinstitute, der das Bankenwesen gefährdet hätte. Schließlich wurde 1935 die argentinische Zentralbank gegründet, die in der Folgezeit einen größeren Spielraum in der Geld- und Kreditpolitik erlaubte und Konjunkturschwankungen mildern half. Erster Direktor (1935–1943) der Zentralbank wurde Raúl Prebisch, der später als Vorsitzender der UN-Wirtschaftskommission für Lateinamerika (*Comisión Económica para América Latina*, CEPAL) internationales Ansehen erwarb.

Zu dem konjunkturellen Aufschwung nach der Weltwirtschaftskrise aber trug erheblich – wenn nicht entscheidend – ein exogener Faktor bei. Klimatisch widrige Bedingungen sorgten nach 1933 über mehrere Jahre hinweg in den USA und Kanada für schlechte Ernten und ein Ansteigen der internationalen Preise für Ackerbauerzeugnisse. Auf dem konjunkturellen Höhepunkt 1937 standen die Terms of Trade für Argentinien auf einem hohen Niveau, der Gesamterlös der Exporte (in Peso-Werten) reichte an den des Jahres 1928 heran. Im Gegensatz zu anderen Ländern Lateinamerikas, in denen der Aufschwung nach der Weltwirtschaftskrise *vor* dem Erstarken des Exportsektors erfolgte, verlief in Argentinien der Weg aus der Krise also nach eher traditionellem Muster. Dieser Aufschwung wurde aber 1938 abrupt unterbrochen. Erneute Absatzschwierigkeiten auf den Weltmärkten ließen die Exportpreise verfallen und zogen schwere Zahlungsbilanzprobleme nach sich. Die Regierung Ortiz machte Gebrauch von dem bereits geschaffenen Instrument der staatlichen Mindestpreise und verschärfte die Einfuhrkontrollen.

In gewisser Weise hatte der konjunkturelle Aufschwung darüber hinweggetäuscht, dass ein grundlegend gewandeltes Weltwirtschaftssystem Argentinien nicht mehr die günstigen Entwicklungsbedingungen – einen expandierenden Welthandel, offene Märkte für Agrarprodukte und einen verhältnismäßig reibungslosen internationalen Zahlungsverkehr – wie bisher bot. In den 1930er Jahren aber sollten sich bereits bestehende Tendenzen des Agrarprotektionismus vor allem in Europa, dem traditionellen Markt für Argentiniens landwirtschaftliche Überschüsse, verschärfen. Das System der multilateralen Handelsbeziehungen brach zusammen, wichtige europäische Staaten drangen auf bilaterale Abkommen, ihre Währungen wurden inkonvertibel. Versuche einer Umorientierung der Exporte hin zu den USA, denen gegenüber das Land chronisch defizitäre Handelsbilanzen aufwies, scheiterten an der Unterschiedlichkeit der beiden Wirtschaftssysteme sowie an der Weigerung der Vereinigten Staaten, die Einfuhrverbote für argentinisches Fleisch aufzuheben. Welche Konsequenzen all dies für Argentinien hatte, zeigt sich vor allem an der Entwicklung der Beziehungen zu Großbritannien und den USA.

Nach wie vor besaß der britische Markt für argentinische Fleischexporte, vor allem für das hochwertige Kühlfleisch, eine zentrale Bedeutung. Die britische Regierung hatte schon 1929 mit dem D'Abernon-Abkommen den Versuch gemacht, die argentinische Abhängigkeit vom britischen Markt zwecks Erlangung von Privilegien auszunutzen. Eine weitere Gelegenheit bot sich jetzt in der Krise. Bei der Konferenz von Ottawa 1932 verpflichtete sich Großbritannien gegenüber den Mitgliedern des Empire, ihnen einen begünstigten Zugang zum britischen Markt zu gewähren und Importe aus anderen Ländern zu reduzieren. Die argentinische Regierung sah die Zukunft der Fleischexporte gefährdet und ließ sich im Roca-Runciman-Vertrag vom Mai 1933 auf weitgehende Zugeständnisse gegenüber den Briten ein. Gegen wenig mehr als das Versprechen, keine weiteren Restriktionen gegen argentinische Fleischlieferungen zu verhängen, verpflichtete sie sich unter anderem zu Präferenzen für Importe aus Großbritannien, zu einer bevorzugten Behandlung britischer Kapitalanlagen und dazu, Exporterlöse in Pfund Sterling künftig im Wesentlichen im Vereinigten Königreich auszugeben.

Diesem Abkommen folgten weitere bilaterale Verträge und Verrechnungsabkommen mit kontinentaleuropäischen Abnehmerstaaten, aber auch mit Ländern Lateinamerikas. Der zunehmende Bilateralismus zwang die argentinische Handelspolitik zu Importrestriktionen gegenüber solchen Staaten, denen gegenüber das Land defizitäre Bilanzen aufwies. Das betraf vor allem Einfuhren aus den Vereinigten Staaten, deren relativer Anteil an den Gesamtimporten Argentiniens in den 1930er Jahren erheblich zurückging. Konflikte handelspolitischer Art blieben nicht aus und belasteten das ohnehin seit langem schon schwierige Verhältnis zu den USA. Einer Annäherung an den »Koloss des Nordens« im Sinne der Roosevelt'schen Politik der »guten Nachbarschaft« waren somit enge Grenzen gesetzt. Wie sich an den panamerikanischen Konferenzen dieser Jahre ablesen lässt, blieb das Verhältnis zu den USA recht kühl.

Insgesamt war die Wirtschaftspolitik der krisenhaften 1930er Jahre eher auf ein »Überwintern« unter ungünstigen internationalen Bedingungen als auf den Versuch angelegt, sich gezielt den neuen Umständen anzupassen und systematisch auf neue Wachstumsträger zu setzen. So rechtfertigten die konservativen Regierungen die wachsenden staatlichen Eingriffe als »Provisorien« zum Schutz einer aus den Fugen geratenen Wirtschaft gegen das

Versinken im Chaos. Doch auch hier veränderte sich das wirtschaftliche Gefüge mit den Maßnahmen der Krisenbewältigung. War die Volkswirtschaft des Landes bis 1930 von einem hohen Grad an Offenheit gekennzeichnet gewesen, so schloss sie sich im Laufe der 1930er Jahre unter den kumulativen Auswirkungen der Zollerhöhungen, Abwertungen, der Einfuhr- und Devisenkontrollen beträchtlich ab: Von 1925 bis 1929 hatte der Wert der Importe noch etwa 25 Prozent des Bruttoinlandsproduktes ausgemacht, in den 1930er Jahren waren es weniger als 15 Prozent. Mit der Verteuerung der Einfuhren richtete sich ein wachsender Teil der Nachfrage auf einheimisch produzierte Güter. Im landwirtschaftlichen Bereich kam dies gerade den Regionen außerhalb der Pampa zugute, die primär auf den Binnenmarkt ausgerichtet waren. Produkte wie Reis, Yerba für den traditionellen Mate oder Baumwolle boten mit der zunehmenden Abschottung gegenüber dem Weltmarkt höhere Profitmargen und wurden daher vermehrt angebaut.

Langfristig bedeutsamer aber war, wie in anderen größeren Ländern Lateinamerikas auch, die Tendenz zur Importsubstitution in der Industrie. Vor allem ab der zweiten Hälfte der 1930er Jahre nahm die Zahl der Unternehmen rasch zu. Die Industrieproduktion stieg von 1933 bis 1939 um 43 Prozent, was jedoch zum Teil auf eine höhere Auslastung bereits vorhandener Kapazitäten zurückging. Das industrielle Wachstum vollzog sich recht ungleichmäßig. Die einseitige Ausrichtung auf die Produktion von Konsumgütern sowie die geografische Unausgewogenheit dieses Wachstumsprozesses wurden dabei nicht revidiert. Im Großraum Buenos Aires konzentrierten sich 1939 etwa 60 Prozent der Industrieproduktion und 58 Prozent der Industriearbeiter. Obwohl die Bedeutung von Kapitalimporten in diesen Jahren insgesamt rückläufig war, spielten ausländische Direktinvestitionen gerade bei der Errichtung neuer großer Industrieanlagen eine bedeutende Rolle.

Als sich mit den Einfuhrrestriktionen die Importe verteuerten, sicherten sich ausländische Konzerne auf diese Weise ihre Marktanteile.

Der relativen Bedeutungszunahme des Binnenmarktes entsprach eine Veränderung der Beschäftigungsstruktur mit steigenden Beschäftigungsraten im sekundären und tertiären Sektor. So stieg die Zahl der Industriearbeiter von 470 000 im Jahr 1935 auf 620 000 im Jahr 1939. Dies ging einher mit einem starken Bevölkerungszuwachs im Großraum Buenos Aires, dessen Einwohnerzahl sich zwischen 1936 und 1943 um jährlich 85 000 vergrößerte. Anders als in früheren Jahrzehnten, als ein erheblicher Teil des wachsenden Arbeitskräftebedarfs in den Ballungsgebieten durch Einwanderung gedeckt wurde, setzte in den 1930er Jahren eine starke Binnenmigration zunächst vor allem aus den umliegenden Provinzen ein, aus denen infolge der Agrarkrise Arbeitskräfte abzuwandern begannen. Da wenig gegen den chronischen Mangel an billigem Wohnraum getan wurde, entstanden um die industriellen Zentren erste Ansiedlungen jederzeit vom Abriss bedrohter Behausungen.

Im Gegensatz zu anderen Ländern der Region und im Vergleich zum vorhergehenden Jahrzehnt war der Industrialisierungsschub dieser Jahre keineswegs exzeptionell groß, bestehende Möglichkeiten eines höheren wirtschaftlichen Wachstums gerade im industriellen Bereich und damit einer stärkeren strukturellen Anpassung an veränderte internationale Bedingungen wurden verpasst. Die konservativen Regierungen dieser Jahre blieben zu sehr den Interessen der traditionellen Eliten und dem alten Wachstumsmodell der »Belle Époque« verhaftet, um notwendige Reformen anders als halbherzig und zögerlich einzuleiten.

Für die Vertreter der in den 1930er Jahren anschwellenden, aber stark zersplitterten nationalistischen Strömungen wurde der Roca-Runciman-Vertrag von 1933 sogar zum Sinnbild der Unterordnung unter imperialistische Interessen. Der Vorwurf der *oligarquía vendepatria* – der Oligarchie, die das Vaterland verkauft – wurde laut. In nationalistischen Zirkeln und in Kreisen des Militärs wurden mehr oder weniger radikale Vorstellungen eines »neuen Argentinien« diskutiert, die von Autarkie-Idealen im Zusammenhang mit einer großen nationalen Schwerindustrie bis zu gemäßigten Varianten einer Beendigung des »kolonialen Zustands« reichten. Die systematischste Kritik an der einseitigen Ausrichtung des Landes auf den Export von wenigen Agrarprodukten brachte aus konservativ-nationalistischer Sicht bereits seit dem Ersten Weltkrieg Alejandro E. Bunge in seiner Zeitschrift *Revista de Economía Argentina* vor. Bunge setzte der herrschenden Freihandelslehre unter anderem Forderungen nach einer gezielten, protektionistischen Industriepolitik als einzig mögliche Entwicklungsstrategie entgegen.

Bedenken dieser Art fanden bis in die 1940er Jahre keinen Widerhall in der programmatischen Ausrichtung der großen Oppositionsparteien. Wie die Nationalisten kritisierten sie zwar die Dominanz des ausländischen Kapitals in den *servicios públicos* (Transportwesen, Gas- und Stromversorgung, Telefonnetz, Hafenanlagen etc.) und begannen, die Nationalisierung solcher Unternehmen und die der Bodenschätze zu fordern, blieben jedoch der Hoffnung auf eine Wiederkehr der »Belle Époque« nicht weniger verhaftet als die konservative Oligarchie. So hielten die Sozialisten programmatisch weitaus stärker an den Tugenden der internationalen Arbeitsteilung und des Freihandels fest als die Konservativen.

Nicht nur konservativen Oligarchen also kam die Einsicht in die Notwendigkeit einer ökonomischen Umstrukturierung spät. Der sich entfaltende Staatsinterventionismus stieß auch aus anderen Gründen auf weitgehende Ablehnung. Obwohl die regierende Elite wiederholt die Vergleichbarkeit ihrer Maßnahmen etwa mit denen Roosevelts betonte, war sie nicht in der Lage, sich sozialpolitisch zu legitimieren und sich so eine breitere Akzeptanz zu sichern. Die Art und Weise, wie zum Beispiel Agrarstützungsmaßnahmen im Rahmen der *juntas reguladoras* durchgeführt wurden, ließ sogar bald den Verdacht einer einseitigen Bevorzugung der Großgrundbesitzer gegenüber den abhängigen Pächtern aufkommen. So wie die Regierenden von einem Dunstkreis des politischen *fraude* (Betrug) umgeben waren, so schien der wachsende Staatsinterventionismus vor allem die Oligarchie zu begünstigen und Korruption hervorzubringen. Auch innerhalb der grundbesitzenden Klasse kam es zu scharfen Protesten. So empörten sich die in den 1930er Jahren entstehenden Viehzüchterverbände über eine Begünstigung der Kühlfleischproduzenten etwa bei der Festsetzung der Preise für verschiedene Fleischklassen.

Zum Vermächtnis dieser Jahre gehört nicht nur das politische Ende der Konservativen, die nach 1943 nur noch einen marginalen Platz im argentinischen Parteienspektrum einnehmen sollten. Der zynische politische Stil der konservativen Restauration trug erheblich dazu bei, auch die chancenlose Opposition und das parlamentarische System als solches zu diskreditieren. Nach dem Amtsantritt Castillos und unter dem Eindruck der eigenen Wehrlosigkeit gegenüber seiner reaktionären Kehrtwende suchten nicht wenige Vertreter der Opposition, vor allem der hoffnungslos zerstrittenen UCR, das Militär zum Eingreifen zu bewegen. Beschäftigt mit Debatten über Wahlmanipulationen und Korruptionsskandale, wurde das Parlament im Hinblick auf seine legislativen Aufgaben zunehmend blockiert und verlor nicht nur in jenen antidemokratischen Kreisen an Ansehen, denen die internationale politische »Konjunktur« ohnehin Auftrieb gab. Teile des Militärs sahen mit wachsendem Widerwillen auf die politischen Parteien herab, deren einziges Ziel, so schien es, die Erlangung der Macht geworden war. Diese bereits prekäre politische Lage wurde durch die internationale Entwicklung vollends instabil.

Argentinien hatte sich bei Kriegsbeginn für neutral erklärt, was nicht nur an die Politik während des Ersten Weltkriegs anknüpfte, sondern auch auf der Linie panamerikanischer Vereinbarungen lag. Nach dem Kriegseintritt der Vereinigten Staaten im Dezember 1941 aber wurde das Festhalten an der Neutralität immer schwieriger. Die USA übten zunehmend Druck auf neutrale Staaten Lateinamerikas aus, die Beziehungen zu den Achsenmächten abzubrechen. Auch begann die Opposition, sich unter der Fahne der westlichen Demokratie gegen Nationalsozialismus und Faschismus zu sammeln und die Neutralitätspolitik Castillos der Unterstützung totalitärer Staaten zu bezichtigen. Castillo reagierte mit einem immer unverhüllteren Autoritarismus und suchte zunehmend Halt beim Militär. Im Dezember 1941 wurde der Ausnahmezustand verhängt. Auch in den konservativen Reihen begann sich darauf Widerspruch zu regen. Einige hervorragende Vertreter der *concordancia* wie Federico Pinedo sprachen sich offen für eine Annäherung an die USA aus. Dahinter stand nicht zuletzt die Einsicht, dass sich diese zur unbestrittenen politischen und wirtschaftlichen Führungsmacht der westlichen Welt entwickeln würden, von deren Wohlwollen Argentinien zumindest für die Dauer des Krieges und der Nachkriegsjahre in einem entscheidenden Maße abhängig sein würde. Strategisch wichtige Importe (Rohstoffe, industrielle Ausrüstungsgüter etc.) waren aus Europa kaum noch zu bekommen. Der Großteil der kontinentaleuropäischen Absatzmärkte wurde durch die Kriegsereignisse unzugänglich für argentinische Exporte. Daraus ergab sich die Notwendigkeit einer stärkeren Orientierung auf den amerikanischen Kontinent, was aber eine Annäherung an die USA vorauszusetzen schien.

All diese Entwicklungen lösten im Militär tiefe Beunruhigung aus. Die Zerfallserscheinungen der *concordancia* und die immer skandalöseren Praktiken der Machterhaltung unter Castillo ließen eine Destabilisierung der politischen Lage befürchten. Die Versuche der Oppositionsparteien, eine gemeinsame Kandidatur für die bevorstehenden Präsidentschaftswahlen zustande zu bringen und dabei nicht nur die Sozialisten, sondern auch die Kommunisten einzubeziehen, versetzten nicht wenige Offiziere in Alarmstimmung. Sie sahen darin die Gefahr einer »Volksfront«, die – wie man angesichts der jüngsten Geschichte Spaniens glaubte – im Falle eines Wahlsiegs die nationale Desintegration und den Bolschewismus bringen würde. Im Militär war die Erinnerung an die großen Streikbewegungen gegen Ende und unmittelbar nach dem Ersten Weltkrieg wach geblieben. Die Erwartung eines weiteren, mit Kriegs- und Nachkriegswirren verbundenen weltweiten sozialrevolutionären Auftriebs, der wiederum auf Argentinien übergreifen würde, ließ innerhalb der Streitkräfte eine gewisse Sensibilisierung für die »soziale Frage« und die Forderung nach einer integrativ orientierten Sozialpolitik aufkommen, deren Einlösung von den konservativen Eliten offenbar nicht zu erwarten war. Nicht nur die innenpolitische Lage beunruhigte die Militärs. Das militärische Gleichgewicht der Region hatte sich mit der Aufrüstung Brasiliens, des Hauptkonkurrenten um die Hegemonie in Südamerika, durch die USA beträchtlich verschoben. Wenngleich die verschiedenen Fraktionen der Streitkräfte aus dieser Entwicklung unterschiedliche Konsequenzen für künftige außenpolitische Orientierungen zogen, schien sie in jedem Fall eine dezidiert und rasch handelnde Regierung zu erfordern. Diese Handlungsfähigkeit traute die militärische Führung den Parteipolitikern immer weniger zu.

Die Unzufriedenheit innerhalb des Militärs hatte bereits weite Kreise gezogen und schon vor 1943 zu vereinzelten erfolglosen Aufstandsversuchen geführt, als die Nominierung des konservativen Präsidentschaftskandidaten für die bevorstehenden Wahlen den Anlass zu einem gemeinsamen Vorgehen der Streitkräfte lieferte: Gegen erhebliche Proteste aus dem eigenen Lager und trotz heftiger Empörung in den Reihen der Opposition bestimmte Castillo seinen Parteifreund Robustiano Patrón Costas, Zuckerbaron aus Salta, zu seinem voraussichtlichen Nachfolger. Patrón Costas war ein extrem unbeliebter Kandidat. Er galt als Vertreter der politisch und sozial rückständigsten Oligarchenkreise, und das Militär befürchtete einen völligen Legitimitätsverlust der Regierung. Für die zahlreichen nationalistischen und achsenfreundlichen Vertreter der Streitkräfte war eine Präsidentschaft Patrón Costas zudem inakzeptabel, weil er (wie die Opposition) die Aufgabe der Neutralität zu befürworten schien. Am 4. Juni 1943, als seine Kandidatur offiziell bekannt gegeben werden sollte, putschte das Militär.

Die Herrschaft der Militärs und der Aufstieg Peróns

Der Sturz der Konservativen wurde in weiten Kreisen der Öffentlichkeit mit Erleichterung aufgenommen. Maßnahmen gegen die Korruption und die im Zuge der kriegsbedingten Inflation aufgekommene Spekulation, eine schärfere Preiskontrolle für Konsumgüter, die angeordnete Senkung der Wohnungsmieten und der landwirtschaftlichen Pachtgebühren fanden ein durchaus positives Echo. Doch blieb das Programm der Streitkräfte unklar. Hinter der Fassade strenger militärischer Disziplin verbarg sich ein harter Machtkampf. In den Reihen der politischen Opposition bestand zunächst die Hoffnung, dass das Militär den Sturz der *concordancia* in ihrem Namen herbeigeführt hätte und nun die Demokratisierung einleiten würde. Jedoch entschied sich der innermilitärische Machtkampf zunehmend zugunsten derjenigen Kräfte, die die politischen Parteien ablehnten und überdies fest entschlossen waren, am Status der Neutralität im Weltkrieg festzuhalten.

Auch die Militärs waren allerdings nicht in der Lage, diese außenpolitische Orientierung unverändert zu lassen. Die Zerwürfnisse mit den USA nahmen so bedrohliche Dimensionen an, dass sich die Regierung unter General Pedro P. Ramírez im Januar 1944 gezwungen sah, die diplomatischen Beziehungen zu den Achsenmächten abzubrechen. Einem Geheimbund jüngerer Offiziere gelang es daraufhin, die Empörung nationalistischer und achsenfreundlicher Kreise über diesen Schritt auszunutzen, Ramírez zu stürzen und General Edelmiro Farrell mit Oberst Juan Domingo Perón als Verteidigungsminister und schließlich auch als Vizepräsidenten an die Macht zu bringen. Die USA reagierten mit einer Kampagne der diplomatischen Isolierung. Auf ihren Druck hin verweigerte auch Großbritannien der neuen Regierung die diplomatische Anerkennung. Die britische Regierung hatte bisher wenig Initiative gezeigt, in Argentinien wegen der Neutralitätsfrage vorstellig zu werden. Nicht nur war die Versorgungslage Großbritanniens in einem erheblichen Maße von argentinischen Nahrungsmittellieferungen abhängig. Auch sah sie die Zerwürfnisse zwischen Argentinien und den USA nicht ungern, da so die Erhaltung der letzten großen Bastion britischen Einflusses in Lateinamerika und eines bedeutenden Marktes für die Nachkriegszeit möglich schien. Spätestens 1944 aber waren die Briten nicht mehr in der Lage, eine von den USA abweichende Politik gegenüber Argentinien zu betreiben. Somit war die Militärregierung außenpolitisch bald völlig isoliert.

Nicht nur das starre Festhalten an der Neutralität, auch innenpolitische Maßnahmen der Militärregierung ließen die Opposition bald nach dem Putsch zu der Überzeugung gelangen, einer südamerikanischen Variante des europäischen Faschismus gegenüberzustehen. Das Bemühen der Militärs, den Staat vor einer vermeintlichen »Zersetzung« zu bewahren, zeigte sich in der scharfen Repression vor allem gegen die Kommunistische Partei, aber auch gegen die Gewerkschaften. Dabei blieb es jedoch nicht. Im Dezember 1943 wurde die Auflösung sämtlicher politischer Parteien dekretiert. Die Pressezensur wurde verschärft, Säuberungen in Schulen und Universitäten durchgeführt, traditionelle Lehrpläne durch nationalistisch-reaktionäre ersetzt.

All diese repressiven Maßnahmen vermochten jedoch die Opposition nicht einzuschüchtern. Diese verstand sich als Teil der internationalen Allianz gegen den Faschismus und geriet mit der im Laufe des Jahres 1944 immer deutlicher werdenden Unterlegenheit der Achsenmächte in zunehmende Euphorie. So löste die Nachricht über die Befreiung von Paris im August 1944 spontane Demonstrationen oppositioneller Gruppen aus. Auch erhielt die zunächst vorwiegend von den Mittelschichten getragene Oppositionsbewegung seit 1943 Verstärkung durch sämtliche großen Unternehmerverbände, dies vor allem aufgrund der Lohn- und Sozialpolitik, wie sie in vorderster Linie von Perón betrieben wurde.

Perón hatte sich im Oktober 1943 zum Direktor des relativ unbedeutenden *Departamento Nacional del Trabajo* (DNT), der nationalen Arbeitsbehörde, ernennen lassen. Auf sein Betreiben hin wurde das DNT zum Ministerium für Arbeit und Soziales (*Secretaría de Trabajo y Previsión Social,* STyP) ausgebaut und die bisherige repressive Politik gegenüber den Gewerkschaften modifiziert. Das neue Ministerium entfaltete bald eine rege Tätigkeit hinsichtlich der Beilegung von lohn-, tarif- und arbeitsrechtlichen Konflikten und wurde zu einer Anlaufstelle gewerkschaftlicher Beschwerden. Dabei nutzte Perón das staatliche Interventionspotenzial für eine gezielte Förderung solcher Gewerkschaften, deren Führungen sich kooperationswillig zeigten und die von ihren bisherigen Verbündeten (vor allem der Sozialistischen und Kommunistischen Partei) Abstand nahmen. Die zum Teil spektakulären Eingriffe in Lohnverhandlungen und Streiks sowie die staatliche Härte gegenüber unbeugsamen Gewerkschaftern, die weiterhin massiv eingeschüchtert und mit Gefängnisstrafen bedroht wurden, ließen bald eine beachtliche Anzahl von Gewerkschaften in das Gravitationsfeld Peróns geraten.

Der nun einsetzende Prozess der Herausbildung einer peronistischen Massenbasis ist lange als Ausdruck einer strukturellen Transformation der Arbeiterklasse interpretiert worden. Danach bestand Peróns Anhängerschaft vor allem aus »neuen Industriearbeitern«, die in den 1930er Jahren aus ländlichen, unterentwickelten Regionen in die industriellen Zentren strömten, dort von den europäisch orientierten Gewerkschaften nicht integriert wurden und für das politische Werben eines autoritären Caudillo empfänglich waren. Tatsächlich aber fand Perón Unterstützung auch bei bereits lange und relativ gut etablierten Gewerkschaften. Das Fehlen einer breiten gewerkschaftlichen Front gegen die Militärregierung war nicht zuletzt Ergebnis der schon lange vor Perón üblichen, von vielen Gewerkschaftsführern durchaus begrüßten staatlichen Schlichtungsbemühungen bei Auseinandersetzungen mit Unternehmern um lohn- und sozialpolitische Forderungen. Die sozialrevolutionäre Rhetorik aus der Zeit der großen Streikbewegungen war bei einem Teil der Arbeitnehmervertreter längst durch einen weitaus pragmatischeren Kurs abgelöst worden, der jedoch bei den elitären Regierungen der *década infame* auf keine Resonanz gestoßen war. Die Gewerkschaften waren im Staat der konservativen Restauration politisch marginalisiert und aufgrund von internen Auseinandersetzungen über Fragen der ideologischen Orientierung und Taktik sehr geschwächt. Als sich mit Perón die Alternative bot, die eigene Stellung gegenüber den Arbeitgebern zu verstärken oder aber die Organisation durch eine Konfrontation mit der Militärregierung zu gefährden, entschlossen sich viele Gewerkschaftsführer, wenn auch unter Vorbehalt, mit Peróns Ministerium zu kooperieren.

Stand hinter Peróns Lohn- und Sozialpolitik ursprünglich der Wunsch, mögliche sozialrevolutionäre Potenziale durch eine »Aufhebung der Klassengegensätze« zu beseitigen, so wurde sie mit der zunehmenden außen- und innenpolitischen Schwächung des Regimes immer mehr zu einem Mittel der eigenen Machterhaltung und der Legitimierung der Militärherrschaft. Parolen der Klassenversöhnung machten bald politischen Seitenhieben auf die Oligarchie als eigentlichem Motor der oppositionellen Angriffe Platz. Dies trieb die großen Wirtschaftsverbände in eine unversöhnliche Haltung gegenüber Perón, darunter auch den Interessenverband der Industriellen (*Unión Industrial Argentina,* UIA), der aufgrund des lebhaften Interesses der Militärs an einer zügigen Industrialisierung auf die Erfüllung interessenpolitischer Ansprüche gehofft hatte. Tatsächlich wurden nach dem Juni 1943 mit der Gründung einer staatlichen Bank für Industriekredite (April 1944) oder mit der Zusicherung eines verstärkten Schutzes vor der ausländischen Konkurrenz zunächst wichtige Forderungen der Industriellen erfüllt. Die von Perón im Zuge der politischen Konfrontation immer vehementer aufgegriffenen lohn- und sozialpolitischen Forderungen der Gewerkschaften ließen die UIA jedoch ebenso ins Lager der politischen Opposition überwechseln wie die Großgrundbesitzer und großen Geschäftsleute aus Handel und Finanzen, die in der Konfrontation mit Perón ihr Herz für die Demokratie entdeckten und für die Wiederherstellung einer verfassungsmäßigen Ordnung plädierten.

Der Sieg der Opposition schien 1945 zum Greifen nahe zu sein. Wenige Wochen vor dem Zusammenbruch des Dritten Reiches hatte die völlig isolierte Militärregierung den Achsenmächten den Krieg erklärt und so die Wiederaufnahme der diplomatischen Beziehungen mit den Alliierten sowie den anderen Staaten des amerikanischen Kontinents erreicht. Die Regierung hatte sich davon eine Entschärfung der politischen Konfrontation für den nun angekündigten Prozess der »Normalisierung« erhofft. Tatsächlich löste ihr Nachgeben in der Opposition jedoch eine Euphorie und Siegessicherheit aus, die diese in ihrer kompromisslosen Haltung bestärkte. Damit scheiterte auch Peróns Versuch, eine politische Partei für die Unterstützung seiner beabsichtigten Präsidentschaftskandidatur zu gewinnen. Noch dazu schickten die USA den Diplomaten Spruille Braden als neuen Botschafter ins Feld, der die argentinische Opposition öffentlich unterstützte und keinen Hehl aus seiner Überzeugung machte, dass diese Regierung als letzte Bastion des Faschismus zu beseitigen sei. Die Herrschaft der Militärs geriet ins Wanken. Eine wachsende Zahl von Offizieren sah im Machtstreben Peróns das eigentliche Hemmnis für einen Prozess der politischen Versöhnung, der den Streitkräften erlauben würde, sich ohne Gesichtsverlust von der Macht zurückzuziehen. Am 9. Oktober 1945 schien das politische Ende Peróns gekommen zu sein. Er wurde seiner Ämter enthoben und später in Haft genommen.

In den Unterschichten des Landes aber rief Peróns Entmachtung Unruhe hervor. Die ihm nahestehenden Gewerkschaften mobilisierten am 18. Oktober für einen landesweiten Generalstreik zur Absicherung der sozialen Errungenschaften. Schon am Morgen des 17. Oktober 1945 wurden landesweit Forderungen nach Peróns Freilassung laut. Aus den Vorstädten von Buenos Aires strömten Menschenmassen ins Zentrum zur Plaza de Mayo vor dem Regierungssitz, wo sie die Rückkehr Peróns verlangten. Die Regierung Farrell geriet in Panik und veranlasste dessen Freilassung.

Für die im Februar 1946 angesetzten Wahlen formierten sich die mit Perón sympathisierenden Gewerkschafter zu einer Arbeiterpartei *(Partido Laborista)* und erklärten ihn zu ihrem Präsidentschaftskandidaten. Zur peronistischen Koalition gehörten außerdem eine Abspaltung zweitrangiger Politiker der Radikalen Partei sowie nationalistische Gruppierungen. Perón konnte zudem auf das Wohlwollen der Regierung sowie auf die offene Unterstützung der katholischen Kirche rechnen, die von ihm die Bewahrung wichtiger Zugeständnisse, etwa im Erziehungswesen, erwartete. Die gegen Perón antretende Mitte-Links-Koalition, die von der UCR bis zur Kommunistischen Partei reichende *Unión Democrática,* sah das Land vor der historischen Alternative »Demokratie oder Faschismus« und schreckte daher nicht davor zurück, sich offen von den großen Unternehmerverbänden, den Vereinigten Staaten sowie bekannten Repräsentanten des Establishments unterstützen zu lassen. Dies ermöglichte es Perón, die Wahl als eine Entscheidung für oder gegen nationale Souveränität und soziale Gerechtigkeit, für oder gegen das »Neue Argentinien« hinzustellen. Zudem konnte er seine enge Beziehung zur Regierung Farrell ausspielen, die er dazu veranlasste, kurz vor den Wahlen wichtige soziale Zugeständnisse wie den *aguinaldo* (13. Monatslohn/-gehalt) zu dekretieren. Die darauf folgende Kritik seitens der Opposition, die Erklärung der Ungültigkeit dieser Dekrete durch höchstrichterliche Instanzen sowie die bis zu Massenaussperrungen reichenden Protestaktionen der Unternehmerverbände gaben den passenden Hintergrund für die Wahlkampfparolen Peróns ab, der für den Fall eines oppositionellen Wahlsiegs den Vormarsch der alten reaktionären Kräfte prophezeite. Die offene Einmischung Spruille Bradens lieferte ihm den zugkräftigen Slogan »Braden o Perón«.

Peróns Wahlsieg vom Februar 1946 stellte einen politischen Erdrutsch dar. In den größeren Städten bildeten die Arbeiterwohnviertel solide Hochburgen seiner Anhängerschaft, auf dem Land, in den weniger entwickelten Regionen wuchs eine heterogene politische Basis heran, die mancherorts auch lokale konservative Caudillos und mit ihnen Teile des alten konservativen Patronagesystems einschloss.

Die Ära Perón

Die Rahmenbedingungen für Peróns Aufbruch in das »Neue Argentinien« schienen ausgesprochen gut. Das Land besaß 1946 Gold- und Devisenreserven im Wert von 1,7 Milliarden US-Dollar und gehörte bei Kriegsende zu den Gläubigernationen, bei denen vor allem Großbritannien tief in der Kreide stand. Nach dem kurzen konjunkturellen Einbruch von 1940 war Argentinien im Vergleich zum Ersten Weltkrieg doch recht gut in der Lage gewesen, sich an die exzeptionellen Bedingungen anzupassen, die der Verlust der bedeutenden kontinentaleuropäischen Märkte, die sinkende Exportfähigkeit der verbleibenden traditionellen Handelspartner und schließlich ein politisch motivierter Lieferungsboykott der USA mit sich brachten. Die wirtschaftliche Struktur Argentiniens war bei Kriegsbeginn weitaus diversifizierter als 1914 und damit flexibler. Nach 1940 wuchsen mit den rapide sinkenden Einfuhren die Zahlungsbilanzüberschüsse; eine hohe Liquidität trieb die Binnenkonjunktur an; der Druck zur Importsubstitution führte bald zu einer Auslastung der industriellen Kapazitäten und zu steigenden Beschäftigungsraten. In den frühen Nachkriegsjahren (1946–1948) steigerte sich diese Entwicklung zu einem Boom. Mit der Normalisierung der internationalen Verkehrswege und der großen Nachfrage des zerstörten Europa nach Nahrungsmitteln standen jetzt die Preise und die Terms of Trade auf einem hohen Niveau.

Diese Bedingungen erlaubten der neuen Regierung einen ausgesprochen expansiven Kurs (1946–1949), der unterschiedlichen entwicklungspolitischen Zielen gleichzeitig Rechnung zu tragen schien. Dazu gehörten ein hohes wirtschaftliches Wachstum vor allem im industriellen Bereich, eine beträchtliche Anhebung des Lebensstandards der lohnabhängigen Unterschichten sowie die »Argentinisierung«, das heißt die Verstaatlichung einiger großer ausländischer Unternehmen. Auch in anderen größeren Staaten Lateinamerikas wurde zeitgleich eine Vertiefung des Industrialisierungsprozesses als unabdingbare Voraussetzung für ein dauerhaftes und weniger labiles wirtschaftliches Wachstum angesehen. Dem Staat sollte dabei über wachsende Interventionsmechanismen sowie einen expandierenden öffentlichen Sektor eine fundamentale Rolle zukommen. Besonders akzentuiert war in Argentinien die sozialpolitische Komponente dieses Entwicklungsprozesses, wodurch die Loyalität der peronistischen Basis dauerhaft zementiert wurde.

Eine expansive Geld- und Kreditpolitik über die nun staatliche Zentralbank trug erheblich dazu bei, das Niveau der wirtschaftlichen Tätigkeit hoch zu halten. Die Börse florierte; die Mehrheit der großen Unternehmerverbände gab ihre Haltung der offenen Konfrontation gegen Perón auf, während dieser im Gegenzug noch im Wahlkampf erhobene weiter reichende Forderungen, wie die einer tiefgreifenden Agrarreform, fallen ließ. Staatlich garantierte Kredite mit zum Teil unter den Inflationsraten liegenden Zinssätzen, die präferenzielle Zuteilung von Devisen für die Einfuhr von Rohstoffen, Zwischenfabrikaten und industriellen Ausrüstungsgütern sowie eine starke Protektion vor der ausländischen Konkurrenz ließen die Unternehmensprofite in der Industrie steigen, und dies trotz erheblich wachsender Lohn- und Lohnnebenkosten, einer höheren Besteuerungspraxis sowie staatlicher Preiskontrollen. Staatliche Zuwendungen und eine massive Ausweitung der Nachfrage bewirkten, dass in den Jahren 1946 bis 1948 die Investitions- und Wachstumsraten in der Konsumgüterindustrie und die Umsätze des Handels hochschnellten. All dies war weniger Ausdruck einer entwicklungspolitischen Strategie als vielmehr Konsequenz der lohn- und beschäftigungspolitischen Prioritäten Peróns, hinter denen Fragen wirtschaftlicher Effizienz und Konkurrenzfähigkeit zurücktraten. Auch blieben dabei andere

Industrialisierungskonzepte, vor allem aus Kreisen des Militärs mit seiner stärkeren Akzentuierung der Entwicklung der Schwerindustrie, unbeachtet. Die Zufriedenheit der Streitkräfte, die Perón schon aus machtpolitischen Gründen sicherzustellen hatte, wurde vielmehr durch großzügige Importe von Militärgütern und andere Zugeständnisse erreicht.

Begleitet von der stark nationalistischen Propaganda der ersten Regierungsjahre wurden große ausländische Unternehmen wie Eisen- und Straßenbahnen oder das Telefonnetz verstaatlicht und die schon während des Krieges eingeleitete Repatriierung der Auslandsschulden beendet. Damit wurde ein großer Teil der Gold- und Devisenreserven verbraucht. Allein für die dekapitalisierten britischen Eisenbahnunternehmen wurden 150 Millionen Pfund Sterling gezahlt. Fraglich ist, ob solche Entscheidungen ökonomisch sinnvoll waren oder ob sie nicht vielmehr dem Anliegen einer tiefgreifenden Transformation der wirtschaftlichen Struktur zuwiderliefen, weil dadurch die Importkapazität, etwa im Hinblick auf Neuinvestitionen im industriellen Bereich, verringert wurde.

In diesen Jahren der Euphorie stießen Warnungen vor einer vorschnellen Dezimierung der Gold- und Devisenreserven kaum auf Resonanz. Die internationalen Preise für argentinische Exportprodukte waren hoch, der Wiederaufbau Europas garantierte eine weiterhin starke Nachfrage nach Nahrungsmitteln und ließ damit Sorgen über die Entwicklung des Exportsektors über Jahre hinweg überflüssig erscheinen. Wachsende internationale Spannungen im Zuge des Ost-West-Konflikts ließen die Regierung darüber hinaus einen dritten Weltkrieg erwarten, in dem Argentinien erneut daran gehindert werden konnte, Exporterlöse in Einfuhren umzuwandeln. Auch galten ihr die traditionellen Konzepte der argentinischen Wirtschaftspolitik, die der Produktion für den Export und der Sicherung der Absatzmärkte eine hohe

Priorität eingeräumt hatten, nach den Erfahrungen der letzten Jahrzehnte als überholt und allenfalls als Ausdruck oligarchischer Interessen. Jetzt diente der Exportsektor als Ressourcenquelle für die binnenwirtschaftliche Expansion: Ein Großteil der in den frühen Nachkriegsjahren exzeptionell hohen Gewinne wurde vom Staat abgeschöpft. Dies verhinderte gleichzeitig ein starkes Ansteigen der Nahrungsmittelpreise auf dem Binnenmarkt, was dem Primat der Umverteilungspolitik entgegengewirkt hätte.

Die loyalitätsstiftende Wirkung der peronistischen Politik lässt sich sicher nicht nur auf materielle Gratifikationen zurückführen, allerdings verhalfen die sozialpolitischen Errungenschaften der frühen Jahre Perón zu einem Alleinvertretungsanspruch gegenüber den Belangen der Unterschichten, durch den andere sozialreformerische Kräfte wie die Sozialistische Partei dauerhaft marginalisiert wurden.

In wenigen Jahren entwickelten sich die Gewerkschaften zu einem zentralen Machtfaktor. Die Zahl der organisierten Arbeiter stieg von 877 300 im Jahr 1946 auf 1 532 900 im Jahr 1948. Unter dem Wohlwollen des Staates und den Bedingungen einer annähernden Vollbeschäftigung hatten sich bereits 1945 allein in der Hauptstadt rund 44 000 Beschäftigte an Streiks beteiligt, 1946 waren es 334 000, 1947 wurde der Spitzenwert mit 541 000 Streikenden und 3,5 Millionen verlorenen Arbeitstagen erreicht. Steigende Tariflöhne und Sozialleistungen, gekoppelt mit einer staatlichen Kontrolle der Konsumgüterpreise und Mieten, ließen die Kaufkraft der lohnabhängigen Schichten nach 1945 und den Anteil der Löhne und Gehälter am Volkseinkommen beträchtlich ansteigen. Der mittlere Reallohnzuwachs zwischen 1945 und 1949 wird für den städtischen Bereich mit über 60 Prozent angegeben.

Die vorperonistische Arbeiterbewegung war wesentlich auf die hochentwickelten Regionen des Landes beschränkt geblieben. Von Ausnahmen wie den Eisenbahnergewerkschaften abgesehen, war der Organisationsgrad niedrig gewesen. So hatten im industriellen Sektor 1941 nur etwa 14 Prozent der Beschäftigten einer Gewerkschaft angehört. Zentrale Arbeitnehmerforderungen waren daher sehr ungleichmäßig durchgesetzt worden. Nur eine kleine Minderheit war zum Beispiel in den Genuss eines Rentenanspruchs gekommen. Erst nach 1943 setzte sich allmählich das Prinzip der kollektiven Tarifverhandlungen durch. Die tariflichen Vereinbarungen enthielten bald durchgängig zum Beispiel einen Kündigungsschutz sowie einen Anspruch auf Lohnfortzahlung bei Krankheit, auf Urlaubsgeld oder Familienzuschläge. Unter Perón erhielt der Gewerkschaftsbund *Confederación General del Trabajo* (CGT) landesweit Gewicht. Die großen Unterschiede in Einkommenshöhe und sozialer Absicherung zwischen den verschiedenen Arbeitnehmergruppen wurden eingeebnet. So nahm nun die nationale Rentenversicherungskasse bisher ausgeschlossene Arbeiter und Angestellte aus Industrie und Handel mit auf. Auch veränderte sich mit der wachsenden Bedeutung der Gewerkschaften das Klima in den Betrieben, was die Unternehmer fortan über Disziplinprobleme und hohe Fehlquoten klagen ließ.

Es waren die frühen Nachkriegsjahre, die sich in der kollektiven Erinnerung als die Essenz peronistischer Politik eingraben sollten. Symptome einer Krise aber zeigten sich bereits 1949, als die Gold- und Devisenreserven zusammengeschmolzen waren und die Terms of Trade für Argentinien zu fallen begannen. Der Boom der Nachkriegsjahre ging in eine Rezession über, die von hohen Inflationsraten begleitet war. Vor allem die Knappheit an konvertiblen Devisen (US-Dollar) begann die interne wirtschaftliche Dynamik zu beeinträchtigen. Großbritannien hatte nach einer kurzen Zeitspanne der Konvertibilität bereits im August 1947 entgegen vertraglicher Vereinbarungen die erneute Inkonvertibilität des Pfund Sterling erklärt. Auch die großen Dollarhilfen, die im Rahmen des Marshallplans nach Westeuropa und damit in traditionelle Absatzmärkte Argentiniens flossen, brachten keine Erleichterung. Im Gegenteil: Auf Druck der amerikanischen Regierung wurden dort argentinische Nahrungsmittelexporte zugunsten von Einfuhren aus den USA und aus anderen, im Krieg verbündeten Ländern wie Kanada und Australien verdrängt.

Infolge der staatlichen Gewinnabschöpfung war die Produktion für den Export rückläufig, während der steigende Konsum vor allem von Fleisch die für den Export verfügbaren Volumen schmälerte. Diese Situation verschärfte sich in den frühen 1950er Jahren durch Missernten zu einer allgemeinen Exportkrise, und 1952 musste Argentinien sogar Weizen einführen! Wachsende Handelsbilanzdefizite brachten das Land an den Rand der Zahlungsunfähigkeit. Die Regierung Perón sah sich zu einer Kehrtwende veranlasst und ging nach 1950 auf einen harten Stabilisierungskurs. Die industrielle Produktion sank, die Reallöhne fielen innerhalb von zwei Jahren um 25 Prozent. Staatliche Subventionen beschränkten sich nun auf die Produktion für den Export. Auch begann die Regierung, von der Notwendigkeit ausländischer Direktinvestitionen für eine Dynamisierung des Industrialisierungsprozesses zu sprechen und offen für eine Annäherung an die USA einzutreten. Insbesondere die Verhandlungen mit der US-amerikanischen Standard Oil um eine Konzessionsvergabe für die Ausbeutung argentinischer Ölfelder trafen einen alten neuralgischen Punkt und riefen nationalistische Empörung bis in peronistische Reihen hervor.

Der Stabilisierungskurs war, wie man heute annimmt, durchaus nicht erfolglos. Ab 1953 lassen die ökonomischen Daten auf eine gewisse Konsolidierung und auf ein – wenn auch langsames – Wachstum bei Ausgleich vorheriger Reallohnverluste schließen. Perón konnte im Gegensatz zu den folgenden, nichtperonistischen Regierungen aufgrund seiner starken Machtposition in Krisenzeiten zu orthodoxen Stabilisierungsmethoden greifen, die mit beträchtlichen (wenn auch vorübergehenden) Reallohneinbußen verbunden waren, ohne dass es zu massiven Streikbewegungen gekommen wäre. Das im internationalen Vergleich eindeutige wirtschaftliche Zurückfallen des Landes in der Ära Péron ist jedoch nicht allein auf Fehlleistungen dieser Regierung zurückzuführen. Die Umstellung von dem alten, vormals erfolgreichen Wachstumsmodell der »Belle Époque« auf ein Konzept der ökonomischen Diversifizierung wurde zu einem objektiv schwierigen Unterfangen. Auch nichtperonistische Regierungen hätten wahrscheinlich große Mühe gehabt, diese Situation zu meistern.

Vermutlich waren es nicht so sehr Fehlleistungen auf wirtschaftspolitischem Gebiet, sondern eher das Unvermögen, eine stabile politische Ordnung aufzubauen, was die Nation dauerhaft nicht zur Ruhe kommen und die Streitkräfte zum letztlich bestimmenden innenpolitischen Faktor werden ließ. Obwohl der Peronismus in den Wahlen zwischen 1946 und 1955 über wachsende Mehrheiten verfügte, nutzte er diese nicht zur Konsolidierung eines demokratischen Gefüges, sondern griff bereits früh auf autoritäre Methoden zurück.

Schon kurz nach dem Wahlsieg im Februar 1946 brachen die Konflikte in der peronistischen Koalition um die Machtverteilung offen aus. Ohne Peróns massive Intervention wäre die Koalition auseinandergebrochen. Seine Vorstellungen von Ordnung und Disziplin aber waren eher die eines Militärs als eines Parteivorsitzenden. Er organisierte die ihn tragenden Kräfte neu, indem er sie zu einer Partei zusammenfasste, die wenig später *Partido Peronista* hieß, und setzte ein autoritäres Führerprinzip durch, das die innerparteiliche Entscheidungsgewalt zunehmend auf ihn konzentrierte. Damit fand der Versuch, mit der Arbeiterpartei *(Partido Laborista)* aus der Gewerkschaftsbewegung eine eigenständige politische Kraft zu formen, ein schnelles Ende. Die »Peronisierung« der Gewerkschaften selbst wurde unter anderem durch die Ausgrenzung »widerspenstiger« Organisationen mittels Neugründungen konkurrierender Gewerkschaften fortgeführt. Perón duldete keine Politiker oder Arbeitnehmervertreter neben sich, die über eine von ihm unabhängige Machtbasis verfügten. Widerstand gegen seinen autoritären Führungsanspruch war die Ausnahme, wurde unnachsichtig unterdrückt und fand darüber hinaus keine Unterstützung an der Basis. Perón verhalf der Partei zur Macht und ließ die Gewerkschaften zu einem zentralen politischen Faktor werden, den auch spätere, nichtperonistische Regierungen anzuerkennen letztlich gezwungen waren. Deren erfolglose Versuche einer »Entperonisierung« zeigen, wie stark die politische Identifizierung mit diesem Militär eigentlich war.

Eine bedeutende Rolle in diesem Prozess spielte Péróns Frau, María Eva Duarte de Perón, »Evita«. Vielleicht stärker noch als Perón selbst wurde sie – für Anhänger wie für Gegner – zum eigentlichen Symbol des »Neuen Argentinien«. Für die einen war sie Wohltäterin und unermüdliche Verteidigerin der *humildes*, der Armen und Ausgestoßenen – eine Verehrung, die nach ihrem frühen Tod im Jahr 1952 zum Teil Formen des Heiligenkultes annahm. Für die Gegner wurde sie zum Symbol des Machtmissbrauchs, des peronistischen »Tollhauses« – eine Verachtung, die sich in persönlichen Verleumdungen ausdrückte. Eva Perón hatte die eigentliche Macht im Regierungsressort Arbeit und Soziales. Sie hielt die von Perón über die *Secretaría de Trabajo y Previsión Social* unter der Militärregierung initiierte politische Mobilisierung aufrecht und machte sich bald daran, weitere soziale Schichten als politische Basis zu gewinnen. Besonders wichtig war dabei das Sozialwerk *Fundación Eva Perón*, das in kurzer Zeit über erhebliche, teils aus Steuergeldern, teils aus mehr oder minder freiwilligen Abgaben von Unternehmern und Gewerkschaften herrührende Finanzmittel verfügte und damit massive landesweite

Kampagnen zur materiellen Unterstützung von Armen, Alten, alleinstehenden Müttern oder Kindern aus unterprivilegierten Familien durchführte. Der Charakter der *Fundación* war in gewisser Weise typisch für das Argentinien der Peróns: Im Gegensatz zu bestehenden karitativen Einrichtungen, wie sie die katholische Kirche oder Damen aus den begüterten Schichten betrieben, wurde jetzt betont, dass die Sozialfürsorge nicht mehr Almosencharakter habe, sondern auf dem Prinzip eines verbrieften Anspruchs auf gesellschaftliche Solidarität gegründet sei. Gleichzeitig aber waren diese Hilfsleistungen unverblümt mit der Person Eva Peróns verknüpft. Auch die – ohnehin auf der politischen Tagesordnung stehende – Einführung des Frauenwahlrechts 1947 erschien in der offiziellen Propaganda als Ergebnis ihres besonderen Engagements. Der peronistischen Partei wurde eine von ihr gegründete Sektion für weibliche Mitglieder beigefügt. Nach den Wahlen von 1951 hielten 24 beziehungsweise 6 weibliche Abgeordnete, die alle Kandidatinnen der Peronisten waren, Einzug in das Unter- und Oberhaus. So bemerkenswert diese Zahl ist, kann sie doch kaum als Ausdruck einer Emanzipation gewertet werden. Die weibliche Sektion besaß, wie die Partei überhaupt, wenig Eigenleben und stand unter der straffen Führung des Ehepaares Perón.

Das Parlament, das 1946 nach dreijähriger Militärherrschaft neu einberufen wurde, entwickelte sich zu einem Anhängsel der Exekutive, dem bald nur noch Gesetzesinitiativen der Regierung zur schnellen Verabschiedung vorgelegt wurden und in dem sich peronistische Abgeordnete durch Anträge zur Verleihung von Ehrenauszeichnungen an die Peróns hervortaten. Perón besaß seit 1946 eine bequeme parlamentarische Mehrheit, nach 1951 war die Opposition nach weiteren Stimmenverlusten und einer Veränderung des Wahlsystems mit nur noch 14 Abgeordneten im Unterhaus vertreten und ohne Repräsentanten im Senat. Doch selbst die Kritik einer schwachen Opposition schien Perón zu viel. Kritik am Staatsoberhaupt etwa reichte der peronistischen Mehrheit bald als Grund dafür aus, führende Politiker der Opposition aus dem Parlament auszuschließen. Das Pressewesen geriet mit wenigen Ausnahmen unter die Kontrolle der Regierung. Die Durchdringung der Öffentlichkeit mit der staatlichen Propaganda nahm immer vehementere Formen an. So hielt die Verherrlichung der Peróns bald auch Einzug in die Schulbücher, und in den Universitäten verloren oppositionelle Dozenten ihre Stellung. Wies der Peronismus von Anfang an stark autoritäre Züge auf, so nahm er nach 1951/1952 totalitäre Formen an.

Bereits gegen Ende der 1940er Jahre zeichnete sich ein Umschwenken in der Politik Peróns gegenüber dem Militär ab, dem bis dahin eine relativ hohe Autonomie zugebilligt worden war. Nach der frühen Phase der wirtschaftlichen Expansion, von der auch die Streitkräfte profitiert hatten, ging Perón dazu über, die Militärs »auf Linie« zu bringen, sie gewissermaßen auf seine Person einzuschwören. Diese Einmischung erregte den Unmut nicht weniger Offiziere, die ausgeprägt selbstbewusste Vorstellungen von der Rolle der Streitkräfte im argentinischen Staatswesen hatten. Offenes Missfallen rief darüber hinaus der wachsende Einfluss Eva Peróns hervor. Ihre öffentlichen, von scharfen Ausfällen gegen die begüterten Klassen begleiteten Auftritte, ihre aufpeitschende Rhetorik entsprachen nicht den von der militärischen Spitze vertretenen Vorstellungen von sozialer Befriedung. Als 1951 die CGT die Nominierung Eva Peróns zur Vizepräsidentschaftskandidatin für die bevorstehenden Wahlen forderte, scheiterte dies am Widerstand des Militärs, dessen Loyalität Perón in dieser Frage offenbar wichtiger erschien. Ein zwar chancenloser Aufstandsversuch im September 1951 sowie weitere militärisch-zivile Konspirationen (1951/1952) aber zeigten, dass diese Loyalität Grenzen hatte.

Obwohl diese Entwicklungen die Regierung noch keineswegs gefährdeten, ließ Perón 1951 ein Gesetz zur Verhängung des »internen Kriegszustands« verabschieden, der zu einem dauerhaften Ausnahmezustand wurde. Auch machte er sich daran, seine Machtposition durch die Errichtung einer, wie es hieß, »organisierten Gesellschaft« zu verfestigen. Staat und Peronismus wurden nun gleichgesetzt, und 1952 erklärte das Parlament die peronistische Weltanschauung, den *justicialismo*, zur nationalen Doktrin. Öffentlich Bedienstete hatten fortan ein Treuebekenntnis zum Peronismus abzulegen.

Das Ziel einer konfliktfreien Gesellschaft sollte nun durch den Aufbau einer korporativen Ordnung erreicht werden. Regierungskonforme Organisationen erfassten bald Schüler, Studenten und Freiberufler, und dem perontreuen Gewerkschaftsbund CGT wurde 1952 die *Confederación General Económica* (CGE) als Gesamtvertretung der Unternehmer mit Zwangsmitgliedschaft zur Seite gestellt. Die CGE sollte alte, autonome Verbände der Industrie, des Handels und der Landwirtschaft verdrängen beziehungsweise überlagern und damit die gesamte Produktion für staatliche Einflüsse öffnen. Im Unterschied zu früher wurden jetzt der Produktionssteigerung und vor allem der Entwicklung der Produktivität höchste Priorität eingeräumt. Die verglichen mit früher weitaus konservativere Haltung der Regierung in der Wirtschafts- und Sozialpolitik sowie die Anzeichen eines Einflussverlustes der Gewerkschaften riefen in Unternehmerkreisen ein durchaus positives Echo hervor. Damit aber gingen die großen, vormals überaus einflussreichen Verbände wie der elitäre Großagrarierverband *Sociedad Rural* keineswegs ins peronistische Lager über. Nicht umsonst sorgte die Regierung dafür, dass kleine, politisch schwächere Unternehmerverbände, vor allem aus den Provinzen, die CGE dominierten.

Die Konzeption einer organisierten Gesellschaft wies dem

Staat – und damit Perón – die Machtfülle eines obersten Schiedsrichters über die korporativ eingebundenen gesellschaftlichen Gruppen zu, die auf diese Weise zumindest politisch mediatisiert und neutralisiert wurden. Dieser ausschließliche Herrschaftsanspruch, die wachsende Repression, der bis zur Absurdität gesteigerte Personenkult um die Peróns und nicht zuletzt die mit der Machtfülle wachsenden Korruptionserscheinungen im Regierungslager bestärkten die politische Opposition in ihrer unversöhnlichen Ablehnung des Peronismus. Doch brachte sie nicht die Kraft auf, ihr politisches Gewicht effektiv gegen Perón einzusetzen – ein Versagen, das nicht nur auf das Repressionspotenzial und das in den 1950er Jahren nahezu vollständige Monopol der Regierung im Pressewesen zurückzuführen war. Die Oppositionsparteien, von den immer noch bedeutsamen Radikalen (UCR) bis hin zu den nun marginalisierten Sozialisten und Konservativen, verzehrten sich in internen Richtungskämpfen, die in der Auseinandersetzung mit dem aufsteigenden Peronismus nicht ab-, sondern eher zugenommen hatten. Aus ihrer Schwäche heraus und mit der schwindenden Möglichkeit, das Regime Peróns auf konstitutionellem Wege zu beenden, wuchs die Bereitschaft, mit Kreisen der Militärs zu konspirieren.

Bis in die frühen 1950er Jahre hatten allenfalls unbedeutende Gruppen aktiver Offiziere an solchen Konspirationen ein Interesse gezeigt, zumal nach den umfassenden Säuberungen in der Folge der isolierten Erhebung von 1951. Der Versuch Peróns, die Loyalität der Streitkräfte durch eine systematische ideologische Indoktrination dauerhaft zu sichern, erzeugte langfristig aber eher Widerstand denn Unterstützungsbereitschaft. Zu einem gemeinsamen Vorgehen der intern fraktionierten Streitkräfte aber kam es erst nach einem neuen politischen Manöver Peróns.

Aus nicht geklärtem Anlass richteten Regierung und Parteipresse Ende 1954 massive Angriffe gegen die katholische Kirche, für die es in Peróns Vision der organisierten Gesellschaft offenbar auch keinen Raum mehr gab. Traditionelle kirchliche Tätigkeitsfelder wie die Jugend- und Sozialfürsorge waren bereits weitgehend vom peronistischen Staat vereinnahmt worden. Jetzt aber ging Perón weiter. Die politische Denunziation katholischer Geistlicher, eine Reihe plötzlich verabschiedeter Gesetze, wie unter anderem die Liberalisierung des Scheidungsrechts, sowie die Ankündigung einer vollständigen Trennung von Kirche und Staat ließen militante katholische Verbände in die Reihen einer Opposition eintreten, die bisher die Tradition des Antiklerikalismus vertreten hatte. Die Oppositionsparteien sammelten sich um die Kirche, Prozessionen zum Beispiel erhielten fortan den Charakter antiperonistischer Demonstrationen.

Peróns Kirchenkampf rief nicht nur die politische Opposition, sondern auch die Militärs auf den Plan, in deren Auffassung von Recht und Ordnung gerade die katholische Kirche einen hohen Stellenwert einnahm. Nach der Niederschlagung einer militärischen Rebellion vom 16. Juni 1955, die mehrere Hundert Anhänger Peróns das Leben kostete, schwankte dieser zwischen Friedensangeboten an die davon wenig erbaute Opposition und scharfen Drohungen. Aus den Reihen der Gewerkschaften wurde der Vorschlag laut, bewaffnete Arbeitermilizen zum Schutze der Regierung zu bilden, was von der Armee scharf zurückgewiesen wurde. Als es am 16. September 1955 in Córdoba zu einem weiteren militärischen Aufstand kam, entschloss sich Perón, aufzugeben und ins Exil zu gehen. Seine Regierung hatte inzwischen viel von ihrer mobilisierenden Kraft verloren, so dass es 1955 zu keinem zweiten »17. Oktober« kam.

3. Ein Land in der Krise, 1955–1983

Etwas vereinfachend könnte man behaupten, der dynamische Abschnitt der jüngeren argentinischen Geschichte sei mit den peronistischen Regierungen von 1946 bis 1955 zu Ende gegangen. In den 30 darauf folgenden Jahren blieb das Land in seiner Entwicklung stehen beziehungsweise drehte sich sozusagen ständig im Kreise. Das in unregelmäßigen Schüben erfolgende Wirtschaftswachstum war in dieser Phase mehr als unbefriedigend, und die soziale Lage blieb verkrustet und festgefahren. Die argentinische Gesellschaftsstruktur wies nach der soziopolitischen Integration der Mittelschichten im ersten Drittel des Jahrhunderts unter Yrigoyen und der darauf folgenden Mobilisierung der Unterschichten unter Perón keinerlei Dynamik mehr auf, die Grundstruktur der sozialen Schichtung, wie sie sich um die Jahrhundertmitte herausgebildet hatte, blieb unverändert. Diese Unbeweglichkeit der Sozialstruktur fand ihren Ausdruck in einer Vielzahl etablierter Interessenverbände, die sich um die mageren Produktionszuwächse stritten und gleichzeitig den Staat unter Druck setzten. Wenngleich das politische Geschehen aufgrund dieser Pressionen äußerst bewegt verlief, darf man sich nicht täuschen lassen: Hinter dem häufigen Wechsel von Regierungen, Ministern und Programmen, der nach außen hin den Eindruck von Zielstrebigkeit und Geschäftigkeit vermittelte, verbarg sich wachsende Ratlosigkeit. Im lateinamerikanischen Kontext büßte Argentinien in dieser Phase aufgrund seiner Unfähigkeit, die Schwelle zur »reifen« Industrienation zu überschreiten, seinen früheren

Modernisierungsvorsprung weitgehend ein. Es wurde von wirtschaftlich dynamischeren Ländern wie Mexiko und Brasilien überrundet und sank auf den Rang einer lateinamerikanischen Mittelmacht, vergleichbar mit Venezuela oder Kolumbien, herab.

Wirtschaftlicher Stillstand und relative Verarmung

Mit durchschnittlich 2,5 Prozent pro Jahr lag das Wachstum der argentinischen Wirtschaft von 1950 bis Anfang der 1980er Jahre deutlich unter jenem der ersten Jahrhunderthälfte. Nur zwischen 1963 und 1974, als ausländische Konzerne im Land investierten und großenteils eigene Niederlassungen gründeten, wurden höhere Zuwachswerte erzielt. Im Übrigen stagnierte das Bruttoinlandsprodukt oder war sogar rückläufig. Auch das durchschnittliche Pro-Kopf-Einkommen stieg nur zeitweise leicht an und ging insbesondere nach 1974 wieder zurück. Gleichzeitig erreichte die Inflation teilweise dramatische Ausmaße, lag nach 1974 in keinem Jahr unter 100 Prozent und mündete 1975/1976 in eine Hyperinflation. Die Auslandsverschuldung, in den 1960er Jahren nicht höher als 2,5 bis 3 Milliarden US-Dollar, kletterte 1978 auf 12,5 und 1982 auf 43,6 Milliarden US-Dollar. Parallel dazu stieg die Kapitalflucht an und belief sich allein in den Jahren 1978 bis 1982 auf insgesamt 20 bis 25 Milliarden US-Dollar. Die wirtschaftliche Dauerkrise führte zu einem großen Verschleiß von Wirtschaftspolitikern: Von 1959 bis 1989 hatte das Land 33 Wirtschaftsminister und nicht weniger Zentralbankdirektoren; die durchschnittliche Amtszeit dieser für die Wirtschafts- beziehungsweise Finanzpolitik Verantwortlichen lag somit unter einem Jahr.

Besonders bezeichnend für die wirtschaftliche Entwicklung waren ständige Schwankungen im Konjunkturverlauf. Jahrzehntelang lösten sich im Rhythmus von drei bis vier Jahren kurze Aufschwungphasen und jähe Rezessionen ab. Diese »stop-go-cycles« entsprachen gegensätzlichen wirtschaftspolitischen Orientierungen und Programmen, ihre strukturelle Ursache waren jedoch die Zahlungsbilanzschwierigkeiten, mit denen sich die Volkswirtschaft als chronischem Engpass konfrontiert sah. Die argentinische Industrie, die in hohem Maße auf Einfuhren in Form von Rohstoffen, Zwischenprodukten und Produktionsgütern angewiesen war, schaffte es nur in sehr begrenztem Umfang, Exportmärkte zu erschließen. Sie setzte ihre Waren vor allem auf dem Binnenmarkt ab, was bedeutet, dass nach wie vor der weitaus überwiegende Teil der Devisen vom landwirtschaftlichen Sektor erwirtschaftet werden musste. Abgesehen davon, dass die wachsende argentinische Bevölkerung die im Land produzierten Nahrungsmittel immer mehr selbst verbrauchte, geriet die Zahlungsbilanz in Zeiten eines günstigen Konjunkturverlaufs regelmäßig unter Druck: Zum einen belebte der allgemeine Einkommenszuwachs die Nachfrage nach all jenen dauerhaften Konsumgütern, welche die argentinische Industrie nur auf der Basis von Importen herzustellen in der Lage war. Zum anderen schlug sich gleichzeitig die verbesserte Lohnsituation der unteren sozialen Schichten in einem vermehrten Konsum von Fleisch nieder, dem neben Getreide wichtigsten Exportgut. Die drohende Erschöpfung der Devisenvorräte wurde meist durch die Abwertung des Peso, durch Importkontrollen und ähnliche Stabilisierungsmaßnahmen abgewendet, welche die Konjunktur drosselten und die Exporte ankurbelten, allerdings auch von einem Inflationsschub und einer Einkommensumverteilung zugunsten der Landwirtschaft und zulasten der urbanen Bevölkerungsgruppen begleitet war. Der Negativeffekt der Zahlungsbilanzkrise wurde noch durch den sogenannten »beef-cycle« verstärkt, der die mangelnde Elastizität der argentinischen Viehzüchter im Marktverhalten umschreibt: Hohe Preise zogen kein Mehrangebot an Rindfleisch nach sich, sondern im Gegenteil dessen Verknappung, da in Erwartung noch größerer künftiger Gewinne der Viehbestand aufgestockt statt abgebaut wurde. Umgekehrt wurde auf nachgebende Preise aus Angst vor ihrem weiteren Verfall mit einem Überangebot an Fleisch reagiert.

Die argentinische Landwirtschaft war zwar zwischen 1955 und 1983 in ihrer Entwicklung nicht durchgehend stagnierend, doch verzeichnete sie in den 1940er und 1950er Jahren, als Länder mit ähnlicher natürlicher Ressourcenausstattung wie etwa die USA oder Kanada große Produktionsfortschritte erzielten, nicht nur keine Zuwachsraten, sondern blieb sogar hinter den Erträgen der 1930er Jahre zurück. Es dauerte rund 20 Jahre, bis im Ackerbau wieder die Spitzenergebnisse der Zeit vor und während des Zweiten Weltkriegs erreicht wurden. Erst ab den 1960er Jahren erholte sich die Landwirtschaft allmählich, um dann von 1970 bis 1983 mit stattlichen Zuwachsraten aufzuwarten. Die Ursachen der Ertragssteigerungen lagen in der durch günstigere Steuer- und Kreditbedingungen forcierten Mechanisierung der Produktion und dem Einsatz von besserem Saatgut bei den verschiedenen Getreidesorten und ölhaltigen Pflanzenkulturen (vor allem der Anbau der Sojabohne und neuer hybrider Maissorten) sowie von Insekten- und Pflanzenschutzmitteln.

Indessen änderte sich an der Flächenaufteilung zwischen Viehzucht und Ackerbau nur wenig. Die meisten Großgrundbesitzer der Pampa zogen es aus ihrem traditionellen Streben nach Risikominderung unverändert vor, einen Teil ihrer Ländereien der Rinderzucht vorzubehalten, obwohl sie bei einer Spezialisierung auf Getreide und Ölkulturen höhere Gewinne hätten erzielen können. Die befürchteten Risiken wurden nicht nur in den unberechenbaren Witterungsbedingungen und schwankenden Preisen auf dem Weltmarkt gesehen, sondern vor allem in der Agrarpolitik der eigenen Regierung. Als Hauptdevisenquelle des Landes kam den

Pampa-Erzeugnissen stets eine politische Schlüsselbedeutung zu, sie standen im Mittelpunkt gegensätzlicher Interessen des Staates, der Industrie, der städtischen Konsumenten und der Produzenten selbst. Je nachdem, welche dieser Gruppen sich jeweils durchsetzte, stiegen oder fielen die Preise und damit die Gewinnchancen der Landwirte. Angesichts dieser unsicheren Lage war eine Spezialisierung auf nur einen Produktionszweig wenig ratsam, vielmehr lag eine Produktdiversifizierung mit dem Ziel größerer Risikostreuung nahe. Ackerbau und Viehzucht können in lukrativer Weise gleichzeitig jedoch nur auf Flächen von mindestens etwa 400 Hektar betrieben werden. Dies dürfte der Hauptgrund dafür sein, warum der Anteil mittelgroßer bis großer Betriebseinheiten (400 bis 5000 Hektar) an der gesamten bewirtschafteten Fläche der Pampa-Region im Unterschied zu den Großbetrieben ab 5000 Hektar ab 1960 nicht weiter zurückging, sondern wieder leicht zunahm. Dabei erwiesen sich im Sinne der aufgezeigten Diversifizierungsstrategie die Großbetriebe dem typischen Familienbetrieb mit 100 bis 200 Hektar Fläche als klar überlegen.

Bildete somit der Mittel- bis Großbetrieb, strukturell bedingt, eine Konstante der Pampa-Wirtschaft des 20. Jahrhunderts, so änderten sich demgegenüber die Formen der Arbeitsteilung und Abhängigkeit innerhalb dieses betrieblichen Gesamtrahmens im Laufe der Zeit erheblich. Die ursprüngliche Dreigliederung Grundbesitzer – Pächter – Landarbeiter verkürzte sich ab den 1930er Jahren aufgrund der massiven Land-Stadt-Wanderungen immer mehr auf das Verhältnis zwischen Besitzern und Pächtern, deren Zahl nach dem Zweiten Weltkrieg zudem rasch abnahm. Waren 1935 noch 65 Prozent der Pampa-Böden verpachtet, so reduzierte sich dieser Prozentsatz 1960 auf 30 Prozent, 1969 auf 20 Prozent. Ab den 1970er Jahren entwickelte sich dann eine neue Form landwirtschaftlicher Arbeitsteilung. Nunmehr standen den

Grundeigentümern die sogenannten *contratistas* gegenüber, die sozusagen den modernen Typ des Agrarunternehmers repräsentierten, der gegen eine vereinbarte Summe oder Ertragsbeteiligung (meist ein Drittel der Ernte) die Bewirtschaftung eines Landstückes für ein Jahr, von der Aussaat bis zur Ernte, übernimmt. Die *contratistas* dürften neben den ausgebildeten Landwirtschaftsberatern, deren Zahl ebenfalls stark zunahm, zu den Hauptimpulsgebern des skizzierten technologischen Wandels im Ackerbau gezählt haben.

Im Unterschied zum international konkurrenzfähigen Landwirtschaftssektor war die argentinische Industrie auch nach 1955 außerstande, die Ausschöpfung des Binnenmarktes mit einer Strategie zur Eroberung von Exportmärkten zu verbinden. Für die fehlende Exportreife argentinischer Industrieprodukte war eine ganze Reihe von Faktoren verantwortlich, insbesondere der auf Perón zurückgehende überhöhte Zollschutz, das Fehlen einer kohärenten und konsequent betriebenen Exportförderungspolitik und der Mangel an dynamischen Unternehmern im Sinne Schumpeters. Ein Mangel an Dynamik herrschte im Übrigen nicht nur in den nationalen Industrieunternehmen, sondern auch bei den Tochtergesellschaften transnationaler Konzerne. Anstatt, wie man gehofft hatte, zum Motor des industriellen Wachstums zu werden, passten sie sich in Stil und Praxis den einheimischen Unternehmern an und produzierten ausschließlich für den argentinischen Binnenmarkt.

So wenig indes von einer durchgehenden Stagnation des Agrarsektors gesprochen werden kann, so wenig ist es für die Industrie zutreffend, die zwischen 1955 und 1983 zumindest begrenzte Produktions- und Produktivitätsfortschritte erzielte. Vor allem zwischen 1958 und 1961 sowie von 1964 bis 1974 wies der industrielle Sektor beträchtliche Wachstumsraten auf, während er nach 1976 in eine tiefe Rezession geriet. Die Anstöße für den ersten

Wachstumsschub stammten primär von außen. Nachdem Arturo Frondizi als Präsident mit der Öffnung des Landes für ausländisches Kapital und fremde Technologie sich deutlich vom Peronismus wie von der eigenen, früher vertretenen Position abgesetzt hatte, strömten ausländische Investitionen, vor allem aus den USA, ins Land. Unter den neuen, vorwiegend in der Metall- und Elektrobranche angesiedelten Unternehmen kam der Automobilherstellung besondere Bedeutung zu; zwischen 1958 und 1965 trug sie allein 30 Prozent zur Erhöhung der industriellen Produktion bei. Die zweite Wachstumsphase von 1964 bis 1974 erscheint im Nachhincin als die erfolgreichste und vielversprechendste der jüngeren argentinischen Industrialisierungsgeschichte. Der industrielle Sektor erzielte kontinuierlich jährliche Zuwachsraten von 8 Prozent; neben der Produktion als solcher nahmen auch die Produktivität, die Löhne und die Beschäftigtenzahlen zu. Der Aufschwung beruhte auf der Konsolidierung der Niederlassungen transnationaler Konzerne, die von einem allgemeinen Reifungsprozess der argentinischen Unternehmen begleitet war. Erstmals nach Jahrzehnten gelang es der argentinischen Industrie, in Teilbereichen international konkurrenzfähig zu werden. Darauf deuten nicht nur die auf rund ein Viertel der Gesamtexporte ansteigenden Industrieausfuhren hin, sondern auch der parallel dazu erfolgende Technologieexport und die Zunahme argentinischer Direktinvestitionen im Ausland. Die damit geweckten Hoffnungen wurden jedoch während der Militärdiktatur nach 1976 wieder zunichtegemacht, als die argentinische Wirtschaft in eine tiefe Rezession geriet, von der vor allem die Industrie betroffen war. Ihr Beitrag zum Bruttoinlandsprodukt schrumpfte *(desindustrialización)* und viele Betriebe mussten schließen. Innerhalb des Sektors nahm die vertikale Unternehmenskonzentration zu, wie es überhaupt zu massiven Umschichtungen kam. Von den 100 größten Industrieunternehmen des Jahres 1975 gehörten sechs Jahre später nur noch etwa zwei Drittel dieser Spitzengruppe an, die übrigen hatten an Betriebsgröße eingebüßt oder waren durch Fusion beziehungsweise Konkurs gänzlich von der Bildfläche verschwunden. Die Metall- und Elektroindustrie musste ihre Führungsposition an neue Großunternehmen der Grundstoff- und Zwischengüterindustrie (unter anderem Aluminium, Zement, Papier, Eisen, Petrochemie) abgeben, deren Aufstieg zum Teil auf gute Kontakte zu staatlichen Stellen zurückging.

Am Ende der Militärdiktatur gab es vier Haupttypen von Industrieunternehmen: die nationalen, vornehmlich im Bereich der Grundstoff- und Zwischengüterproduktion tätigen Großunternehmen mit häufig monopolartiger Stellung auf dem einheimischen Markt und, dank staatlicher Subventionen, auch Exportanteilen; die staatseigenen, zum Teil in militärischem Besitz befindlichen Unternehmen mit aufgrund von Misswirtschaft und Ineffizienz chronischen Verlustbilanzen; die Tochterfirmen ausländischer Konzerne mit hauptsächlich an den Bedürfnissen des nationalen Marktes orientierter Produktion; nationale, durch relativ hohe Zollbarrieren geschützte Mittel- und Kleinunternehmen mit Produkten für den nationalen Markt, die weder in Qualität noch im Preis den internationalen Standards genügten.

Bei den unterschiedlichen Einkommens- und Beschäftigtengruppen kam es in dieser Phase zu keinen nennenswerten quantitativen Verschiebungen. Die relevanten Veränderungen fanden innerhalb der beiden Hauptgruppen, der Selbständigen und abhängig Beschäftigten, statt. So kam es auf der Seite der Selbständigen zu einem bemerkenswerten Rückgang bei den Arbeitgebern und einer entsprechenden Zunahme derjenigen, die auf eigene Rechnung arbeiten *(cuenta propistas)*. Die Zahl der wirtschaftlichen Führungskräfte mit übergreifenden Entscheidungs- und Kontrollfunktionen verringerte sich von 1960 bis 1980 um zwei Drittel, eine Parallele also zum erwähnten Schrumpfungs- und

Konzentrationsprozess in der Industrie. Auch der starke Anstieg des Anteils der vermutlich vor allem im Handel und in sonstigen Dienstleistungsbranchen agierenden kleinen Selbständigen spiegelt die Ausdünnung des industriellen Sektors wider. Von dieser Gruppe gab es einen fließenden Übergang zum sogenannten informellen Sektor, der in Argentinien, nicht anders als in zahlreichen anderen lateinamerikanischen Ländern, ab der Mitte der 1970er Jahre rasch anwuchs. Schätzungen zufolge belief er sich gegen 1985 auf 20 bis 25 Prozent der wirtschaftlich aktiven Bevölkerung. Im Unterschied zur umfangreichen Schattenwirtschaft, mit der für sie kennzeichnenden prekären Beschäftigungslage und unregelmäßigen Einkommen, hielt sich die Zahl der offiziell Arbeitslosen in Grenzen. Selbst in Zeiten der Rezession ging sie im großstädtischen Bereich nie über 5 bis 6 Prozent hinaus, lag allerdings in den armen Provinzen des Hinterlandes wesentlich höher.

Bei den fest Beschäftigten kam es zu einer deutlichen Verschiebung des Verhältnisses zwischen Arbeitern und Angestellten, das bei den Großunternehmen, privaten wie öffentlichen, mittlerweile bei 1:1 lag. Die Zunahme der Anzahl mittlerer und gehobener Angestellter sowie generell der technischen Kader und Freiberufler hing eng mit dem durchwegs gestiegenen Niveau der Bildungsabschlüsse zusammen. Auch Argentinien war somit, wenn auch in gebrochener und verzerrter Form, von der »technokratischen Revolution« erfasst worden. Das Land produzierte allerdings viel mehr Akademiker, als es beschäftigen und angemessen bezahlen konnte, weshalb es in Kauf nehmen musste, dass viele der besonders Qualifizierten in Länder mit besseren Einkommensmöglichkeiten abwanderten.

Wenngleich seit den 1940er Jahren zahlenmäßig erheblich reduziert, stellte die Arbeiterschaft immer noch die größte geschlossene Gruppe innerhalb der Gesamtheit der Erwerbstätigen dar. Dank der Vertretung ihrer Interessen durch schlagkräftige Gewerkschaften konnte sie trotz zeitweise widriger politischer Umstände ihren unter Perón erlangten materiellen und sozialen Besitzstand bis 1975 im Großen und Ganzen erfolgreich verteidigen. Erst durch die 1976 an die Macht gelangte Militärregierung wurden die Arbeitnehmer und ihre Vertretungsorganisationen entschieden geschwächt. Hierzu trug sowohl die Wirtschaftspolitik von Martínez de Hoz bei, die zum Zusammenbruch vieler Unternehmen und zu Massenentlassungen führte, als auch die Auflösung und Entmachtung der Gewerkschaften. Allein im Jahr 1976 sanken die Reallöhne um rund 30 Prozent.

Der sich öffnenden Schere zwischen Einkommen aus selbständiger Tätigkeit und den Löhnen beziehungsweise Gehältern der abhängig Beschäftigten ab 1976 entsprach eine generelle Akzentuierung der sozialen Ungleichheit unter der letzten Militärdiktatur. Eine Analyse der Einkommens- und Vermögensverteilung zwischen 1950 und 1980 ergab, dass in den 1950er, 1960er und frühen 1970er Jahren das Ausmaß sozialer Ungleichheit, ungeachtet teilweise tiefgreifender wirtschaftlicher Umwälzungen, in etwa konstant geblieben war, sich indessen in der zweiten Hälfte der 1970er Jahre merklich verschlechterte. Die Einkommenskonzentration bei 10 Prozent der Bevölkerung – den Reichsten in der Gesellschaft – nahm von 39 Prozent auf 44 Prozent des Volkseinkommens zu, demgegenüber sank der Anteil der Ärmeren und Ärmsten, die 40 Prozent der Bevölkerung ausmachten, von 17,3 auf 14,5 Prozent.

Eine der Hauptursachen für die wachsende soziale Ungleichheit war das vor allem in den 1970er und 1980er Jahren sich verschärfende Entwicklungsgefälle zwischen der Hauptstadtregion und den Provinzen. Von den etwa 2,5 Millionen marginalisierten Menschen in Argentinien lebte 1974 der weitaus größte Teil in den peripheren Provinzen der südlichen, westlichen und nördlichen

Landesregionen. An dieser deprimierenden Situation änderte sich auch danach nur wenig, im Gegenteil: Der Rückzug des Staates aus der Wirtschaft nach 1976, verbunden mit der zeitweiligen Aufhebung der Zollschranken, fügte den fast ausschließlich für den nationalen Markt produzierenden Provinzökonomien noch größeren Schaden zu als den Großunternehmen in der Hauptstadtregion, die teilweise über Finanzspekulationen die Verluste im Produktionssektor wettmachen konnten. Die Verarmung und der Niedergang des argentinischen Hinterlandes wirkten sich umso nachteiliger und bedrückender für die Provinzbevölkerung aus, als die Abwanderung, das klassische Ausgleichsventil, angesichts fehlender alternativer Optionen zunehmend an Bedeutung verlor.

Politische Instabilität

Die Jahre zwischen 1955 und 1983 zählen zu den bewegtesten der jüngeren politischen Geschichte Argentiniens, in denen sich Militärdiktaturen (1955–1958; 1966–1973; 1976–1983) mit demokratisch gewählten Zivilregierungen (1958–1966; 1973–1976) abwechselten. Regierungskrisen und Regimewechsel, gelungene und misslungene militärische Putsche, politische Kurswechsel und Parteispaltungen vermitteln den Eindruck großer politischer Hektik und allgemeiner Unzufriedenheit mit den politischen Verhältnissen.

Nach dem Sturz und der Flucht Peróns ins Exil gingen die Streitkräfte zunächst davon aus, dass sich die peronistische Bewegung ziemlich mühelos in das Spektrum der übrigen Parteien integrieren ließe. Als indessen die versöhnliche Haltung des ersten Präsidenten der Revolutionsregierung, Eduardo Lonardi, unter dessen baldigem Nachfolger, Pedro E. Aramburu, einer Politik der systematischen Ächtung und Verfolgung der Peronisten wich, zeigte sich rasch, dass man das Rad der Geschichte nicht einfach zurückdrehen und wieder zu den Verhältnissen vor 1943 zurückkehren konnte. Zuerst konstituierten sich die peronistischen Gewerkschaften neu (»Gruppe der 62«), dann nahm auch die Masse der peronistischen Wählerschaft eine konsequente Protesthaltung gegenüber den neuen politischen Machthabern ein. In treuer Ergebenheit gab sie ihre Stimme nur solchen politischen Kräften, die das Plazet ihres zur Persona non grata erklärten Führers im Exil fanden, und übte ansonsten ostentative Stimmenthaltung. Zivile Politiker mit Präsidentschaftsambitionen stellte dieses Wahlverhalten der faktischen Mehrheit der Wahlberechtigten in Verbindung mit der ablehnenden Haltung der Streitkräfte dem aus ihrer Sicht »kommunistischen« Peronismus gegenüber vor ein kaum zu lösendes Dilemma. Entweder verzichteten sie von vornherein auf die Unterstützung Peróns und der Peronisten, was bedeutete, dass sie sich mit einer Minderheitsregierung begnügen mussten, oder aber sie versuchten, auf irgendeine Weise die Peronisten für sich zu gewinnen, und riefen damit unweigerlich die Streitkräfte als politische Vetomacht auf den Plan.

Der erste unter diesen Bedingungen gewählte zivile Präsident, Arturo Frondizi (1958–1962), eine ebenso ehrgeizige wie schillernde Figur, die den progressiven Flügel der Radikalen Partei hinter sich geschart hatte, versuchte es zunächst mit einer Bündnispolitik gegenüber den Peronisten. Den Wirtschaftskurs von vor 1955 wieder aufnehmend, verfolgte er eine nationalistische Wirtschaftspolitik, die ein beschleunigtes Wirtschaftswachstum und den Aufbau einer nationalen Schwerindustrie unter Zuhilfenahme ausländischen Kapitals vorsah. Damit versicherte er sich der Unterstützung Peróns und der peronistischen Massen, für deren Wahlhilfe er jedoch einen entsprechenden Preis bezahlen musste. Dieser bestand in der Aufhebung einer Reihe nach 1955 erlassener antiperonistischer Gesetze, der Wiedereinsetzung der Gewerkschaften in ihre früheren Rechte und weitgehenden Lohnzugeständnissen. Statt ihm sein Entgegenkommen zu danken, setzten die nunmehr gestärkten Gewerkschaften Frondizi durch Streiks zunehmend unter Druck. Als sich aufgrund von Lohnerhöhungen und einer großzügigen staatlichen Ausgabenpolitik die wirtschaftliche Lage zuspitzte, vollzog der schlaue Taktiker eine ebenso plötzliche wie radikale politische Schwenkung. Er stellte sich mit Entschiedenheit gegen die Gewerkschaften und begegnete der bereits länger schwelenden Zahlungsbilanzkrise durch einen mit dem Internationalen Währungsfonds abgestimmten Stabilisierungsplan, der das Jahr 1959 zu einem Rezessionsjahr mit sinkendem Bruttoinlandsprodukt, steigender Inflation und Reallohneinbußen der Arbeiter werden ließ. Damit büßte Frondizi den Rückhalt Peróns ein, ohne dass es ihm jedoch gelang, das Misstrauen der Hardliner im Militär zu beschwichtigen. Deren Druck auf den Präsidenten ließ auch später trotz vieler erhaltener politischer Zugeständnisse und auch trotz der in den Jahren 1960/1961 erreichten stattlichen wirtschaftlichen Zuwachsraten nicht nach. Ein erneuter Versuch, seine politische Basis zu verbreitern, wurde Frondizi 1962 zum Verhängnis. In der Hoffnung, sie würden für ihn stimmen, ließ er die Peronisten zu den Wahlen im Kongress und in mehreren Provinzen zu, doch diese erwiesen sich dabei erneut als stärkste eigenständige politische Kraft. Daraufhin setzte das Militär den Präsidenten ungeachtet seiner Bereitschaft, die Wahlergebnisse zu annullieren, ab.

Nach einer Zwischenphase, in der die Konflikte zwischen den verschiedenen Fraktionen innerhalb der Streitkräfte immer offener ausgetragen wurden, übernahm nach Wahlen, zu denen weder die Peronisten noch Frondizi zugelassen waren, Arturo Illia, ein Vertreter des traditionalistischen Flügels der UCR, die Regierung. Wenngleich nur auf eine Minderheit der Wähler von rund 25 Prozent gestützt, war er im Unterschied zu Frondizi nicht um ein Bündnis mit anderen politischen Kräften bemüht. Seine populistischen Maßnahmen – unter anderem die Verstaatlichung der Erdölindustrie sowie Einkommensumverteilungen zugunsten der Unterschichten – verschafften ihm weder den erhofften Beifall von Seiten der Gewerkschaften noch den der Unternehmer, während der Agrarsektor auf diese Wiederauflage peronistischer Wirtschaftspolitik mit offener Ablehnung reagierte. Keine der politisch relevanten Gruppierungen honorierte Illias politische Toleranz und seine peinlich genaue Beachtung der demokratischen Spielregeln. Die dadurch bedingte Verzögerung bei der Verabschiedung von Gesetzen trug zusammen mit dem gemächlichen, unprätentiösen politischen Führungsstil seiner Regierung den Ruf der Ineffizienz und Passivität ein. Zunächst wurde Illia wegen der günstigen wirtschaftlichen Konjunktur noch geduldet. Als sich aber 1965 bei steigender Inflation auch andere wirtschaftliche Krisenzeichen häuften und sich zugleich herausstellte, dass der Peronismus nichts von seiner Anziehungskraft bei den Wählern eingebüßt hatte, entschlossen sich die Streitkräfte zum Handeln. Sie glaubten, die Stunde sei gekommen, um der in ihren Augen korrupten und den anstehenden politischen Aufgaben nicht gewachsenen Parteienwirtschaft ein Ende zu setzen und selbst die Herrschaft auszuüben. Ihre Absetzung Illias löste weder Protest noch Bedauern bei der Bevölkerung und in der öffentlichen Meinung aus.

Das unter der Bezeichnung *Revolución Argentina* von General Juan Carlos Onganía errichtete Regime gehörte zum Typus der »konstitutiven Militärdiktaturen«. Das bedeutet, dass die Streitkräfte die Macht nicht übernahmen, um sie wie früher alsbald wieder an eine aus demokratischen Wahlen hervorgegangene Regierung zurückzugeben, sondern mit dem Ziel einer gründlichen Umgestaltung von Wirtschaft und Gesellschaft. Das von Onganía der argentinischen Bevölkerung verordnete Entwicklungsprojekt beinhaltete eine Mischung von korporativistischen, technokratischen und wirtschaftsliberalen Elementen. Nach den am franquistischen Spanien und an der brasilianischen Militärdiktatur orientierten Vorstellungen des Generals sollte in einer ersten Phase, unter Mithilfe ausländischen Kapitals, das industrielle Wachstum vertieft und beschleunigt werden, danach eine Phase sozialer Umverteilung und schließlich eine dritte Phase politischer Reformen folgen, deren Konturen indessen äußerst vage blieben. Ausgesprochen bestimmt zeigte sich dagegen der Diktator in seiner Absicht, zunächst mit den demokratischen Traditionen des Landes zu brechen. Sämtliche Gruppen und Institutionen, die diese Tradition verkörperten, von den Parteien und dem Kongress über die Provinzregierungen und den Obersten Gerichtshof bis hin zu den Gewerkschaften und Universitäten, wurden aufgelöst oder unter zentralstaatliche Kuratel gestellt. Die Entmachtung der Gewerkschaften sollte die Voraussetzung für ein störungsfreies Wirtschaftswachstum schaffen, eine Erwartung, die dank dem bemerkenswert ausgereiften und sozial ausgewogenen Entwicklungsplan des Wirtschaftsministers Adalbert Krieger Vasena auch tatsächlich eingelöst werden konnte. Drei Jahre lang schien die politische Rechnung des Generals auf dem Präsidentensessel, der das Land im Stile eines autoritären Monarchen des 18. Jahrhunderts regierte, aufzugehen. Die Argentinier nahmen das Militärregime widerstandslos hin, doch dieser äußere Eindruck täuschte. Unter der Oberfläche erzwungener Fügsamkeit gärte es, bildete sich ein Protestpotenzial, das nach der Beseitigung der zwischen Gesellschaft und Staat vermittelnden Institutionen keinen regulären, legalen Ausdruck finden konnte. So brach es sich 1969 in mehreren, vorwiegend von Arbeitern und Studenten getragenen Aufständen jäh und heftig Bahn, der größte davon fand in Córdoba statt *(Cordobazo)*. Nun war die Autorität des Regimes erschüttert. Obwohl Onganía durch drastische Straf- und Sicherheitsmaßnahmen den Protest in die Schranken zu weisen suchte, gewann er damit weder den Respekt der eigenen Bevölkerung und das Vertrauen des Auslandes in die Stabilität seiner Regierung zurück, noch gelang es ihm, seine Offizierskollegen von der Richtigkeit dieser Reaktion zu überzeugen. In der Befürchtung, die sporadischen Aufstände könnten in eine umfassende revolutionäre Volkserhebung münden, begann das Militär, seine Position zu überdenken und seinen allmählichen Rückzug von der politischen Macht vorzubereiten. Das im Wesentlichen von General Alejandro Lanusse gesteuerte politische Manöver führte über mehrere Etappen zu immer weiter gehenden Zugeständnissen an die zivilen Kräfte und zur Aufgabe politischer Tabus, einschließlich der konsequenten politischen Ächtung Peróns und der Peronisten.

In der Tat war es vor allem die politische Rechte, die Perón wieder ins Spiel brachte und sozusagen politisch hoffähig machte. Seitdem der Caudillo das Land hatte verlassen müssen, hatte es innerhalb der peronistischen Bewegung stets rivalisierende Führungsansprüche gegeben. Diese Entwicklung wurde von Perón aus dem Exil nicht nur geduldet, sondern sogar gefördert, erlaubte sie ihm doch, aufkommende Konkurrenten gegeneinander auszuspielen und die Rolle des obersten Schiedsrichters beizubehalten. In der Phase des Niedergangs der Militärdiktatur gewann der bis dahin eher unbedeutende Linksperonismus an Gewicht. Gestützt auf mehrere Guerillaorganisationen und breite Teile der akademischen Mittelschichtjugend – der Jugend, deren Eltern in den 1950er Jahren engagierte Antiperonisten gewesen waren – verband er mit der Forderung der Rückkehr des Peronismus an die Macht die Erwartung einer revolutionären Umwälzung der argentinischen Gesellschaft. Dieser Erwartung verlieh er nicht nur durch Eigenpropaganda Ausdruck, sondern auch durch einen gegen das politische und militärische Establishment gerichteten

Gewaltfeldzug. Dadurch aber wurden nicht nur die Streitkräfte und die traditionelle Oberschicht alarmiert, sondern auch der Mittelstand und vor allem die Gewerkschaften als Hauptvertreter des Rechtsperonismus. Alle diese Gruppen hatten, aus unterschiedlichen Gründen, ein Interesse daran, dass dem Peronismus der Weg zurück in das argentinische Kräftegefüge geebnet wurde, keineswegs jedoch daran, die Grundstrukturen der argentinischen Gesellschaftsordnung in Frage gestellt zu sehen. Ihre diesbezüglichen Befürchtungen wurden weiter genährt, als Perón Héctor Cámpora, einen Linksperonisten, für das Präsidentschaftsamt kandidieren ließ; nach dessen knappem Wahlsieg im März 1973 bekleideten namhafte Vertreter des radikalen peronistischen Flügels politische Schlüsselpositionen, während sich gleichzeitig die kämpferischen Massendemonstrationen und Gebäudebesetzungen durch linksperonistische Basisgruppen häuften. Nun kam es zur offenen Revolte der Gewerkschaftsführer. Diese erzwangen den Rücktritt Cámporas, so dass knapp 50 Tage nach dessen Amtsantritt erneut Wahlen ausgeschrieben werden mussten – diesmal zur allgemeinen Erleichterung mit Perón selbst als Präsidentschaftskandidaten und seiner dritten Frau, María Estela Martínez de Perón (»Isabelita«), als Kandidatin für das Vizepräsidentenamt.

Die Tatsache, dass der Caudillo Cámpora seine Unterstützung entzog, und die ersten Ansprachen nach seiner Ankunft in Argentinien machten deutlich, dass Perón keineswegs der sozialistische Revolutionär war, zu dem ihn eine einseitige Interpretation seines früheren Regierungshandelns machen wollte, eine Interpretation, der er wohlweislich nicht widersprochen hatte, solange sie in sein politisches Konzept gepasst hatte. Tatsächlich waren seine politischen Leitideen über die Jahrzehnte hinweg im Wesentlichen stets dieselben geblieben: Er stand für ein ausgeglichenes Verhältnis zwischen Kapital und Arbeit, einen starken Staat als nationale Schiedsrichterinstanz, hierarchisch aufgebaute gesellschaftliche und politische Organisationen und vor allem für ein soziopolitisches Klima der Eintracht als Voraussetzung nationaler Entwicklung und außenpolitischer Handlungsfähigkeit. Nachdem der mittlerweile 78-Jährige im Oktober 1973 ein drittes Mal die Präsidentschaft übernommen hatte, wandte er all sein politisches Geschick und die ihm verbliebene Energie auf, um eine Realisierung dieser Ideen und zunächst vor allem eine Befriedung der gegnerischen Gruppen zu erreichen. Zur großen Enttäuschung der peronistischen Jugend erteilte er den Linksgruppen in der eigenen Bewegung eine deutliche Absage, vereinbarte eine enge politische Zusammenarbeit mit der Radikalen Partei, stärkte die Macht der Gewerkschaftsspitze gegenüber der Basis und brachte einen Sozialpakt zwischen den Unternehmern und den Gewerkschaften zustande, der beiden Seiten Zurückhaltung auferlegte. Doch zeigte sich bereits in seiner kurzen Regierungszeit, dass selbst seine Autorität kaum mehr ausreichte, um die auseinanderstrebenden Kräfte innerhalb des eigenen politischen Lagers zusammenzuhalten. Unmittelbar nach seinem Tod im Juni 1974 brachen die Konflikte offen aus. Zunächst wandte sich die peronistische Rechte gegen die ohnedies bereits geschwächten Linksperonisten, dann kam es zur Auseinandersetzung innerhalb des rechten Flügels, vor allem zwischen der Gewerkschaftsspitze und einer Gruppe von Beratern und Vertrauensleuten, welche die inzwischen zur Präsidentin gewordene »Isabelita« um sich geschart hatte. Mittlerweile glitt die Wirtschaft in eine Rezession ab, die Inflation erhöhte sich und brach alle bisher bekannten Rekorde, Links- und Rechtsgewalt schaukelten einander hoch, kurzum, das Land trieb dem Chaos entgegen. Angesichts der offenkundigen Unfähigkeit der Regierung, die Entwicklung in den Griff zu bekommen, erwartete jedermann ein erneutes Eingreifen der Streitkräfte. Doch die hatten ihren unrühmlichen, nur wenige Jahre zurückliegenden Abgang von der politischen Bühne noch allzu gut im Gedächtnis, und sie hüteten sich zunächst, die verantwortlichen Politiker aus ihrer misslichen Lage zu befreien. Erst als die Krise sich zuspitzte, so dass jeder Verdacht einer mutwilligen Machtusurpation ausschied, entschlossen sie sich ein weiteres Mal zur Übernahme der politischen Verantwortung.

Auch bei diesem zweiten »konstitutiven« Militärregime lässt sich deutlich eine anfängliche Phase der versuchsweisen Durchsetzung einer neuen Ordnung erkennen sowie eine Rückzugsphase. Dazwischen lag eine Zeit der Unentschiedenheit und des Tauziehens zwischen verschiedenen Strömungen innerhalb der Streitkräfte und – als eine Art politisch militärisches Ablenkungsmanöver – der Malvinas-/Falkland-Konflikt. Ungeachtet solcher äußerlicher Gemeinsamkeiten zwischen der »Argentinischen Revolution« Onganías und dem »Argentinischen Prozess« – so nannte sich das neue Regime – unterschieden sich beide Herrschaftssysteme in ihrem Gehalt und ihrer Orientierung zum Teil erheblich. Vor allem war die 1976 errichtete Diktatur viel radikaler und brutaler als die *dicta blanda* der 1960er Jahre. Wenngleich die Guerillaeinheiten zum Zeitpunkt der Machtübernahme durch die Streitkräfte bereits dezimiert waren und keine ernsthafte Gefahr mehr darstellten, wurde das Land von 1976 bis 1979 mit einer Terrorkampagne überzogen, die sich über linksverdächtige Gruppen hinaus auf die gesamte politische Opposition erstreckte und nach Schätzungen etwa 20 000 Todesopfer forderte. In perfider Weise ging das Militär nicht offen gegen die als »subversiv« Denunzierten vor, sondern ließ geheime Folter- und Exekutionszentren errichten, in denen die durch Sonderkommandos Festgenommenen spurlos »verschwanden«. Auch in wirtschaftspolitischer Hinsicht verordnete die neue Militärdiktatur der argentinischen Gesellschaft eine radikale Kur. Hatte Onganía dem Staat auch längerfristig eine wirtschaftliche Schlüsselrolle zugedacht, so fiel diesem nach der Konzeption der neuen Machthaber nur die »chirurgische« Funktion eines kurzfristigen »Eingriffs« zu, der die Heilung der Wirtschaft bewirken sollte, so dass sie anschließend der internationalen Konkurrenz gewachsen war. Die Leitung dieses ökonomischen »Gesundungsprozesses« wurde einem prominenten Angehörigen der traditionellen Agraroligarchie, José Alfredo Martínez de Hoz, anvertraut, der sich mit einem Beraterteam ultraliberaler Wirtschaftsexperten umgab. Schließlich setzte das neue Militärregime auch hinsichtlich der Organisation der Herrschaft neue Akzente. Hatte Onganía als Präsident über unbeschränkte Regierungsvollmachten verfügt, so übte nun eine Junta, bestehend aus den Befehlshabern von Heer, Luftwaffe und Marine, die oberste Staatsgewalt aus, während der Präsident nur exekutive und repräsentative Funktionen innehatte. Insgesamt ging das Herrschaftsprojekt des *Proceso Argentino* deutlich über die Reformpläne der vorangegangenen Militärdiktatur hinaus. Sowohl in seiner repressiven als auch in seiner wirtschaftsliberalen Komponente war es als eine Antwort auf die Herausforderung zu verstehen, die in den Augen des Militärs die soziopolitische Mobilisierung der Arbeiter und der städtischen Mittelschichtjugend während der frühen 1970er Jahre darstellte.

Allerdings wurde dieses Projekt konsequent nur etwa drei Jahre lang verfolgt, dann wurde es verwässert und zunehmend in Frage gestellt. Erstens erwies sich das wirtschaftspolitische Sanierungsprogramm als weniger erfolgsträchtig, als man gehofft hatte. Die Senkung der Importzölle führte zum Ruin zahlreicher einheimischer Industrieunternehmen, die Außenverschuldung nahm enorm zu, die Inflation blieb alarmierend hoch. Dubiose finanzielle Transaktionen traten bei vielen Unternehmen an die Stelle der ausbleibenden Gewinne aus dem Verkauf ihrer Produktion. Zweitens machte sich das durch die Junta verankerte kollektive Entscheidungsprinzip als Hemmschuh bemerkbar. Bei zentralen Fragen wie der Privatisierung beziehungsweise Verkleinerung der Staatsunternehmen (in denen viele Offiziere lukrative Posten innehatten) oder der präsidentiellen Nachfolge hatten die drei Waffengattungen die jeweiligen Eigeninteressen mehr im Auge als die gemeinsam proklamierten Revolutionsziele. Drittens stellte sich heraus, dass der Mord an vielen Tausenden der eigenen Landsleute doch nicht so unbemerkt geblieben war, wie sich dies die Junta vorgestellt hatte. Nachdem bereits anlässlich der in Argentinien stattfindenden Fußballweltmeisterschaft von 1978 zahlreiche internationale Menschenrechtsorganisationen das Regime an den Pranger gestellt hatten und 1980 ein argentinischer Menschenrechtsverteidiger mit dem Friedensnobelpreis ausgezeichnet worden war, entwickelte sich das Thema der »Verschwundenen« allmählich auch in Argentinien zu einem Politikum, dem das Militär immer weniger ausweichen konnte. Hierzu trug nicht zuletzt die Hartnäckigkeit und Unerschrockenheit der *Madres de la Plaza de Mayo* bei, die Woche für Woche jeden Donnerstag vor dem Regierungspalast demonstrierten.

Vermutlich um für die zahllosen Ermordeten nicht zur Rechenschaft gezogen zu werden und von dem wirtschaftspolitischen Misserfolg des Regimes abzulenken, entschloss sich Leopoldo F. Galtieri, 1982 den Malvinas-/Falkland-Konflikt vom Zaun zu brechen. Galtieri war nach Jorge Rafael Videla (1976–1981) und Roberto E. Viola (1981) der dritte Präsident der Diktatur. Wurden unter Viola bereits erste Anzeichen einer politischen Liberalisierung erkennbar, so versuchte Galtieri das Steuer nochmals herumzureißen, indem er die autoritäre Kontrolle des Staates über die Gesellschaft erneut verstärkte. Dabei kam ihm in den USA die Ablösung Carters durch Reagan zustatten, dessen Regierung Argentinien aus der internationalen Isolierung heraushalf, in die es aufgrund der allgemein verurteilten Menschenrechtsverletzungen geraten war. In der irrigen Annahme, die USA würden sich neutral verhalten, und von der falschen Voraussetzung ausgehend, ein militärisches Fait accompli werde Großbritannien zu Zugeständnissen hinsichtlich des Status der Inseln zwingen, ließ Galtieri einen Eilplan für die Besetzung der Inselgruppe ausarbeiten, der im April 1982 in die Tat umgesetzt wurde. Zwar löste die Invasion anfangs die erwartete Welle nationalistischer Begeisterung und Solidarisierung bei der Mehrheit der Bevölkerung aus, doch stellte sich alsbald heraus, dass der General die Reaktion der Briten falsch eingeschätzt und sich auch über die Haltung der USA in dem Konflikt getäuscht hatte. Nach der Rückeroberung der Malvinas/Falklands durch die britischen Truppen, welche das Scheitern des schlecht vorbereiteten und unverantwortlichen militärischen Abenteuers besiegelte, war es nur noch eine Frage der Zeit, wann die Streitkräfte die Regierung wieder räumen würden.

Ihr Rückzug aus der politischen Verantwortung vollzog sich wesentlich überstürzter und planloser als zu Beginn der 1970er Jahre; entsprechend geringer war der Zeitraum, der den Parteien zur Verfügung stand, um sich auf die veränderte Situation einzustellen. Der Radikalen Partei unter der Führung von Raúl Alfonsín gelang es wesentlich rascher, sich zu reorganisieren und als glaubwürdige demokratische Alternative zu dem abdankenden autoritären Regime zu präsentieren, als den Peronisten, deren Gewerkschaftsflügel sich vorwerfen lassen musste, allzu lange mit dem Militär paktiert zu haben. Der Präsidentschaftskandidat der Radikalen ging aus den Wahlen vom Oktober 1983 – ein Novum in der politischen Geschichte des Landes – als deutlicher Sieger gegenüber dem peronistischen Bewerber hervor.

Refeudalisierung von Gesellschaft und Staat

Der dominierende Machtfaktor nach 1955 war das Militär, das erst in dieser Phase sein typisches Doppelprofil einer professionellen Institution zum einen, eines politischen Verbandes mit umfassenden Hegemonialansprüchen zum anderen entwickelte. Was die professionelle Seite angeht, so war das argentinische Militär bereits seit der Jahrhundertwende eine technisch und organisatorisch immer bestens ausgerüstete Streitmacht, die, eigentlich Bestandteil des Staatswesens, eine beträchtliche Autonomie genoss. Neu an der Situation ab den 1950er Jahren war, dass dieser mit Zwangsmitteln ausgestattete und deswegen allen anderen Gruppen überlegene Machtfaktor nicht mehr nur gelegentlich in die Politik intervenierte, sondern ein dauerhaftes politisches Mitspracherecht geltend machte. Das verfassungswidrige Eindringen des Militärs in die Politik hat keinesfalls allgemeine Ablehnung und Entrüstung hervorgerufen, es ist im Gegenteil von den anderen soziopolitischen Kräften wiederholt als notwendig und legitim betrachtet worden: keine Partei, einschließlich der Kommunistischen, kein Interessenverband, der oder die darauf verzichtet hätte, irgendwann einmal mit den Streitkräften zu konspirieren oder diese dazu zu drängen, das Zünglein an der Waage zu spielen, sprich: eine zivile Regierung zu stürzen. Trotz dieser dauerhaften Präsenz des Militärs in der Politik kam es merkwürdigerweise nie zu einer Institutionalisierung seiner politischen Rolle, wie zum Beispiel zur Gründung einer eigenen Partei oder zum systematischen Ausbau seiner Herrschaft in Zeiten seiner Regierung. Vielmehr legte es eine eigentümliche Mischung von Machtwillen und Machtscheu an den Tag. Nur so lässt sich erklären, dass auf jede Regierungsübernahme nach einigen Jahren ein Rückzug von der politischen Verantwortung erfolgte und es innerhalb der Streitkräfte neben »Falken«, die für eine konsequente und unnachsichtige Herrschaftsausübung plädierten, stets eine Gruppe kompromissbereiter Offiziere gab, die um ein populäres, das Zwangselement zurücknehmendes Image bei der Bevölkerung bemüht war. Diese innere Unentschiedenheit war der Grund, weshalb das Militär keinen stabilen Gegenpol zur unruhigen Parteienlandschaft bilden und das politische Geschehen nicht in feste Bahnen lenken konnte. Es war Spiegelbild und Verstärker der politischen Instabilität des Landes in einem.

Zweitstärkste Macht im gesellschaftlichen Gefüge dieser Phase waren die Gewerkschaften. Dies obwohl, vielleicht auch weil sie nun nicht mehr wie vor 1955 von Staats wegen protegiert wurden, sondern sukzessive Verfolgungswellen über sich ergehen lassen mussten. Dass sie ihren Einfluss dennoch wahren und in Teilen sogar noch vermehren konnten, lag zum einen daran, dass die ihnen unter Perón zugestandenen Rechte, wie etwa die Verwaltung der Sozialversicherung, im Wesentlichen unangetastet blieben. Zum anderen wurden sie aber auch in eine politische Entscheidungsrolle hineingedrängt, da nach dem offiziellen Verbot der peronistischen Partei nur sie als Sprachrohr der geächteten peronistischen Bewegung übrig blieben wie auch generell die Interessenverbände in Zeiten politisch geschwächter Parteien wieder eine größere Rolle spielten. Ohnedies verleiht die Tatsache, dass in Argentinien Tarifverträge mit dem Staat oder unter staatlicher Aufsicht ausgehandelt werden, der Gewerkschaftstätigkeit eine politische Dimension. So entstand eine mächtige und ehrgeizige gewerkschaftliche Führungsschicht, deren Selbstbewusstsein sich daran ablesen lässt, dass sie sich in den 1960er Jahren der Bevormundung durch den fernen Caudillo zu entziehen und einen »Peronismus ohne Perón« zu praktizieren versuchte. Dieser riskante Versuch schlug indessen fehl. Der Großteil der argentinischen Unterschichten hielt Perón politisch die Treue, und es bildete sich beizeiten als Gegenpol zur kompromissbereiten Gewerkschaftsbürokratie ein kämpferischer Flügel der Arbeiterbewegung, der auf der baldigen und bedingungslosen Rückkehr des exilierten Generals an die Macht bestand. Diese gegensätzlichen Strömungen schwächten zwar die Macht der Arbeiterorganisationen, standen aber gleichzeitig für eine strukturelle Anpassung an eine offene, durch brüske Wechsel gekennzeichnete politische Situation, in der je nach Konstellation unterschiedliche Vorgehensweisen Erfolg versprachen.

Beim gewerkschaftlichen Gegenspieler, den Unternehmerverbänden, herrschte von vornherein ein gewisser, durch die unterschiedlichen Tätigkeitsfelder vorgegebener Meinungspluralismus, der nach außen und rein organisatorisch gebündelt wurde durch eine gemeinsame Interessenvertretung (ACIEL). Nachdem sie unter dem peronistischen Regime teilweise unterdrückt oder sogar aufgelöst wurden, begannen die Verbände 1955 mit dem Wiederaufbau ihrer Organisationsstrukturen. Diese wurden dann einschließlich der personellen Besetzung der Führungsebenen für die nächsten zwei bis drei Jahrzehnte beibehalten. Kontinuität der Führung, Traditionalismus, Konservatismus und – auch hier – die Tendenz, sich gegenüber den Mitgliedern zu verselbständigen, kennzeichneten die Wirtschaftsverbände in dieser Zeit. Über ihr praktisch autonom gestaltetes Agieren stellten die Spitzen der einzelnen Verbände eine netzwerkartige Verflechtung untereinander her. Kooperation und gute Verständigung wurden dabei nicht nur durch die bestehenden engen sozialen Kontakte und teilweise sogar verwandtschaftlichen Beziehungen befördert, sondern vor allem durch die für sie maßgebliche Interessenlage von Großunternehmen mit ihren sektorenübergreifenden wirtschaftlichen Zielen und Investitionen. So gut sie zum Interessenausgleich unter sich fanden, so strikt verharrten sie im Interessengegensatz zu Gewerkschaften und Parteien, demonstrativ unter anderem darin zum Ausdruck gebracht, dass leitende Verbandsfunktionäre unter

Militärregimen oft Beraterposten und politische Ämter bis hin zum Ministerposten einnahmen. Wenngleich die Verbände nach Befragungsergebnissen ihren politischen Einfluss für gering erachteten, nahmen sie auf der rechten Seite des politischen Spektrums faktisch eine gewichtige Rolle ein. Sie wurde vor allem und regelmäßig vor einem Militärputsch manifest, auf den die Verbände das gesamte Unternehmerlager erfolgreich einzustimmen verstanden, war aber auch in ruhigeren Zeiten, in denen sie der Regierung gegenüber als Vertreter ihres jeweiligen Bereichs fungierten, durchaus spürbar.

Den zweifellos schwächsten Einfluss in dieser Phase hatten die Parteien. Unter den Militärregimen waren sie gänzlich aus der politischen Willensbildung ausgeschaltet und auch unter den Zivilregierungen zeitweise gar nicht zugelassen oder aufgrund der Vetomacht des Militärs nur bedingt politisch handlungsfähig. Auf die allgemeine Respektierung der demokratischen Spielregeln als Voraussetzung ihrer Wirksamkeit angewiesen, fanden sie im Zeitraum zwischen 1955 und 1983, in dem die rechtsstaatlichen Prinzipien mehrmals außer Kraft gesetzt wurden, kein stabiles Handlungsfeld. Den von den anderen Gruppen zum Einsatz gebrachten handfesten Mitteln, ihre Interessen durchzusetzen (zum Beispiel durch wirtschaftlichen Druck, Streik, physischen Zwang), hatten sie nur das gute Abschneiden bei Wahlen als Ressource entgegenzusetzen, die selten genug zum Zuge kam. Auch die Bindung der Mitglieder und Anhänger an die Parteiorganisation war deutlich geringer als bei der Konkurrenz. Der Zusammenhalt bei den Parteien war schwach, gleichzeitig kamen Spaltungstendenzen, Überalterung und Autoritarismus der Spitzen, überholte Organisationsstrukturen – als problematische Tendenzen auch in den anderen Gruppen vorhanden – bei ihnen empfindlich zum Tragen. Dies galt sowohl für die Radikale Partei als auch für die Peronisten, die zusammen die weit überwiegende Mehrheit der

Wähler repräsentierten. Wenngleich nach ihrem Selbstverständnis in einer harten gegenseitigen Konkurrenz um die Wählerstimmen stehend, teilten sie, objektiv betrachtet, so viele Züge, dass sich der Unterschied zwischen ihnen relativierte. Sie hatten beide nur schwach entwickelte Organisationsstrukturen und bemühten sich um das Profil einer Volkspartei, die mit absichtlich vage gehaltenen Versprechungen möglichst breite Wählerschichten anzusprechen suchte; beider Führer ließen es an politischer Toleranz und Kompromissbereitschaft fehlen und schienen der Befriedigung persönlicher Machtambitionen einen höheren Stellenwert einzuräumen als sozialem Ausgleich und der Lösung nationaler Entwicklungsprobleme. Das Hauptmerkmal, durch das sie sich voneinander abhoben, wurde ihnen von außen auferlegt: Es war der von den Streitkräften über den Peronismus verhängte politische Bann, der den Radikalen zweimal zum Wahlsieg und zur Regierungsübernahme verhalf. Sobald die Peronisten wieder im Parteienspektrum akzeptiert wurden (1973), erlitt die Radikale Partei an den Urnen eine klare Niederlage.

So unterschiedlich die Machtfaktoren ihrem politischen Gewicht und ihren Interessen nach waren, so auffallend sind die Ähnlichkeiten in bestimmten Organisationsmerkmalen. Bei allen gab es eine starke Tendenz zur Herausbildung oligarchischer Führungsstrukturen mit dazu passenden, unabhängig von der Basis entwickelten Handlungsmustern, die auf den Erhalt des Status quo und des Besitzstandes ausgerichtet waren. Allen gemeinsam war auch die Neigung zur inneren Flügelbildung und Spaltung entlang vorhandener Fronten zwischen einzelnen Führungsleuten. Die schwache innere Kohäsion ging einher mit einer großen Flexibilität nach außen und der Bereitschaft, sich zum eigenen Vorteil mit anderen Machtfaktoren zu verbünden. Dafür, das heißt also hauptsächlich zur Durchsetzung von Gruppenbelangen, war es allen vier Gruppen möglich, Mitglieder zu mobilisieren. Selbst beim

Militär und den Parteien, die sich einer gemeinwohlbezogenen Rhetorik bedienten, verbarg sich hinter hochtönenden offiziellen Parolen nur allzu oft das Trachten nach den konkreten Vorteilen, welche die Ausübung der politischen Macht abwarf. So wurde politische Strategie auf bloße Taktik reduziert, der jeweilige Vorteil wurde über den eigentlich notwendigen Ausgleich der verschiedenen Interessen gestellt. Um den eigenen Forderungen Nachdruck zu verleihen, setzten alle Gruppen die ihnen zur Verfügung stehenden Druckmittel ein: Die Wirtschaftsverbände warfen ihr ökonomisches Sanktionspotenzial in die Waagschale, die Gewerkschaften drohten mit Streiks und sozialen Unruhen, die Politiker beriefen sich auf Wählerstimmen und -interessen, die Streitkräfte griffen zum Zwang. Entsprechend der »Härte« der Sanktionsmittel konstituierte sich eine hierarchische Rangfolge der Machtfaktoren, wobei dem Militär die dominierende Position zufiel. Die Perspektive der Ressourcenakkumulation war im Übrigen auch ein wichtiger Gesichtspunkt für Koalitionsbildungen, man denke etwa an die Kombination von militärischem Druck und Wahlerfolg, der die Radikalen nach 1958 die Möglichkeit der Regierungsübernahme verdankten.

Insgesamt handelte es sich um eine Machtstruktur, die deutlich die organisations- und konfliktfähigen Gruppen gegenüber der restlichen Bevölkerung, den Rentnern, Arbeitslosen und Unterbeschäftigten, kleinen Geschäftsleuten und Kleinbauern sowie sozialen Randgruppen, begünstigte. Innerhalb dieses Kräftefeldes herrschte ein eigentümlicher Pluralismus, kein Machtfaktor konnte die anderen dauerhaft unterwerfen, jeder konnte durch sein Veto die Entstehung eines permanenten Herrschaftsbündnisses auf seine Kosten verhindern. Selbst das Militär scheiterte kläglich bei seinem zweifachen Versuch, unterstützt durch die Wirtschaft die übrigen Gruppen längerfristig politisch zu kontrollieren. An die Stelle der traditionellen Oligarchie trat eine begrenzte

Zahl konkurrierender Teilmachteliten, welche den Verlauf und die Regeln der gesellschaftlich-politischen Auseinandersetzung bestimmten. Die Konkurrenzsituation war jedoch entschärft durch Verbindungen in Form von Kontakten, Absprachen und temporären Bündnissen; Gemeinsamkeiten hinsichtlich des sozialen Milieus, in dem sie sich zu bewegen pflegten, ihres Stils und ihrer Vorgehensweise, vor allem aber in dem dezidierten Anliegen, keine tiefer gehenden sozialen oder politischen Reformen zuzulassen, durch welche die eigene privilegierte Position hätte gefährdet werden können. Dieses Anliegen, das sich in einer an Phobie grenzenden Ablehnung aller politischen Linksbewegungen niederschlug, wies sämtliche Eliten als Bestandteil eines Establishments aus, das bestrebt war, die bestehenden Strukturen, unbeschadet all ihrer Defizite, nach Möglichkeit zu erhalten.

Erst vor dem Hintergrund des beschriebenen Kräftepluralismus erschließen sich Sinn und Zweck der Auseinandersetzungen um die politische Führung und den Staatsapparat. Dabei gab es zwei gegensätzliche Vorstellungen von der Funktion des Staates. Die Verfügung über staatliche Macht galt vor allem als gleichbedeutend mit der bevorzugten Chance, sowohl die eigenen materiellen Bedürfnisse als auch die der engeren Anhängerschaft zu befriedigen. Der Staat wurde als ein Beutegut derjenigen betrachtet, denen es mit List oder Stärke gelungen war, sich seiner zu bemächtigen. Daneben blieb auch eine zweite Staatsauffassung lebendig, nach der der Staat mehr sein sollte als nur der Schauplatz von Interessenkonflikten, nämlich eine für übergreifende soziale und nationale Belange zuständige Instanz. Auch für diese Sichtweise und Überzeugung können Belege angeführt werden, beispielsweise das ständige Herumlaborieren an der Verfassung oder die Erprobung unterschiedlicher Regierungsformen zwischen 1955 und 1983 (zwischen einer offenen, pluralistischen Demokratie und der Militärdiktatur in ihrer brutalsten Form wurde keine

Zwischenstufe ausgelassen). Den besten Beweis für die Fortdauer der zweiten Staatskonzeption stellten die Militärregime in ihrer Anfangsphase dar, vor allem die Herrschaft Onganías, der nichts anderes vorhatte, als die Gesellschaft durch staatliches Vorbild und staatlichen Druck grundlegend zu reformieren.

An der Onganía-Diktatur wurden allerdings auch die Grenzen staatlicher Einflussmöglichkeiten auf die Gesellschaft deutlich. Der von ihr ausgeübte autoritäre Zwang reichte zwar aus, die gesellschaftlichen Gruppen zeitweise niederzuhalten, nicht aber, sie zu dauerhafter Fügsamkeit zu bewegen. Auch das Militär vermochte die traditionelle Beziehung zwischen einer starken, vitalen Gesellschaft und einem schwachen, über geringe Befriedungsmittel verfügenden Staat nicht in ihr Gegenteil zu verkehren. Das staatliche Versagen manifestierte sich vor allem im Fehlen von allgemein verbindlichen Normen und Institutionen, deren Respektierung die Grundlage einer Einigung zwischen den Machtfaktoren hätte abgeben können. Stattdessen existierten unterschiedliche politische Ordnungs- und Verfassungsmodelle nebeneinander, die sich gegenseitig relativierten und die Machtakteure zu ihrer selektiven Benutzung einluden. Aufgrund seiner inneren Zerrissenheit und strukturellen Schwäche konnte der Staat seiner Aufgabe, als Integrationsklammer und Orientierungsinstanz für die gesellschaftlichen Kräfte zu wirken, nicht gerecht werden, sondern wurde zum Zerrspiegel ihrer partikularistischen Praktiken: Anstatt die Kurzatmigkeit und engstirnige Interessenbezogenheit der gesellschaftlichen Eliten durch langfristige, auf Interessenausgleich bedachte Pläne und Projekte zu kompensieren, überboten die Politiker jene noch an taktischer Raffinesse und manipulatorischem Geschick. All dies führte zu einer eigentümlichen Vermengung von gesellschaftlichen und politischen Konfliktschauplätzen mit einer Vielzahl von Akteuren, Durchsetzungsmethoden, eingestandenen und uneingestandenen Handlungsmotiven, die für den durchschnittlichen Bürger kaum mehr durchschaubar waren.

Die Lage des Landes wies alle Merkmale einer anomischen Situation auf, das heißt einer sozialen Konstellation, in der die herkömmlichen Normen und Regelmechanismen weitgehend versagen, so dass jeder nach seinen eigenen Normvorstellungen leben muss und im Zweifel das Recht des Stärkeren gilt. In derartigen Situationen der Unternormierung beziehungsweise widersprüchlicher Normorientierungen pflegen die Menschen neue, von dem eingeübten Standardverhalten abweichende Reaktionsformen zu entwickeln, zu denen unter anderem Abwanderung und Rückzug aus der Gesellschaft, vermehrte Kriminalität, der gesteigerte Hang zu Glücksspiel, Spekulation, Ritualismus, das heißt das starre Festhalten an hergebrachten Regelmustern, sowie schließlich offene Rebellion gehören. Die Aufzählung hält alle Verhaltensformen bereit, mit denen sich die argentinische Bevölkerung ab der zweiten Hälfte der 1960er Jahre dem auf ihr lastenden anomischen Druck zu entziehen suchte. Die Kriminalität stieg stark an, die Auswanderung, vor allem der »brain drain« der Mittelschichtintellektuellen, nahm erheblich zu, und es verbreiteten sich zwischen rationalem Kalkül und halbrationaler Spekulation angesiedelte Formen des Gelderwerbs. Eine tiefe Unsicherheit und daraus entspringende Reaktionen des allgemeinen Misstrauens, der Frustration und kurzfristiger Anpassungsversuche bemächtigten sich breiter Teile der argentinischen Gesellschaft. Daneben gab es aber zwei Entwicklungen, in denen die anomische Lage einen besonders treffenden und teils dramatischen Ausdruck fand: in der Eskalation der Gewalt und der Entstehung einer Inflationskultur.

Argentinien war, an internationalen Vergleichsmaßstäben gemessen, nie ein sehr friedfertiges Land. Doch der *Cordobazo* von 1969 bildete den Auftakt zu einer auch für dieses Land beispiellosen Gewaltspirale, die in der Ermordung von 10 000 bis 20 000 argentinischen Bürgern durch das Militär gipfelte. Die Hauptkontrahenten dieser blutigen Auseinandersetzung waren die Guerillaeinheiten (darunter die *montoneros* und das *Ejército Revolucionario del Pueblo* (ERP), Revolutionäres Volksheer) auf der einen, paramilitärische Todesschwadronen (unter ihnen die berüchtigte *Alianza Anticomunista Argentia* (AAA), Antikommunistische Allianz Argentiniens) und Sonderverbände der Streitkräfte auf der anderen Seite. Die Ausbreitung einer violenten, menschenverachtenden Atmosphäre beschränkte sich jedoch nicht auf diesen engeren ideologisch-politischen Konfliktherd. Parallel dazu war eine Zunahme der allgemeinen Gewaltkriminalität und ein entsprechend brutaleres Vorgehen der Polizei auch gegen harmlose Kriminelle zu beobachten. Besonders erschreckend wirkte die allmähliche Abstumpfung der Öffentlichkeit gegenüber dem Gewaltgeschehen, dessen täglicher Zeuge sie wurde, die Gleichgültigkeit und der Zynismus, mit denen die zunehmende Verrohung von Staat und Gesellschaft quittiert wurde: »Por algo será!« – Es wird schon einen Grund geben, so der gängige Kommentar zu einem Gewaltakt.

Was die Herausbildung einer eigenen »Inflationskultur« angeht, so stellte sie ebenfalls kein Novum in der Geschichte des Landes dar, neu war jedoch die umfassende Bedeutung, die sie aufgrund der hohen Geldentwertungsraten ab 1974 erlangte. In der Inflationskultur spiegelten sich alle wichtigen bisher angesprochenen Züge der gesellschaftlichen und politischen Entwicklung in dieser Phase wider: die Verteilungskämpfe zwischen unnachsichtig ihren Vorteil verfolgenden Machtfaktoren; die Benachteiligung all jener, deren Interessen nicht durch eine einflussreiche Organisation geschützt wurden; der Zwang zu kurzfristigen Kalkülen, zu Improvisation und rascher Anpassung, dem sich alle Beteiligten an dem »inflationären Karussell«, Individuen wie Interessenverbände, unterworfen sahen; und nicht zuletzt die Machtlosigkeit des Staates, der, anstatt die Inflation zu bremsen, sie durch defizitäre öffentliche Haushalte und die großzügige Betätigung der Notenpresse zusätzlich anheizte. Die Inflationskultur macht aber auch deutlich, wie schwierig es war, aus dem anomischen Zustand, in den Staat und Gesellschaft sich hineinmanövriert hatten, wieder herauszufinden.

4. Demokratie ohne Entwicklung, 1983–2010

Bezeichnend für die jüngste Epoche der argentinischen Geschichte ist die ununterbrochene Abfolge demokratisch gewählter beziehungsweise verfassungsgemäß an die Macht gelangter Präsidenten. Das Land wurde in diesen zweieinhalb Jahrzehnten wiederholt von schweren Turbulenzen erschüttert, etwa einer erneuten Hyperinflation (1989) oder der Einstellung seiner Zahlungsfähigkeit (»default«), sprich dem Staatsbankrott (2001). Während früher in solchen Krisensituationen unweigerlich das Militär in das politische Geschehen eingegriffen hätte, hatten sie dieses Mal nur einen Regierungswechsel, nicht einen Regimewechsel zur Folge. Im Anschluss an die letzte blutige Militärherrschaft hat offenbar ein Lernprozess stattgefunden; nicht mehr jedes Mittel politischer Durchsetzung ist erlaubt, Gewalt scheidet weitgehend aus.

Im Allgemeinen wird angenommen, Demokratisierungsprozesse und sozioökonomische Entwicklung seien eng miteinander verbunden. Das war in Argentinien (Ähnliches gilt für andere Länder Lateinamerikas) nicht der Fall. Zwar kam es zu kurzen wirtschaftlichen Wachstumsschüben, doch insgesamt herrschte weiterhin wirtschaftliche Stagnation, zeitweise ging das Bruttoinlandsprodukt sogar zurück. Und dies, obwohl das Land, dem allgemeinen neoliberalen Credo folgend, in seiner Wirtschaftspolitik Anfang der 1990er Jahre eine scharfe Kehrtwende vollzog, sich vom traditionellen Modell der Importsubstitution abwendete, die Staatsunternehmen privatisierte, die Zollschranken senkte und die Märkte deregulierte.

Strukturelle Veränderungen

Der Wirtschaftshistoriker Pablo Gerchunoff teilt die letzten Jahrzehnte in zwei Phasen ein. Die erste von 1975 bis 1990 handelt er unter dem Titel »Goldkörner im Schmutz« ab, die zweite von 1990 bis 2010 unter der Überschrift »Die Welt öffnet Argentinien erneut die Tore«. Bezeichnenderweise zieht er für die erste Phase keinen Trennungsstrich zwischen dem Militärregime, das von 1976 bis 1983 die Macht ausübte, und der Amtszeit des demokratisch gewählten Präsidenten Raúl Alfonsín. Beide hakt er aus wirtschaftlicher Sicht als »verlorene Jahre« ab (die 1980er Jahre sind generell in die lateinamerikanische Geschichte als das »verlorene Jahrzehnt« eingegangen), in denen die volkswirtschaftlichen Kapazitäten nicht ausgeschöpft wurden, während die Außenverschuldung des Landes ständig zunahm. Die Gesamtbilanz war in der Tat ernüchternd. Das Pro-Kopf-Einkommen ging von 1975 bis 1990 um durchschnittlich 1,4 Prozent pro Jahr zurück, das Bruttoinlandsprodukt lag am Schluss unter dem Wert von 1975. Zugleich stieg die Inflationsrate weiter an und erreichte bis dato unbekannte Rekordmarken. Sie betrug in allen außer einem Jahr mindestens 100 Prozent, manchmal deutlich mehr. In der Schlussphase der Regierung Alfonsíns spitzte sie sich, trotz aller Versuche, sie zu drosseln, dramatisch zu, weshalb es zu einer vorzeitigen Machtübergabe an seinen Nachfolger Carlos Menem kam. Abhängig Beschäftigte und Rentner waren die Hauptleidtragenden dieser Entwicklung, da die Anpassung der Löhne, Gehälter und sonstiger Bezüge regelmäßig hinter der Geldentwertung herhinkte, doch war die gesamte Bevölkerung vom wirtschaftlichen Negativwachstum betroffen. Nur einige Großunternehmen, die in enger Beziehung zum politischen Machtzentrum standen, und die spekulativ ausgerichteten Teile der Finanzbranche behaupteten sich gut und konnten teilweise ihren Einfluss sogar ausweiten.

Die »Goldkörner«, die nach Gerchunoff im Morast des generellen wirtschaftlichen Niedergangs verborgen waren, betrafen vor allem den Exportsektor, wo es bereits vor 1990 zu beträchtlichen Investitionen kam, die jedoch ihre dynamisierende Wirkung erst später entfalten sollten. Nach übereinstimmender Expertenmeinung bildet neben der Abhängigkeit von ausländischen Kapitalzuflüssen (da viele Argentinier aufgrund der Währungsunsicherheit im eigenen Land ihre Ersparnisse ins Ausland transferieren) der Exportsektor den Hauptengpass, der einem kontinuierlichen Wirtschaftswachstum im Wege steht. Die nationale Industrie, die mittlerweile auf eine über 100-jährige Tradition zurückblicken kann, hat es bisher nicht vermocht, international konkurrenzfähige Produkte herzustellen. Zwar machten industrielle Erzeugnisse 1999 rund 30 Prozent des Gesamtexports aus, doch handelt es sich dabei größtenteils um ressourcennahe Produkte von geringer technologischer Komplexität, die vorwiegend regional, innerhalb des »Mercosur« (gemeinsamer Markt des Südens), Absatz finden. Nur 10 Prozent der industriellen Exporte entfallen auf technologieintensive Produkte. Unternehmen, die von ihrer Größendimension her internationalen Maßstäben entsprechen und sich auf globalen Märkten behaupten können, gibt es nach wie vor nur wenige.

Wenn sich das Land nach 1990 wieder wirtschaftlich erholte und inzwischen, zumindest in den städtischen Zentren, erneut ein Teil des früheren Wohlstands sichtbar wird, so liegt das vor allem an der weltweit gestiegenen Nachfrage nach Exportgütern, über die Argentinien traditionell verfügt, also nach pflanzlichen und tierischen Rohstoffen sowie seit jüngerer Zeit nach Fisch, Stahl, Aluminium, Zellulose, petrochemischen Produkten wie Erdöl. Letztere wurden dank der Fertigstellung hydroelektrischer Anlagen sowie der Erschließung von Gasvorkommen international konkurrenzfähig, da sie nun zu reduzierten Energiekosten hergestellt werden konnten. Von einem kontinuierlichen Aufschwung in den vergangenen zwei Jahrzehnten kann allerdings keine Rede sein. Vielmehr folgte die Entwicklung dem vertrauten wellenförmigen Muster: Nach einigen Jahren stürmischen wirtschaftlichen Wachstums Anfang der 1990er Jahre folgte ein Stillstand, dann eine Rezession, die 2001 in einen Staatsbankrott mündete, bevor ab 2003/2004 erneut Wachstumsimpulse die Oberhand gewannen.

Der verhaltene Optimismus, der bei der derzeitigen Einschätzung der Wirtschaftslage vorherrscht, gründet sich auf die bereits erwähnten Investitionen und Entwicklungen im landwirtschaftlichen Bereich. Hier hat eine vielversprechende Dynamik eingesetzt. Erstens wurde durch die Ausdehnung der »Agrargrenze« in frühere Steppen- und Waldgebiete die Sojaproduktion erheblich gesteigert, ohne dass sich deshalb die Anbaufläche für traditionelle Exportprodukte wie Mais und Weizen deutlich verringerte. Zweitens wurden die Hektarerträge für sämtliche landwirtschaftlichen Erzeugnisse durch vermehrten Einsatz von Dünge- und Pflanzenschutzmitteln, vor allem jedoch von neuesten Agrartechnologien beträchtlich gesteigert. In Form des bereits erwähnten *contratista* hat sich ein neuer Typ des agrarischen Unternehmers etabliert, der, ohne selbst Grundbesitzer zu sein, die Bewirtschaftung großer Flächen übernimmt. Schließlich hat das Land im Bereich der landwirtschaftlichen Maschinen wie auch bei der Verarbeitung bestimmter Produkte (Wein, Obst etc.) eigene technologische Innovationen vorzuweisen, das heißt, auch die dem unmittelbaren Produktionsprozess vorgelagerten und nachgelagerten Stufen sind im Begriff, sich zu eigenständigen Exportbranchen zu entwickeln. Argentinien ist damit im Prinzip gut für die weltweit wachsende Nachfrage nach den auf seinen Böden vorzugsweise produzierten Primärgütern (samt den annexen Bereichen) präpariert. Vor allem Chinas steigender Bedarf an Soja (als Futter für Schweine) gibt zu optimistischen Prognosen Anlass. Nicht wenige der ständig der »Belle Époque« nachtrauernden Argentinier sehen bereits eine ähnlich symbiotische Beziehung zu der asiatischen Großmacht sich abzeichnen, wie sie vor gut 100 Jahren zum britischen Imperium bestand.

Doch das ist Zukunftsmusik. Im Augenblick ist das Land noch vollauf damit beschäftigt, die schweren Hypotheken aufzuarbeiten, die Jahrzehnte wirtschaftlicher Stagnation und die kaum weniger problematische plötzliche neoliberale Kehrtwende unter Präsident Menem hinterlassen haben. Vor vier strukturelle Herausforderungen sind die gesellschaftlich-politischen Führungsgruppen vor allem gestellt: die wachsende soziale Ungleichheit innerhalb der Gesellschaft, vor allem die Aufsplitterung und der partielle Abstieg der sozialen Mittelschicht, die bis in die 1970er Jahre rund 40 Prozent der Bevölkerung ausmachte; die Verbreitung von Armut und sozialer Marginalität, der Ausschluss eines wachsenden Teils der Bevölkerung aus dem Produktionsprozess und den Formalstrukturen der Gesellschaft; die Zunahme öffentlicher Unsicherheit, von Kriminalität und sozialer Anomie, das heißt von Orientierungs- und Regellosigkeit; der tendenzielle Zerfall des öffentlichen Raums, seine Fragmentierung und häufige private Aneignung durch gesellschaftliche Gruppen sowohl der Oberschicht als auch der niederen sozialen Schichten.

Neben Uruguay zählte Argentinien traditionell zu den egalitärsten und sozial homogensten Ländern Lateinamerikas. Wer in den späten 1960er oder frühen 1970er Jahren das Land bereiste, stellte durchgängige Ähnlichkeiten des Lebensstils, der Anschauungen und der Sozialstruktur im Land fest. Das war neben einem früh entwickelten, bis in die fernsten Landesteile reichenden einheitlichen Bildungs- und Erziehungswesen vor allem der bestimmenden Rolle der Mittelschichten geschuldet. Wenn sich, wie eben erwähnt, rund zwei Fünftel der Bevölkerung zur Mittelschicht zählten, so zeigt dies nicht unbedingt eine objektiv, wohl aber subjektiv gerechtfertigte Zurechnung auf der Grundlage des für die Mittelschichten maßgeblichen Verhaltens- und Einstellungskanons. Dazu zählte unter anderem die allgemeine Ansicht, jeder habe eine faire Chance, in die Mittelschicht aufzusteigen, und sei es, dass es erst der nächsten Generation, den eigenen Kindern, gelingt. Die (verglichen mit anderen lateinamerikanischen Ländern) relativ ausgeglichene Sozialstruktur Argentiniens schlug sich sowohl in der günstigen Relation zwischen dem Einkommen abhängig Beschäftigter und Selbständiger nieder als auch in dem relativ niedrigen Wert des zur Messung sozialer Ungleichheit herangezogenen sogenannten Gini-Index (er lag 1973 bei 0,34; der Optimalwert absoluter Gleichverteilung von Einkommen beziehungsweise Vermögen innerhalb einer Gesellschaft liegt bei 0).

Sowohl faktisch als auch in der kollektiven Vorstellungswelt ist dieses Leitbild einer equitativen Gesellschaft in den letzten Jahrzehnten zusammengebrochen. Laut einer Umfrage waren im Jahr 2000 insgesamt 63 Prozent der Argentinier der Ansicht, es gehe ihnen schlechter, als es ihren Eltern gegangen sei, und an dieser düsteren Lage werde sich in absehbarer und fernerer Zukunft wenig ändern. Im selben Jahr äußerten 30 Prozent, sie würden das Land verlassen, wenn sie könnten (tatsächlich war die Rückwanderung vor allem von Akademikern nach Europa von 1995 bis 2005 beträchtlich). Der allgemeine Glaube an Gerechtigkeit und Chancengleichheit war im Schwinden – nicht von ungefähr: Der Wert auf dem Gini-Index stieg von 0,45 im Jahr 1988 auf 0,49 drei Jahre danach und auf einen Rekordwert von 0,50 im Rezessionsjahr 1999. Anschließend fiel er zwar wieder etwas, blieb aber weiterhin auf einem relativ hohen, weit von den moderaten Werten der 1970er Jahre entfernten Niveau.

Die zunehmende Öffnung der sozialen Schere geht neben der Verschlechterung der sozialen Lage der Unterschichten vor allem auf die Zersplitterung und numerische Reduzierung der Mittelschichten zurück. Etwas schematisch dargestellt, gliedern sich diese gegenwärtig in drei Gruppen: diejenigen, die in den vergangenen Jahrzehnten einen sozialen Abstieg erlebt haben, jene, die ihre soziale Position halten konnten, und schließlich die, die den Aufstieg in und sozialen Anschluss an die soziale Oberschicht geschafft haben. Für alle drei Gruppen ist in ihrer Wahrnehmung entscheidend das jeweilige Einkommen und, daraus abgeleitet, was sie sich materiell leisten beziehungsweise welche Konsumgewohnheiten sie aufgeben oder neu entwickeln müssen.

Die Gruppe der wirtschaftlich und sozial Abgestiegenen, der sogenannten »neuen Armen«, besteht aus einer sehr heterogenen sozialen Mischung aus Lehrern, Rentnern, öffentlichen Angestellten, Kleinunternehmern und *cuenta propista*s (Handwerker, die meist schwarzarbeiten). Nach sozialer Herkunft, Sozialisation und Orientierung ganz unterschiedlichen Milieus angehörend, sind sie alle mit der Notwendigkeit konfrontiert, ihr Leben entsprechend ihren reduzierten Einnahmen umzuorganisieren. Die einen reagieren darauf mit dem Verzicht auf ein Auto, andere, indem sie die Kinder auf eine weniger teure Schule schicken (ein zentraler Ausgabeposten bei jeder Mittelschichtfamilie), wieder andere, indem sie ihre sozialen und kulturellen Aktivitäten auf ein Minimum zurückschrauben. In der Regel werden kompensatorische Strategien entwickelt, um den Statusverlust wettzumachen oder zumindest vor sich und der sozialen Umwelt zu verschleiern und den Anschein sozialer Respektabilität aufrechtzuerhalten. Dennoch bricht für die meisten von ihnen eine ganze Welt zusammen, die durch scheinbar selbstverständliche Grundsicherheiten und Erwartungshaltungen geprägt war.

Diesen sozial Deklassierten steht die Gruppe der Erfolgreichen gegenüber, die von der wirtschaftlichen Transformation profitiert und Anschluss an die soziale Oberschicht gefunden haben. Dazu gehören vor allem freiberuflich Arbeitende (»professionals«), Unternehmer, höhere Angestellte im Kommunikations-

oder Finanzsektor. Auch bei ihnen schlägt sich der gestiegene Wohlstand vor allem im Konsumverhalten nieder: der Zahl und Größe ihrer Autos, der Qualität und damit den entsprechenden Preisen der Privatschule für ihre Kinder, dem Wechsel von der öffentlichen zu einer privaten Krankenkasse. Am deutlichsten kommt die Umorientierung in der Wahl des neuen Wohnsitzes zum Ausdruck, wobei sowohl aus Sicherheitsgründen als auch aus Gründen des Sozialprestiges häufig ein Haus in einem abgeschotteten Wohnbereich (»country«) bevorzugt wird.

Die im lateinamerikanischen Vergleich günstige Position der argentinischen Arbeiter, die als Erbe der ersten peronistischen Regierungszeit traditionell einen starken arbeitsrechtlichen Schutz genossen und durch zahlreiche sozialrechtliche Garantien abgesichert waren, wurde in den vergangenen drei Jahrzehnten in zweifacher Hinsicht in Frage gestellt. Zum einen waren Unternehmen zunehmend weniger bereit, neue Arbeitskräfte fest anzustellen. Die absolute Zahl der in einem förmlichen Arbeitsverhältnis Beschäftigten blieb zwar in etwa konstant, der Anteil an der Gesamtzahl der Arbeitskräfte ging aber kontinuierlich zurück. Immer mehr junge Leute waren darauf angewiesen, sich auf eigene Faust und Rechnung eine Beschäftigung zu suchen oder instabile Arbeitsverhältnisse ohne soziale Absicherung zu akzeptieren. Zum anderen brachte die Flexibilisierung der Arbeitsbedingungen im Zuge der neoliberalen Wende in der Wirtschaftspolitik ab 1990 auch den Festangestellten eine Lockerung des Kündigungsschutzes und den Abbau der sozialen Schutz- und Sicherheitsrechte. Insgesamt fand eine deutliche Entkoppelung der wirtschaftlichen Dynamik von der sozialen Entwicklung statt. Im Jahr 1994 wuchs die Wirtschaft kräftig, während gleichzeitig die Arbeitslosigkeit zunahm.

Immer mehr Menschen suchten im informellen Sektor ihren Unterhalt, um sich irgendwie über Wasser zu halten. Dieser umfasst inzwischen rund 50 Prozent aller Beschäftigten, großenteils Frauen. Er sichert vielen Familien ein leidliches Auskommen, ist aber in weit mehr Fällen nur ein Etikett, hinter dem sich Unterbeschäftigung oder Arbeitslosigkeit und blanke Not verbirgt. Die Angaben darüber, wie viele Menschen in Argentinien unter Armut leiden, variieren je nach Quelle. Hinzu kommt, dass Armut je nach Land, Kultur und gängigem Anspruchsniveau, das in Argentinien ziemlich hoch ist, Unterschiedliches bedeuten kann. Die meisten Statistiken stimmen indes darin überein, dass die Zahl der Armen sich seit der zweiten Hälfte der 1990er Jahre deutlich erhöht hat und inzwischen bei 30 bis 40 Prozent der Gesamtbevölkerung liegt, wobei rund zwei Fünftel der Armen als »extrem arm« zu bezeichnen sind. Ein Großteil der unter prekären Verhältnissen Lebenden konzentriert sich in Elendsvierteln am Rande der Großstädte, vor allem von Buenos Aires.

Tabelle: Daten sozialer Entwicklung (in Prozent)

	informeller Sektor *	Arbeitslose **	Armut im Großraum Buenos Aires	Extreme Armut im Großraum Buenos Aires
1990	40,3	7,4	21,2	5,2
1999	38,1	14,3	19,7	4,8
2002	38,4	19,7	41,5	18,6
2006	37,0	10,2	19,3	6,7

*) Prozentsatz der Beschäftigten in Städten
**) Arbeitslose in Städten
Quelle: CEPAL 2008, S. 221, 226, 238

Die Tabelle gibt einen Überblick über die Verschlechterung der sozialen Lage der Unterschichten seit den 1990er Jahren. Die Daten zeigen, dass es eine enge Parallele zwischen der Zunahme von Unterbeschäftigung und Arbeitslosigkeit einerseits und wachsender Armut andererseits gibt. Inzwischen fallen rund 15 bis 20 Prozent der erwerbsfähigen Bevölkerung aus der Arbeitswelt heraus. Die Spitzenwerte für 1989/1990 und 2002/2003 sind auf die besondere Krisensituation in diesen Jahren zurückzuführen.

Auch in Argentinien sind – wie in den übrigen lateinamerikanischen Ländern – Kriminalität und öffentliche Unsicherheit zu einem wichtigen Thema geworden. Schon seit dem politischen Rückzug des Militärs als Problem wahrgenommen, nimmt es mittlerweile, vor allem seit die jüngste Wirtschaftskrise überwunden ist, den ersten Platz in der Liste der Sorgen der Bürger ein. Dies lässt sich mit der Hysterisierung durch die Massenmedien erklären wie auch – möglicherweise damit einhergehend – mit der Einschätzung vieler Bürger, dass das Unsicherheits- und Kriminalitätsproblem durch die Behörden nicht hinreichend ernst genommen wird. Allerdings ist auch eine nicht zu leugnende faktische Zunahme von Delikten zu verzeichnen. Polizeistatistiken zufolge hat sich die Zahl der Eigentumsdelikte von 1991 bis 2002 mehr als verdoppelt, Ähnliches gilt für Delikte gegen Leib und Leben. Nach 2002 setzte eine leichte Entspannung ein, doch ab 2007 stieg die Kurve weiter an, auch die Mord- und Totschlagszahlen haben mit 8,2 pro 100 000 Einwohner und Jahr ihr früheres niedriges Niveau verlassen.

Laut Erhebungen werden etwa 30 Prozent der Bevölkerung pro Jahr Opfer eines Überfalls, Diebstahls oder sonstigen Delikts. Meist handelt es sich dabei nur um Kleinkriminalität, etwa Straßenraub oder Erpressung. Doch nicht selten sind dabei Gewaltdrohungen mit im Spiel, was die allgemeine Angst und Unsicherheit beträchtlich steigert. Die Täter sind überwiegend Jugendliche, zumeist in Arbeitslosigkeit und damit Armut lebend. In den wenigsten Fällen handelt es sich um kriminelle Profis, auch die im übrigen Lateinamerika verbreiteten organisierten Jugendbanden *(pandillas, maras)* bilden in Argentinien die Ausnahme. Es überwiegt vielmehr der Typus des Individualtäters, der sich allenfalls mit wenigen anderen Kleinkriminellen zu einer losen Gruppe zusammenschließt und sich über Raubdelikte, manchmal auch den einen oder anderen Gelegenheitsjob, die Mittel zur Befriedigung seiner Grundbedürfnisse und, wenn es reicht, Konsumwünsche beschafft. Entsprechend bilden Diebstahl und Raub im Regelfall nicht das Einstiegsdelikt für eine kriminelle Karriere, sondern markieren nur ein Übergangsstadium im individuellen Lebenslauf.

Ursachen und Hintergründe der steigenden Jugendkriminalität sind der gängigen Einschätzung nach hauptsächlich die nachlassende Kontrolle durch Schule und Familie in den städtischen Elendsvierteln, an deren Stelle als Sozialisationsinstanzen teils ästhetische (Musik, Kleidung), teils rebellische Subkulturen *(tribus)* getreten sind, die mit bestimmten Konsummustern korrelieren. Auch die Entpolitisierung, das heißt der zunehmende Abstand vom Staat und vom politisch-gesellschaftlichen Establishment, spielt in seiner Auswirkung auf die früh von jeder gesellschaftlichen Teilhabe ausgeschlossenen Jugendlichen aus den urbanen Randzonen eine nicht zu unterschätzende Rolle. Wenn es einen Zug gibt, der sie eint, dann ist es jedenfalls ihr Hass auf staatliche Autoritäten, vor allem die Polizei.

Die argentinische Polizei ist im kriminellen Geschehen weniger als Schutz- und Strafverfolgungsorgan aktiv (das Geschäft, für die Sicherheit des Einzelnen und der Familien zu sorgen, haben inzwischen großenteils private Sicherheitsdienste übernommen) als vielmehr in der Rolle des Straftäters. Wenn Polizisten in größerer Zahl aus dem Dienst entlassen werden, so hat dies regelmäßig ein Ansteigen des Kriminalitätspegels zur Folge. Vor allem die Polizei der Provinz Buenos Aires, der demografisch, wirtschaftlich und auch politisch bei weitem wichtigsten Provinz, gilt als besonders korrupt und für kriminelle Machenschaften anfällig. Der sogenannten organisierten Kriminalität hingegen kommt in Argentinien nur eine untergeordnete Bedeutung zu. Insbesondere der Drogenhandel hat keine vergleichbare gewaltsteigernde Wirkung wie etwa in Kolumbien, Brasilien oder Mexiko entfaltet. Die Aktivität der kriminellen Banden ist im Wesentlichen auf den Waffen- und Frauenhandel oder den Handel mit gestohlenen Kraftfahrzeugen konzentriert.

Zu den gravierendsten Veränderungen in den letzten Jahrzehnten gehört die Transformation des öffentlichen Raums, vor allem der Großstädte und ihres Einzugsbereichs. Wachsende Teile davon unterstehen nicht mehr der Kontrolle durch den Staat oder kommunale Behörden, sondern wurden segmentiert und »privatisiert«. Zu den Hauptakteuren, welche diesen privaten Aneignungsprozess vorangetrieben haben, gehören sowohl gesellschaftliche Gruppen der Oberschicht als auch der Unterschicht und gesellschaftlicher Randsektoren.

Bezeichnend für die Tendenz der Oberschicht, sich gegenüber der Restgesellschaft abzuschotten und in ausschließlich der eigenen Klasse vorbehaltene Enklaven zurückzuziehen, sind die bereits erwähnten »countrys«, deren Zahl sich im Großraum von Buenos Aires seit den 1990er Jahren sprungartig vermehrt (nach Schätzungen waren es 2006 bereits rund 600) hat. Es handelt sich dabei um umzäunte Areale, die im Besitz einer Eigentümergesellschaft sind und zu denen der Zugang streng überwacht wird, das heißt, auch die Polizei hat nicht ohne weiteres Zutritt. Es gibt Countrys unterschiedlichsten Anspruchs- und damit Preisniveaus. Familien mit kleinen Kindern wählen diese Wohnform häufig vor allem aus Sicherheitsgründen, andere Countrys bilden regelrechte Oberschichtghettos mit eigenem Konsum- und Freizeitangebot, wo man »unter sich« bleiben (»gente como uno«) und sich von der restlichen Gesellschaft abheben kann. In solchen Parallelwelten finden sich Architekten, Ärzte, Rechtsanwälte, auch Unternehmer und leitende Angestellte, die sich diesen gehobenen Lebensstil leisten können. Die Kehrseite des beschaulichen Lebens weitab von den städtischen Zentren – in Buenos Aires befinden sich die meisten Countrys nördlich der Stadt – ist der Zwang zur logistisch einwandfrei funktionierenden Mobilität. Arzt- und Schulbesuch, kulturelle oder soziale Vergnügungen – das Auto ist unverzichtbares Komplement des stationären Inseldaseins.

Zwar strikt abgetrennt, räumlich aber manchmal nicht weit von den Countrys entfernt liegen die Unterschichtghettos, die in den Armutsringen rund um die Großstädte konzentriert sind. Auch sie spiegeln, ähnlich wie die Countrys, einen tiefgreifenden Orientierungswandel wider. Ausgangspunkt dieser neuen territorialen Verortung und Verankerung war häufig die Besetzung unbebauter Grundstücke durch Migranten aus dem Hinterland, die auf »ihrer« Zelle zunächst notdürftige Behausungen errichteten. In dem Maße, in dem das Viertel wuchs und sich konsolidierte, entstanden gemeinschaftliche Einrichtungen, wie soziale Clubs, Sportvereine, Kirchengemeinschaften, Nachbarschaftsgruppen und dergleichen, die den Zusammenhalt festigten und lokale Solidaritätsbindungen erzeugten. Der Deindustrialisierungsprozess ab den frühen 1990er Jahren, also die Massenentlassung von Fabrikarbeitern und die damit einhergehende rapide Ausdehnung des informellen Sektors, trug ebenfalls dazu bei, das Wohnviertel für die sozial an den Rand Gedrängten zum Lebensmittelpunkt werden zu lassen. Das gilt sowohl für die von staatlicher Seite aufgelegten Sozialhilfeprogramme mit den entsprechenden, über die Kommune verteilten Leistungen als auch für Protestaktionen. Wurden früher die Großdemonstrationen auf den zentralen Verkehrsadern und Plätzen der Innenstadt, insbesondere dem Platz vor dem Regierungsgebäude, öffentlichkeitswirksam durchgeführt, so spielen sich Widerstand und Protest heute häufig im begrenzten Rahmen vor Ort ab. Vor allem für Unterschichtjugendliche ist das lokale Milieu zum wichtigsten Bezugspunkt ihrer Existenz geworden. Weder über eine abgeschlossene Schulbildung noch über sonstige berufliche Qualifikationen verfügend, entwickeln sie in diesem Umfeld, eingebettet in ihre jeweiligen spezifischen Subkulturen, ihre Überlebensstrategien, um sich in der urbanen Massengesellschaft zu behaupten.

Die beschriebenen strukturellen Entwicklungen sind möglicherweise zu interpretieren als Angleichung Argentiniens an die im übrigen Lateinamerika herrschenden Verhältnisse, wo krasse soziale Ungleichheit, eine schwach entwickelte Mittelschicht, die mehrheitliche Beschäftigung der Arbeitskräfte im informellen Sektor, ein hohes Maß an öffentlicher Unsicherheit und der Rückzug der Oberschicht in abgeschirmte Wohlstandsenklaven nicht die Ausnahme, sondern eher die Regel sind. Doch ist diese Angleichung nicht gleichbedeutend mit einer Unumkehrbarkeit der aufgezeigten Trends – denen im Übrigen einige wenige Länder, wie beispielsweise Uruguay oder Costa Rica, gefolgt sind. Die in den informellen Sektor abgetauchten Arbeitskräfte wieder in den formellen Sektor zurückzuholen und die Elendsviertel in den Vorstädten aufzulösen bedarf zweifellos einer langfristigen Strategie, die gegenwärtig nicht in Sicht ist. Aber dass ein Teil der sozial abgestiegenen Mittelschichten beruflich wieder den Anschluss an den modernen Dienstleistungs- und Kommunikationssektor findet, ist ebenso wenig auszuschließen wie die Möglichkeit, dass die Kriminalitätsraten wieder zurückgehen und dem öffentlichen Raum seine frühere Sicherheit wenigstens zu einem Teil zurückgegeben wird.

Deutlich wird die Annäherung an Lateinamerika im engeren politischen Bereich, vor allem der Außenpolitik und der Außenwirtschaftspolitik. Während Argentinien traditionell die Nachbarstaaten Brasilien und Chile als Rivalen auf dem militärischen wie auch wirtschaftlichen und politischen Feld betrachtete und gegenüber den USA auf seine Selbständigkeit bedacht war, setzte insoweit in den vergangenen Jahrzehnten ein Umdenken ein. Den Anfang machte Raúl Alfonsín mit seinen Bemühungen um eine stärkere Integration des Landes in die Region und vor allem mit der systematischen Annäherung an und Aussöhnung Argentiniens mit Brasilien und Chile. Mit Brasilien wurden mehrere Abkommen geschlossen, die einen Schlussstrich unter das bisher bestehende Misstrauens- und politisch-militärische Konkurrenzverhältnis setzten, indem sie eine künftige enge Zusammenarbeit im heiklen Nuklearbereich vorsahen und die Bildung einer gemeinsamen Süd-Süd-Achse unterstrichen. In ähnlicher Weise wurden Grenzstreitigkeiten mit Chile, die periodisch für Konfliktstoff gesorgt hatten, bereinigt und die gegenseitigen Beziehungen auf eine neue Grundlage gestellt. Gegenüber den USA war Alfonsín, ganz im Sinne traditioneller argentinischer Außenpolitik, weiterhin auf Distanz bedacht, indem er die Linksregime auf Kuba und in Nicaragua unterstützte und generell eine Dritte-Welt-Position zwischen den beiden Supermächten bezog.

Diese Position wurde nach dem Fall der Berliner Mauer 1989 und der Auflösung des Sowjetimperiums hinfällig. Carlos Menem, der Nachfolger Alfonsíns, vollzog im Namen einer von seinem außenpolitischen Beraterteam erarbeiteten neuen Doktrin des »peripheren Realismus« eine radikale Schwenkung und wurde zum bedingungslos treuen Gefolgsmann der nördlichen Hegemonialmacht. Das ging so weit, dass Argentinien im ersten Golfkrieg zur Unterstützung der USA zwei Kreuzer in den Persischen Golf entsandte, was im westlichen Lager teilweise eine gewisse Belustigung auslöste. Nicht allerdings bei den Nachbarstaaten Chile und Brasilien, wo man die Profilierung Argentiniens als Musterschüler der USA – auch und gerade in der Wirtschaftspolitik – mit einer gewissen Beunruhigung verfolgte. Insgesamt fuhr Menem in der Regionalpolitik die von Alfonsín initiierte Bündnisstrategie gegenüber den Nachbarstaaten Brasilien und Chile etwas zurück, ohne indes in den früheren argentinischen Isolationismus zurückzufallen.

Ob unter den derzeit regierenden Kirchners der Pragmatismus und Realismus der beiden Amtsvorgänger eine Fortsetzung findet, ist eine offene, bisher eher negativ zu beantwortende Frage. In der Manie, sich außenpolitisch mit allen und jedermann (außer den Machthabern auf Kuba und Hugo Chávez in Venezuela) anzulegen, scheint die frühere Neigung argentinischer Staatsmänner zu selbstzerstörerischer internationaler Profilierung wieder aufzuleben. Was indes kaum mehr Irritationen bei den Großmächten auslöst, weil das Land im globalen und selbst im regionalen Kontext inzwischen zu einer Sekundärmacht abgestiegen ist.

Demokratischer Aufbruch und Ernüchterung

In politischer Hinsicht ist für die jüngste Periode kennzeichnend die erstmalige kontinuierliche Abfolge demokratisch gewählter Regierungen. Es handelt sich um die bisher längste durchgehend demokratische Phase in der bewegten politischen Geschichte des Landes. Zwar gab es in diesen zweieinhalb Jahrzehnten wiederholt politische Krisen, auch kann man keineswegs behaupten, dass die Argentinier mit der Leistung der aus Wahlen hervorgegangenen politischen Klasse und der Funktionsweise der Demokratie in ihrem Lande zufrieden wären. Das demokratische System als solches wurde von ihnen (bisher!) aber nicht in Frage gestellt.

Im Wesentlichen sind es drei Präsidenten, die der politischen Entwicklung in den vergangenen zweieinhalb Jahrzehnten ihren Stempel aufgedrückt haben: Raúl Alfonsín (1983–1989), Carlos Menem (1989–1999) und Néstor Kirchner (2003–2007). Zwischen Menem und Kirchner regierte bis zum Zusammenbruch des

Staates wegen Zahlungsunfähigkeit (2001) eine Parteien-Koalition unter der Führung des Radikalen Fernando de la Rúa; anschließend übernahm nach zwei Interimspräsidenten der Peronist Eduardo Duhalde bis zu den für 2003 anberaumten Neuwahlen die Leitung der Staatsgeschäfte, und 2007 ist die Gattin Néstor Kirchners, Cristina Fernández de Kirchner, diesem als Präsidentin nachgefolgt. Den politischen Zwischen- und Anschlussfiguren kam aber längst kein ähnlich großer Einfluss zu wie Alfonsín, Menem oder Kirchner.

Alle drei waren in ihrer Amtszeit in starkem Maße damit beschäftigt, den Problemstau, den die jeweilige Vorgängerregierung hinterlassen hatte, aufzuarbeiten. Im Falle Alfonsíns waren dies der Autoritarismus und die systematische Missachtung der Menschenrechte, die das Militärregime sich hatte zuschulden kommen lassen. Konzentriert auf die Wiederherstellung von Rechtsstaatlichkeit und Demokratie ließ Alfonsín die wirtschaftlichen Probleme etwas schleifen und geriet dadurch in ökonomische Bedrängnis. Hier lag der Schwerpunkt von Menems Politik, der alles daransetzte, um der Wirtschaft durch liberale Reformen erneute Wachstumsimpulse zu verleihen und den Staat aus seiner Paralyse herauszuführen. Néstor Kirchners politischer Kurs war weniger klar, doch eines seiner Ziele war zweifellos, die bedenklichen sozialen Folgen der Reformen seines Vorgängers abzufedern.

Dass der Führer der Radikalen Partei, Alfonsín, nach dem Rückzug der Militärs von der Herrschaft die ersten demokratischen Wahlen gewinnen würde, war keineswegs selbstverständlich. Hatten doch bisher in freien (das heißt nicht durch ein drohendes Veto der Militärs eingeschränkten) Wahlen regelmäßig die Peronisten die meisten Stimmen bekommen. Doch diesmal waren die Peronisten gespalten und zudem dadurch geschwächt, dass sich ein Teil der peronistischen Gewerkschaftsführer durch die Zusammenarbeit mit den Militärs politisch kompromittiert hatte. Dennoch war der Sieg des UCR-Kandidaten mehr als ein Zufallsergebnis, verkörperte Alfonsín in seiner Person und politischen Orientierung doch exakt die Aufbruchsstimmung, die in breiten Teilen der argentinischen Mittelschichten und des Bürgertums nach dem Militärregime herrschte. Der Historiker Luis Alberto Romero bezeichnet diese Jahre als die Phase der »demokratischen Illusion«. Nach jahrelanger Repression und Zensur wurden die Demokratie und der Rechtsstaat als politische Werte gewissermaßen neu entdeckt. Die Parteien verzeichneten ein deutliches Wachstum der Mitgliederzahlen, und nicht wenige Bürger zeigten sich bereit, aktiv an der Gestaltung der neuen politischen Ordnung mitzuwirken. Diese Ordnung sollte durch Pluralismus und Toleranz, ein friedliches Miteinander im Rahmen der Gesetze und der demokratischen Institutionen geprägt sein und durch eine neue Ethik, in der das Einzelinteresse hinter das Gemeinwohl treten und das Menschenleben das höchste Gut darstellen sollte.

Gewiss dachten nicht alle so, aber die neue Bewegung und der Diskurs der Zivilität war stark genug, um einen Großteil der öffentlichen Debatte zu bestimmen. Diese kreiste vor allem um das Thema der Bürger- und Menschenrechte. Von daher gewann die Frage der Aufarbeitung der im Rahmen des *Proceso de Reorganización Nacional* begangenen Verbrechen zwangsläufig eine zentrale Bedeutung. Wollte der neu aus der Taufe gehobene demokratische Staat seinem Anspruch auf Rechtsstaatlichkeit gerecht werden, so führte kein Weg an der Aufklärung und Durchleuchtung des bislang finstersten und brutalsten Kapitels der argentinischen Geschichte vorbei, war es unabdingbar, den Opfern der Repression und deren Angehörigen Gerechtigkeit widerfahren zu lassen.

Alfonsín machte sich zum Anwalt dieses Begehrens. Er gründete eine Untersuchungskommission, die unter Leitung des renommierten argentinischen Schriftstellers Ernesto Sábato Tausende von Zeugen, Opfern, direkt und indirekt an den Gräueltaten des Militärregimes Beteiligten befragte und einen ausführlichen Bericht erstellte, der unter dem Titel *Nie wieder (Nunca más)* veröffentlicht wurde. Alfonsín sorgte dafür, dass die Hauptverantwortlichen des Militärregimes vor Gericht gestellt und abgeurteilt wurden. Und er bot mit seiner Theorie der »zwei Dämonen« eine Erklärung des Gewaltgeschehens an, die einerseits die Zivilgesellschaft weitgehend von jeder Verantwortung freisprach und andererseits die Schuld zu gleichen Teilen dem Militär und den Guerillagruppen anlastete, womit einer nationalen Versöhnung der Weg bereitet wurde.

Als die Justiz, gedeckt durch den Präsidenten, daranging, auch die zweite Rangebene des Militärs (Oberste und Majore) zur Rechenschaft für die begangenen Gewaltexzesse zu ziehen, stieß sie auf Widerstand. Die Offiziere beriefen sich darauf, die von der militärischen Spitze ausgegebenen Befehle pflichtgemäß ausgeführt zu haben. Es kam zu einem Konflikt zwischen der Regierung und der Gruppe der sogenannten *carapintadas* (»bemalte Gesichter«), der in den Ostertagen 1987 in einen ersten Aufstand mündete, dem 1988 ein zweiter und 1990 der dritte folgen sollte. Das Militär widersetzte sich Alfonsíns Weisung, gegen die Rebellen vorzugehen, und zwang damit den Präsidenten, einen Rückzieher zu machen. Er brachte zwei Gesetze ein, welche die Verfolgungsmöglichkeiten der Justiz durch die Möglichkeit des Militärs, sich auf seine Gehorsamspflicht zu berufen, sachlich und außerdem auch zeitlich einschränkte. Die Gesetze wurden später, unter Néstor Kirchner, wieder aufgehoben. Man kann darüber streiten, ob Alfonsín mit diesen Gesetzen den aufbegehrenden Militärs weiter entgegenkam, als notwendig gewesen wäre. Tatsache ist, dass sein Einlenken von einem Teil seiner Anhängerschaft mit Enttäuschung registriert und als ein Wiederanknüpfen an alte Taktiken von Pression und Verhandlungen, ohne Rücksicht auf Regeln und Prinzipien des Rechtsstaats, betrachtet wurde.

Die Streitkräfte waren aber nur einer der Machtakteure, welche den Präsidenten die Grenzen seines demokratischen Mandats spüren ließen. Auch die Gewerkschaften und die Unternehmergruppen zeigten sich nicht bereit, dem frisch gewählten Staatsoberhaupt politischen Kredit einzuräumen. Nachdem die Gewerkschaften unter der Militärregierung einer strengen Kontrolle unterworfen waren und kaum eine Möglichkeit hatten, ihre Forderungen nach Lohnerhöhung durchzusetzen, meldeten sie unter Alfonsín alsbald Nachholbedarf ein. Zwischen 1983 und 1989 wurde 13-mal ein Generalstreik ausgerufen, außerdem stellten sich die Gewerkschaftsführer erfolgreich gegen die Bestrebungen der Regierung, die Organisationsstrukturen der Arbeitnehmerverbände demokratischer zu gestalten und den Peronisten auf der Führungsebene ihre Monopolstellung zu nehmen. Im Verhältnis zu den Unternehmerverbänden, die auf eine liberalere Wirtschaftspolitik drängten, sorgte das Festhalten der Regierung an einer binnenmarktorientierten Entwicklungsstrategie mit Preiskontrollen, einer Exportabgabe und der Ausdehnung der öffentlichen Ausgaben für Konfliktstoff. Außerdem schwankte die Regierung zwischen verschiedenen Ansprechpartnern in der Wirtschaft hin und her, womit sie alle verprellte und auf Distanz gehen ließ.

Ursprünglich war die Regierung Alfonsín bemüht, einen gemeinsamen Grundkonsens zwischen den Gewerkschaften und den Unternehmerverbänden herzustellen und beide im Rahmen einer konzertierten Aktion in ein Bündnis einzubinden. Damit scheiterte sie jedoch; spätestens nach dem *Plan Austral* (1985), mit dem die Regierung die Inflation zu stoppen und der Wirtschaft neue Wachstumsimpulse zu verleihen suchte, drifteten die Interessen der Arbeitgeberverbände und der Gewerkschaften hoffnungslos auseinander. Die schlechte wirtschaftliche Gesamtlage und die drückende Last der Auslandsschulden taten ein Übriges, um den Staat zu lähmen und die Wirtschaft ins Chaos abtreiben zu lassen.

Während der Hyperinflation ab Mitte 1989 entglitt der Regierung definitiv die Kontrolle der Situation. Es kam zu Hungeraufständen und Massenplünderungen von Supermärkten, so dass Alfonsín noch vor dem Auslaufen seines Mandats die Amtsgewalt auf seinen Nachfolger Menem übertrug.

Die Hyperinflation und der dadurch ausgelöste Schock war von größerer Wirkung, als die Waffengewalt der Militärs es hätte sein können, und zeigte schlagartig die Sackgasse auf, in welche das Land mit seinem allzu langen Festhalten an abgeschirmten Märkten und dem Modell der Importsubstitution geraten war. Ironischerweise waren es die Peronisten, welche maßgeblich an der Entstehung und Konsolidierung des alten Wirtschaftsmodells samt der eng damit verknüpften korporativistischen Ordnung beteiligt gewesen waren, die nunmehr die liberale Wende vollzogen. Menem gewann die Wahlen von 1989 mit einem traditionell populistisch ausgerichteten Programm. Dass er anschließend, assistiert von seinem Wirtschaftsminister Domingo Cavallo und dessen Team, einen brüsken wirtschaftspolitischen Kurswechsel vornahm – in der Literatur oft als *golpe de mercado* (»Marktstreich«) bezeichnet –, hatte zunächst innenpolitische Gründe. Es ging darum, der Hyperinflation rasch Einhalt zu gebieten und den Niedergang der Wirtschaft aufzuhalten. Im Hintergrund stand das Ziel, den Staatshaushalt zu entlasten und dem Staatsapparat seine Handlungsfähigkeit zurückzugeben, indem die chronisch defizitären Staatsunternehmen verkauft und ein Großteil der öffentlichen Wohlfahrtsleistungen gestrichen wurden. Von der Befreiung des Wirtschaftsverkehrs von Auflagen und Restriktionen erhoffte man sich zudem wirtschaftliche Wachstumsimpulse, die dem Staat in Form erhöhter Steuereinnahmen zugutekommen sollten. Die liberale Kehrtwende der neuen Regierung wurde in der Öffentlichkeit überwiegend mit Erleichterung und Beifall aufgenommen. Neben den Wirtschafts- und Arbeitgeberverbänden fand Menem vor allem bei den Mittelschichten, etlichen Provinzgouverneuren und sogar bei einigen Gewerkschaften Unterstützung. Das lag allerdings nicht nur daran, dass die neue Wirtschafts- und Finanzpolitik einen Ausweg aus der akuten nationalen Krisensituation zu versprechen schien, sondern dass sie auch der internationalen Konjunktur- und Stimmungslage in jenen Jahren entsprach: Nach dem Fall der Berliner Mauer und dem Zusammenbruch des Sowjetimperiums schien der definitive Triumph des Kapitalismus über sozialistische Konkurrenzmodelle als optimale Entwicklungsstrategie besiegelt zu sein. Diese Ansicht war in ganz Lateinamerika verbreitet, Menem stand mit ihr nicht allein.

Ein Schwerpunkt seiner Reform war die Privatisierung der Staatsunternehmen, die zu einer schweren Bürde für den Staatshaushalt geworden waren; der andere war eine Wechselkursfixierung, die festlegte, dass der argentinische Peso dem US-Dollar gleichwertig war und jederzeit umgetauscht werden konnte. Als weitere Maßnahmen kamen hinzu die Senkung der durchschnittlichen Importzölle von 50 Prozent auf 10 Prozent, die Beseitigung der meisten nichttarifären Handelshemmnisse, die Steigerung der Staatseinnahmen durch eine verschärfte Kontrolle der Steuereinnahmen und die Anhebung der Mehrwertsteuer. Gleichzeitig wurden erfolgreich Verhandlungen über die Umschuldung der gigantischen Außenschulden geführt.

Obwohl die Reform unter beträchtlichem Zeitdruck durchgeführt wurde, stellten sich rasch erste Erfolge ein. Die Inflation kam innerhalb kürzester Zeit praktisch zum Stillstand, die Wirtschaft erzielte in den frühen 1990er Jahren beträchtliche Wachstumsraten, ausländisches Kapital, angezogen durch die Aussicht, dass die Zinserträge unmittelbar in US-Dollar umtauschbar seien, floss erneut reichlich nach Argentinien. Die Argentinier, die gerne an Wunder glauben, gaben sich bereits der Illusion hin, mittels der richtigen »Formel« – der liberalen Schwenkung – erneut den Anschluss an die »Erste Welt« gefunden zu haben. Erst allmählich schärfte sich der Blick für die Kosten der neuen Wirtschaftspolitik und des damit eng verbundenen Leitbildes eines schlanken Staates. Finanzpolitisch begab sich Argentinien durch die feste Anbindung des Peso an den US-Dollar der Möglichkeit, eine eigenständige Währungs- und Kreditpolitik zu betreiben. Da diese Anbindung auf eine ständige Überbewertung des Peso hinauslief, belastete sie den Exportsektor, vor allem die exportorientierten Unternehmen der Vieh- und Landwirtschaft, die Mühe hatten, sich gegenüber der internationalen Konkurrenz auf dem Weltmarkt zu behaupten. Die regelmäßig fälligen Schuldendienstzahlungen für vom Ausland investiertes Kapital wurden zur neuen ständigen Belastung, die den argentinischen Staatshaushalt in die roten Zahlen trieb. Schließlich erfolgte die Entlastung des Zentralstaats partiell zulasten der Provinzen, denen neue Aufgaben, vor allem im Bereich des Erziehungs- und des Gesundheitswesens, zugewiesen wurden, für deren Bewältigung ihnen die erforderlichen Mittel fehlten.

Wenigstens ebenso gravierend, wenn nicht gravierender, waren die sozialen Auswirkungen der marktwirtschaftlichen Wende, die sowohl die Bevölkerung im Allgemeinen als auch insbesondere die Lohnabhängigen betrafen. Wie sich bald herausstellte, brachte die Privatisierung öffentlicher Dienstleistungsbetriebe nicht immer die von ihr erhoffte Effizienzsteigerung und garantierte auch nicht die Wahrung der üblichen Sicherheits- und Qualitätsstandards. Erst allmählich begriff man auf staatlicher Seite, dass mit der Übergabe der Betriebe an Privatunternehmer die Verantwortung für deren Funktionieren nicht abrupt endete, sondern sich nur auf eine andere Ebene, die der Aufsicht und Kontrolle, verlagerte. Für einen erheblichen Teil der Beschäftigten der ehemaligen Staatsunternehmen brachten die mit der Privatisierung alsbald einsetzenden Rationalisierungsprozesse die Arbeitslosigkeit. Zigtausende verloren ihre Stelle, da der gesamte öffentliche Sektor bis dahin als Hort und Beschäftigungsreservoir für Menschen fungierte, die auf dem Arbeitsmarkt schwer vermittelbar waren oder aus »politischen Gründen« eingestellt wurden. Da zur selben Zeit die Kündigungsschutzbestimmungen erheblich gelockert wurden, nahm insgesamt die Zahl der Arbeitslosen rasch zu und fielen Wirtschaftswachstum und steigende Arbeitslosigkeit temporär zusammen. Als Reaktion darauf kam es zur Gründung der militanten *Piquetero*-Bewegung (wörtlich: »Streikposten«), die ihren Protest in Form von Straßenblockaden organisierte.

Den zum Teil desaströsen sozialen Folgen der neoliberal ausgerichteten Politik Menems, die die soziale Ungleichheit erhöht und das erreichte Niveau einer relativ homogenen, sozial ausgeglichenen Gesellschaft deutlich unterschritten hat, mag zwar die Unvermeidbarkeit des Schrittes angesichts des drohenden Staatsbankrotts gegenüberstehen. Doch im Ergebnis bleibt, dass das Netz sozialer Sicherheiten und Garantien, welches die Arbeitsverhältnisse zuvor auszeichnete, unwiderruflich zerrissen und damit ein zentraler Aspekt der argentinischen Gesellschaft bis zur Unkenntlichkeit verändert wurde.

Der Staatskollaps konnte indes durch den neuen Kurs nur aufgeschoben, nicht aber verhindert werden. Nach einer gemeinsam mit Alfonsín im sogenannten Pakt von Olivos vereinbarten, 1994 verabschiedeten Verfassungsreform, welche unter anderem die Möglichkeit einer Wiederwahl des Präsidenten vorsah, seine Amtszeit jedoch von sechs auf vier Jahre verkürzte, konnte Menem ein zweites Mal die Wahlen gewinnen (1995). Sein Reformmodell hatte inzwischen jedoch viel von seinem ursprünglichen Glanz eingebüßt. Der Motor der Wirtschaft geriet erneut ins Stottern, die Außenschulden des Landes türmten sich weiter auf, 1998 setzte eine Rezession ein. Was die Bürger besonders enttäuschte und aufbrachte, war der unverhohlene Nepotismus des Präsidenten und die Schamlosigkeit, mit der sich der Kreis seiner Freunde und Verwandten unter seinem Schutz bereicherte. Unter dem Radikalen de la Rúa, einem ungeschickten Politiker, der an der Spitze einer Parteienkoalition von UCR und einer neuen Partei namens *Frepaso* die Wahlen von 1999 gewann, kam die Blase, die sich durch die Zuspitzung der Schulden- und der Konvertibilitätskrise gebildet hatte, schließlich zum Platzen. Als der Internationale Währungsfonds sich Ende 2001 weigerte, Argentinien weiter mit Krediten beizustehen, musste die Regierung sämtliche Zahlungen einstellen und erklärte den Staatsbankrott. Die Folge war eine allgemeine Staats- und Vertrauenskrise. Die Banken froren sämtliche Sparguthaben ein, der Zahlungsverkehr kam weitgehend zum Erliegen, die Bürger brachten in Straßenversammlungen, lokalen Aufständen und Straßenblockaden ihren Unmut, ihre Wut und den Vertrauensentzug gegenüber der politischen Führungsschicht zum Ausdruck. Nach dem Rücktritt der Regierung de la Rúa und zweier weiterer Interimspräsidenten gelang es erst dem einflussreichen Peronisten Eduardo Duhalde, die äußere Ordnung wieder einigermaßen herzustellen, nach der Lösung des Peso vom Dollar erneut die Liquidität des Staates zu sichern und eine erste Verständigung mit den externen Gläubigern des Landes herbeizuführen. Aus den von Duhalde für 2003 anberaumten Wahlen ging als Sieger der von ihm favorisierte Néstor Kirchner hervor.

Noch ist es zu früh, um ein fundiertes Urteil über das Wirken und die Folgen der »Dynastie« Kirchner – Néstor und seine Frau Cristina bilden gewissermaßen eine Einheit – abzugeben. Néstor Kirchner war bis 2003 ein relativ unbekannter Gouverneur von Santa Cruz, einer der südlichsten Provinzen des Landes, und hatte bei seinem Amtsantritt zudem das Handicap einer schwachen Legitimitätsbasis, da die 22 Prozent der Wählerstimmen, die er in der ersten Runde erhalten hatte, nach dem freiwilligen Ausscheiden seines Hauptkonkurrenten Menem ausreichten, um ihn zum Präsidenten zu machen. Dennoch gelang es ihm aufgrund seines politischen Geschicks, seiner Energie und seiner Durchsetzungsfähigkeit, aber auch wegen der neuen politischen Akzente, die er setzte, bei der breiten Mehrheit rasch auf Zustimmung zu stoßen. Er verständigte sich mit Vertretern der Gruppe der *piqueteros* und der »Mütter der Plaza de Mayo«, hob die militärfreundlichen Gesetze, die die Brutalitäten des *Proceso* vor weiterer Strafverfolgung schützen sollten, wieder auf und wertete die historische Rolle der Guerillaverbände, vor allem der *montoneros*, auf. Er machte Anstalten, gegen die Korruption in der Verwaltung und der Justiz vorzugehen, und erwies sich als äußerst harter Verhandlungspartner gegenüber dem IWF und den privaten Gläubigergruppen, die auf die Rückzahlung der Schulden Argentiniens drängten. All dies beeindruckte die öffentliche Meinung, wobei freilich die wieder in Schwung kommenden Exporte und der damit einhergehende Effekt einer Entspannung der wirtschaftlichen Lage unterstützend hinzukamen. Man sprach vom »Kirchner-Effekt«, vom »Kirchner-Stil«, später auch von der »Kirchner-Gruppe«, um den Interessentenkreis genauer zu definieren, der hinter diesem politischen Kurs stand. In wirtschaftlicher Hinsicht machte der neue Präsident sich für eine Politik des Schutzes der nationalen Industrie und die Wiederbelebung des inneren Marktes stark. Er initiierte Infrastrukturprojekte und legte Beschäftigungsprogramme im Kampf gegen die Arbeitslosigkeit auf; zugleich unterstützte er die Armen und sozial Ausgeschlossenen in den Elendsvierteln am Rande der Großstädte mit umfangreichen Sozialhilfeprogrammen.

Das klingt nach einer Neuauflage des herkömmlichen nationalpopulistischen Wirtschafts- und Gesellschaftsmodells, nach einem halben Schritt zurück als Reaktion auf das energische Vorpreschen Menems in Richtung einer Deregulierung der Märkte und eines Rückzugs des Staates aus der Wirtschaft. Aber eben nur um einen halben Schritt! Aufmerksamen Beobachtern ist nicht entgangen, dass der politische Kurs der Kirchners sich weitgehend in einer bestimmten Rhetorik erschöpft, ohne dass sie grundsätzlich an den von Menem vorgenommenen strukturellen Weichenstellungen rütteln. An der hochgradigen sozialen Polarisierung, die seit den 1990er Jahren ein Merkmal der argentinischen Sozialstruktur ist, hat sich ebenso wenig geändert wie am gewaltigen Umfang des informellen Sektors und der Verbreitung von Arbeitslosigkeit und Armut. Die beträchtlichen Summen, die an bestimmte militante Gruppierungen verteilt werden, dienen, so die überwiegende Meinung, primär dem Zweck, eine bestimmte Unterstützungsklientel zu binden, und zielen keineswegs auf strukturelle Veränderungen ab. Überhaupt scheint das Streben nach Machterhalt das Hauptmotiv für zahlreiche politische und soziale Initiativen des präsidentiellen Paares zu sein, dem es im Übrigen an einer kohärenten politischen Leitlinie fehlt. In der Tat wurden bislang weder in der Industrialisierungs- noch in der Technologiepolitik neue Akzente gesetzt; das Erziehungswesen liegt weiterhin darnieder; der Aufbau einer funktionierenden Verwaltung und effizienter Behördenstrukturen lässt ebenfalls auf sich warten. Die Sozialhilfeprogramme, einer der Schwerpunkte der derzeitigen Sozialpolitik, werden auf die denkbar schlichteste Weise finanziert, indem die notwendigen Gelder beim einzig international konkurrenzfähigen Sektor, den Vieh- und Agrarexporten, abgeschöpft werden.

Rückblickend bildet hinsichtlich einer echten Demokratisierung der Gesellschaft Alfonsíns Regierung die einzige positive Ausnahme, seine Nachfolger knüpften allesamt wieder stark an eingeschliffene Muster eines autoritären, personalistischen Führungsstils an. Alfonsín war der einzige Präsident, der den demokratischen Neubeginn ernst nahm, dem traditionellen Vertikalismus abschwor und stattdessen auf Dialog und Pluralismus setzte. Er wertete die Legislative und die Justiz auf, indem er etwa die Neubesetzung frei gewordener Stellen am Obersten Gerichtshof mit der Opposition absprach, die Ratifizierung eines Grenzabkommens mit Chile vom Ausgang der Diskussion im Parlament (und zusätzlich einem Plebiszit) abhängig machte und auch die geplante, jedoch unter seiner Präsidentschaft nicht zustande gekommene Verfassungsreform durch einen breiten, parteiübergreifenden Konsens abzusichern suchte. Seinen Nachfolgern bot die Ausnahme- und Notsituation, in der sie zum Teil die Regierung übernahmen, vordergründig eine Rechtfertigung für ihren autoritären und personalistischen Führungsstil jenseits demokratischer Spielregeln. So konnte insbesondere der Peronist Menem für sich in Anspruch nehmen, in einer Ausnahmesituation, wie sie die bei seinem Amtsantritt herrschende Hyperinflation darstellte, rasche Beschlüsse treffen zu müssen, keinen zeitlichen Spielraum für langfristige Entscheidungsprozesse zu haben. Ein auf den ersten Blick einleuchtender Grund, sich vom Parlament per Gesetz außerordentliche Vollmachten übertragen zu lassen. Doch wie seine anderen, mehr oder weniger verdeckt autoritär waltenden Kollegen hatte er sich für seine Amtsführung im Grundsatz für die traditionelle politische Kultur Argentiniens entschieden, behielt also die Gewohnheit, im Alleingang, allenfalls in Absprache mit den zuständigen Ministern, seine Entscheidungen zu treffen, auch später bei, als die Lage sich wieder entspannt hatte. Die legalen Mittel, derer er sich dabei bediente, waren das partielle Veto gegen Gesetze und vor allem das präsidentielle Vorrecht, »Notstands- und Dringlichkeitsverordnungen« *(decretos de necesidad y urgencia)* zu erlassen, das er uferlos ausdehnte. Allein während seiner ersten Amtszeit erließ er 336 Notverordnungen. Um jedem Widerstand gegen sein eigenmächtiges Vorgehen zuvorzukommen, besetzte er Institutionen mit Kontrollfunktionen gegenüber der

Exekutive mehrheitlich mit Leuten seines Vertrauens, vor allem den Obersten Gerichtshof. Wo dies nicht ausreichte, half er durch Bestechung nach, um Gefügigkeit zu erzeugen. Dieser patrimonialistische Zug seines Herrschaftsstils, der den Staatsapparat gewissermaßen wie einen Privatbesitz behandelte, kam in der ersten Regierungsperiode vor allem dem Kreis der engeren Freunde und Verwandten, im Volksmund *carpa chica* (kleines Zelt) genannt, zugute. Später wurde er ausgedehnt und generalisiert, indem etwa Kongressmitglieder, die einem Gesetz nicht zustimmen wollten, systematisch bestochen wurden.

Als die beiden bestimmenden Elemente seines Herrschaftsstils können gelten Dezisionismus, das heißt die Usurpation sämtlicher Entscheidungsmacht durch den Präsidenten, und Korruption, das heißt das Aushandeln von materiellen Vergünstigungen mit jenen, die sich seiner Entscheidungsmacht nicht beugten. Auch die Verfassungsreform von 1994, die Menems Wiederwahl ermöglichte, daneben aber einige durchaus sinnvolle Korrekturen der alten Verfassung enthielt, war im Grunde das Ergebnis eines dezisionistischen Handstreichs der beiden Spitzenpolitiker Alfonsín und Menem, die sich über die Köpfe des Parlaments und anderer einschlägiger Gremien hinweg auf eine Neufassung des Grundgesetzes geeinigt hatten.

Hyperpräsidentialismus beziehungsweise Dezisionismus und der Rückgriff auf Bestechungspraktiken blieben auch kennzeichnende Merkmale der Regierungen, die auf Menem folgten. De la Rúa hatte zwar den Personalismus Menems angeprangert und seinen Wahlkampf unter der Devise geführt, energisch gegen die Korruption vorgehen zu wollen. An die Macht gelangt, machte er aber seinerseits ausgiebig von dem Notverordnungsrecht Gebrauch und zögerte nicht, durch Bestechungsgelder die Gegner von Gesetzesvorschlägen auf seine Seite zu ziehen. Die Beibehaltung der immergleichen skandalösen Praktiken durch ganz unterschiedliche Regierungen war es ja, die die Massen anlässlich des Staatsbankrotts von 2001 besonders aufbrachte und wiederholt in den Ruf ausbrechen ließ: »Que se vayan todos« – sie (die Politiker) sollen sich alle davonscheren. Auch bei Néstor Kirchner und seiner Ehefrau als Nachfolgerin im Amt blieb von der ursprünglich geäußerten Absicht, für größere Sauberkeit und Transparenz in der Verwaltung sorgen zu wollen, bald nicht viel übrig. Vielmehr erreichten Korruption und Dezisionismus unter ihnen neue Höhepunkte. Die neue Kirchner'sche Variante der Pfründenwirtschaft bestand und besteht darin, dass ein Teil der Steuereinnahmen abgezweigt wird, um die eigene engere und weitere Klientel zu bedienen und die Macht der Exekutive auf Kosten der anderen Staatsorgane auszubauen. Das Zentrum politischer Entscheidungsfindung hat sich weiter verengt, da strategisch wichtige politische Fragen nicht einmal mehr innerhalb des Kabinetts abgestimmt werden, sondern im engsten Mitarbeiterkreis, gewissermaßen hinter verschlossenen Türen, entschieden werden.

Im Unterschied zu früher haben seit der festen Etablierung des demokratischen Systems die Parteien – insbesondere die traditionell die politische Landschaft beherrschenden Radikalen (UCR) und die Peronisten (PJ) – an Gewicht gewonnen. Unter der Militärdiktatur unterdrückt und verboten, organisierten sie sich nach deren Auflösung rasch neu und rivalisierten im Wahlkampf von 1983, aus dem der Kandidat der Radikalen, Alfonsín, als Sieger hervorging. Anschließend kam Bewegung ins Parteiensystem. Ab 1989 setzte der Niedergang der UCR ein, während sich der PJ behauptete und zur unangefochten stärksten politischen Kraft wurde. Gleichzeitig kamen etliche kleinere Parteien auf. Im Jahr 1999 mussten die Peronisten kurzfristig die Regierungsmacht an eine Koalition aus der UCR und einer neuen Partei abgeben, kehrten aber nach dem Staatsbankrott von 2001 alsbald an die Herrschaft zurück, zunächst provisorisch in Gestalt des

Gouverneurs der Provinz Buenos Aires, Eduardo Duhalde, der kommissarisch die Staatsgeschäfte führte, ab 2003 durch die demokratisch legitimierte Präsidentschaft Néstor Kirchners, der vier Jahre später von seiner Frau abgelöst wurde. Insgesamt hat sich im Verlaufe der letzten 25 Jahre die Parteienlandschaft zunehmend zersplittert; dieser Prozess hat auch vor den Peronisten nicht haltgemacht, die mittlerweile in mehrere, hart miteinander konkurrierende Flügel zerfallen. Die Attraktivität und Zugkraft der peronistischen Partei und Bewegung insgesamt, die auf einen festen Stamm von rund 25 Prozent der Wählerschaft zählen kann, hat allerdings kaum darunter gelitten.

Fragt man sich, woran dies liegt, so ist zunächst daran zu erinnern, dass es sich bei den argentinischen Parteien nicht um Institutionen mit festen Organisationsstrukturen und einem bestimmten politischen Programm handelt, sondern um lose Verbände mit einem fluktuierenden Mitgliederstamm, in deren Zentrum eine politische Führungspersönlichkeit steht. Parteiapparate im engeren Sinne, die für Wahlzwecke mobilisierbar sind, gibt es, was die Peronisten betrifft, nur auf Provinzebene. Es ist also kein Zufall, dass zwei der letzten Präsidenten, Menem und Kirchner, ihre Präsidentschaftskandidatur auf der Basis ihrer Parteimacht innerhalb ihrer Provinzen (der Erste in La Rioja, der Zweite in Santa Cruz) aufgebaut hatten. Auf der nationalen Ebene sind die Parteistrukturen sehr viel lockerer, und um Erfolg zu haben, kommt es deutlich mehr auf die individuellen Qualitäten politischer Führungspersönlichkeiten an. Zwar haben sich in neuerer Zeit auch Wählergruppen gebildet, die stärker auf das Programm einer Partei, ihre Reputation und ihr moralisches Image achten, doch sie stellen nur eine Minderheit dar. Für die Mehrheit ist entscheidend, welche Ausstrahlungskraft und welche Mobilisierungskraft ein politischer Führer hat und welche konkreten Vorteile man sich von ihm und seiner Partei versprechen kann.

Der Peronismus hat eine unvergleichliche, alle anderen Parteien in den Schatten stellende Fähigkeit entwickelt, sich wechselnden Situationen anzupassen und die Wähler anzusprechen. Peronist sein bedeutete in den rund 60 Jahren, seit denen es die Bewegung gibt, je nach Epoche Unterschiedliches: zunächst die Identifizierung mit der Person Peróns und seinem System einer vom Staat initiierten Sozialpolitik, welche die Integration der Arbeiter in das argentinische Gesellschaftsgefüge bewirkte; ab 1955 Widerstand gegen politischen Ausschluss und die Verteidigung der erworbenen Rechte und Sozialgarantien; danach die Bildung eines korporativistischen Gewerkschaftsblocks, der mit den jeweiligen Regierungen selektive Vorteile für die Organisation und die Arbeiter insgesamt aushandelte; in den 1970er Jahren wurden die linksperonistischen Guerillabewegungen (die *montoneros*) zu Bannerträgern alternativer utopistischer Gesellschaftsmodelle. Seit den 1990er Jahren, nach der von Menem vollzogenen Schwenkung, hat sich der Peronismus zum Vertreter und Hauptnutznießer einer Politik der Armen und für die Armen entwickelt. Er besitzt eine besondere Sensibilität für die Lebenswelt und die Probleme der sozial Randständigen und Ausgeschlossenen, die in den riesigen Armutsarealen rund um die Städte wohnen.

Diese Nähe resultiert aus seiner traditionellen Verwurzelung in den urbanen Unterschichten, die sich durch die Ächtung und Verfolgung in der Zeit zwischen 1955 und 1973 nicht abgeschwächt, sondern sogar noch vertieft hat. Ausgangspunkt des sozialen Engagements des PJ sind die sogenannten Basiseinheiten *(unidades básicas)*, die in großer Zahl über die Vorstädte verstreut sind. Sie stehen unter der Leitung eines einfachen Parteimitglieds (dem sogenannten *puntero*), sind verschieden groß, nehmen unterschiedliche organisatorische Formen an und sind in allen möglichen Räumlichkeiten, von der Privatwohnung bis zum öffentlichen Lokal, untergebracht. Im Regelfall sind sie Bestandteil eines dichten, das jeweilige Viertel überspannenden sozialen Netzwerks, zu dem unter anderem Gewerkschaften, Fußballvereine, Wohltätigkeitsverbände, kirchliche Gemeinschaften, Nachbarschaftsgruppen und viele mehr gehören. Die *unidades básicas* bringen zum einen – gewissermaßen als Verteileragentur von Sozialhilfe- und Unterstützungsprogrammen fungierend – eine breite Palette von Gütern und sozialen Dienstleistungen unter die Leute, angefangen von wöchentlichen Essenspaketen (in besonderen Notzeiten), Kleidung, Medikamenten oder direkten Geldzuwendungen über Angebote von Schulungskursen, Alten- und Kinderbetreuung oder gelegentlichen Erholungsfahrten bis hin zur Besorgung kurzfristiger Jobs oder einer längerfristigen Beschäftigung. Ein Großteil dieser Zuwendungen wird von den Kommunen verwaltet, weshalb es für die *unidades básicas* besonders wichtig ist, enge Beziehungen zu den jeweiligen Behörden zu pflegen. Als Gegenwert für die erhaltenen Waren und Dienstleistungen wird erwartet, dass die solcherart entstandene Klientel die Peronisten politisch unterstützt. Und für die Geltendmachung dieser Forderung zu sorgen ist die zweite wichtige Aufgabe der *punteros*. Was die unmittelbar an dem sozialen Hilfswerk Mitwirkenden und von ihm Profitierenden betrifft, so ist dies ohnehin selbstverständlich. Für die Unterstützungsempfänger als solche gilt keine politische Loyalitätspflicht, ihre Parteinahme für den PJ wird allerdings stillschweigend erwartet.

Das beschriebene Patronagesystem ist fast durchgehend informeller Natur. Sieht man von den *unidades básicas* ab, die in den Parteistatuten des PJ vorgesehen sind, so spielt sich alles außerhalb von Satzungen und Regeln, auf einer rein informellen Ebene ab. Insofern kann der PJ als »informelle Massenpartei« bezeichnet werden, die mit bemerkenswerter Selbstverständlichkeit staatliche Gelder – die sozialen Hilfsprogramme werden vom Staat aufgelegt und aus der Staatskasse bezahlt – für partcipolitische Zwecke verwendet. Den Empfängern der Unterstützungsleistungen sagt die abstrakte Unterscheidung zwischen einer Staatsbehörde und einer Parteiorganisation meist ohnedies wenig. Für sie zählt, wem sie einen Zuschuss, einen Job oder eine Hilfeleistung konkret zu verdanken haben. Dieser Person fühlen sie sich verpflichtet, auch und vor allem dazu, ihr bei der nächsten sich bietenden Gelegenheit einen Gegengefallen zu erweisen. Und die unteren Ränge des PJ zögern nicht, sich dieses Reziprozitätsdenken parteipolitisch zunutze zu machen. Man ist schnell verleitet zu sagen, dass durch diese Art des kaum verdeckten Stimmenfangs der Sinn der Demokratie, die autonome, zu politischer Partizipation fähige und bereite Bürger voraussetzt, ad absurdum geführt wird. Doch ist, bevor ein so hartes Urteil gefällt wird, zu bedenken, dass die Peronisten, indem sie die Leute durch Gewährung persönlicher Vorteile ködern, nur in extremer Form das praktizieren, was auch anderen argentinischen Parteien nicht fremd ist und mittlerweile ein genereller Zug westlicher Parteiensysteme zu werden scheint.

Die allgemeine Einstellung im Volk zur Demokratie und politischen Klasse, die sie in Argentinien hervorgebracht hat, scheint sich von anfänglichem Optimismus, teilweise sogar Begeisterung nach Jahren einer autoritären und repressiven Militärdiktatur in Resignation beziehungsweise ablehnenden Protest gewandelt zu haben. Die Parteien, vor allem die mittlerweile auf den Rang einer Mittelpartei abgesunkene UCR, haben massiv an Stammwählern verloren, gleichzeitig stieg die Zahl der Wechselwähler, aber auch jener, die durch Protestwahl oder Stimmenthaltung ihren Unwillen über sämtliche Parteien zum Ausdruck bringen, deutlich an. In den Parlamentswahlen im Oktober 2001, kurz vor der Zahlungskrise des Staates, waren es schon rund 50 Prozent, die sich auf diese Weise weigerten, irgendeiner Partei ihre Stimme zu geben. Während der Staatskrise selbst manifestierte sich in dem immer wieder zu hörenden Ausruf »Sie sollen sich alle davonscheren« recht deutlich die Geringschätzung und Verachtung, welche der politischen Klasse entgegenschlägt. Insgesamt hat sich der unter den Militärs bereits einsetzende Entpolitisierungsprozess, das Auf-Distanz-Gehen großer Teile der Gesellschaft gegenüber der Politik und ihren Machenschaften, ungeachtet der kurzen politischen Aufbruchsphase unter Alfonsín weiter fortgesetzt. Vor allem viele Jugendliche betrachten Politik als ein schmutziges, von Korruption geprägtes Geschäft, das für sie persönlich keinerlei Bedeutung hat und von dem man sich fernhalten muss.

Das bedeutet nicht, dass die Mehrheit der Argentinier die Rückkehr zu einer autoritären Regierungsform begrüßen würde. Abgesehen davon, dass die Erinnerung an den Autoritarismus und die Gewaltexzesse der letzten Militärregierung noch frisch im Gedächtnis haften, sind die meisten Argentinier überzeugte Republikaner und treffen eine sorgfältige Unterscheidung zwischen der demokratischen Regierungsform an sich und deren Pervertierung in ihrem Lande. Das demokratische Regierungssystem wird jedem anderen, vor allem jeder Spielart des Autoritarismus, vorgezogen. Das ist das Ergebnis wiederholter Umfragen, an dem sich im Laufe der Jahre nur wenig änderte. In steigendem Maße unzufrieden sind die Argentinier mit der Art und Weise, wie die demokratisch-rechtsstaatlichen Prozeduren in ihrem Land gehandhabt werden. Demnach lastet die Mehrzahl der Bürger die herrschenden politischen Missstände primär der politischen Klasse an, die den Wählerwillen verfälscht und verzerrt. Allerdings spiegelt das Verhalten der Politiker auch Ambivalenzen und Widersprüche wider, die bei den Wählern selbst, das heißt in der politischen Kultur des Landes, liegen dürften. Etwa der Widerspruch zwischen Ernüchterung und Enttäuschung über die politischen Verhältnisse einerseits und dem rasch zugebilligten Vertrauenskredit an durchsetzungsfähig und effizient erscheinende Politiker andererseits. Oder der Neigung, hochkritisch mit der politischen Klasse ins Gericht zu gehen, welcher ein großes Zögern gegenübersteht, sobald es gilt, sich selbst politisch zu engagieren. Die größte Ambivalenz schlummert vielleicht in der Beurteilung des politischen Handelns als solchem, gleichviel ob es sich um einen einfachen Wahlakt oder eine größere Aktion handelt. Soll es primär der persönlichen Nutzenmaximierung für den Betroffenen oder einem allgemeinen Zweck dienen? Hier klaffen politische Rhetorik und politische Realität meist weit auseinander.

Das alte Spiel

In den vergangenen 25 Jahren hat sich die Demokratie als politische Ordnungsform in Argentinien fest etabliert; jede andere Regimeform, vor allem jede Art des Autoritarismus, ist bis auf weiteres ausgeschlossen. Allerdings handelt es sich dabei um eine defizitäre Demokratie, die von den üblichen Vorstellungen, die man an diese Regierungsform knüpft, erheblich abweicht.

So kann von einer staatlichen Gewaltenteilung nur bedingt die Rede sein. Die Exekutive hat eindeutig das Übergewicht, der Präsident ist die Schlüsselfigur, um die sich alles dreht und die den Kongress und die Justiz deutlich in den Schatten stellt. Symptomatisch in diesem Sinne ist, dass jeder neu gewählte Präsident auch die Zusammensetzung des Obersten Gerichtshofs neu bestimmt. Das oft zu hörende Schlagwort vom Hyperpräsidentialismus erscheint nicht übertrieben.

Aus dieser unzulänglich funktionierenden Gewaltenteilung heraus leiden das Recht und die Transparenz der Institutionen. Argentinien ist zwar das Land Lateinamerikas, in dem noch am meisten auf die Respektierung der individuellen Rechte und Freiheiten, nicht zuletzt der Meinungsfreiheit, geachtet wird. Doch im Übrigen stehen Gesetze, steht das gesamte formelle Recht nicht hoch im Kurs. Was die Verbreitung von Korruption und Pfründenwirtschaft anlangt, schneidet das Land schlechter als der lateinamerikanische Durchschnitt ab und liegt laut Transparency International unter insgesamt 159 Ländern auf Rang 97.

Wenn Demokratie bedeutet, dass der Wähler souverän sein soll und die politische Entscheidungsfindung »von unten nach oben« erfolgt, dann zeigt Argentinien hier deutliche Defizite. Wie am Beispiel der peronistischen Partei aufgezeigt wurde, werden die Unterschichten politisch gezielt geködert und manipuliert. Das heißt, dass bei rund einem Drittel der Bevölkerung der Wahlakt nicht Ausdruck einer autonomen Willensentscheidung ist, sondern »von oben« gelenkt und teilweise kontrolliert wird.

Insgesamt ergibt sich das Bild einer kopflastigen Demokratie, in der ein Großteil der politischen Macht in der Regierungs- und Staatsspitze konzentriert ist, während die übrigen Teile des Staatsapparates, einschließlich eines Teils der Wählerschaft, dieser klar untergeordnet sind. Dem widerspricht jedoch das Profil eines schwachen, von mächtigen Interessengruppen eingekreisten Staates, das sich für die Phase von 1955 bis 1983 herauskristallisiert hat. Denn hat nicht noch Alfonsín die Vetomacht dieser korporativen Akteure zu spüren bekommen und ist letztlich an ihr gescheitert? Sollte es Menem gelungen sein, den gordischen Knoten zu durchschlagen und sich kraft seiner Amtsgewalt über den Widerstand jener Machtfaktoren hinwegzusetzen, die seiner neoliberalen Kurswende im Wege standen? Gelten seit ihm andere informelle Regeln der politischen Auseinandersetzung?

Die Antwort lautet: Nein. Zwar hat sich das Spektrum der relevanten Machtgruppierungen verschoben, auch erfolgten, was die Spielregeln des Machtkampfes betrifft, leichte Modifizierungen. Doch nach wie vor existiert parallel zur formellen Ordnung und den förmlichen Entscheidungsprozessen ein System informeller politischer Abstimmungen und Weichenstellungen. Die Bedeutung dieser Parallelebene lässt sich gerade am Beispiel der radikalen wirtschaftspolitischen Kehrtwende Menems gut demonstrieren. Die staatspolitischen Gründe für diese Schwenkung – Entlastung des Staatshaushaltes, Verschlankung des Staates, zusätzliche Wachstumsimpulse für die Wirtschaft etc. – hätten allein nie hingereicht, um den Erfolg des Unternehmens zu garantieren. Dazu musste Menem den neuen Kurs durch ein kompliziertes Paket von Allianzen und Zugeständnissen zusätzlich absichern. Insbesondere überzeugte er Skeptiker in den eigenen Reihen und auch außerhalb davon, dass sich mit der Privatisierung der Staatsunternehmen eine neue Quelle lukrativer Pfründenwirtschaft eröffnete. Die Privatisierung erfolgte nicht gemäß allgemeinen Richtlinien, sondern in Form von Einzelverträgen und -lizenzen, was dem Präsidenten vielfältige Möglichkeiten gab, Gefolgsleute zu privilegieren und eventuelle Widersacher auf seine Seite zu ziehen. Auf diese Weise sollen Gewerkschaftsführer zu Aktienbesitzern oder gar selbst zu Unternehmern geworden sein. Menem entschädigte die Gewerkschaften für die tiefen Einschnitte, die er in das System sozialer Absicherungen der Arbeitnehmer vornahm, indem er das Recht der Gewerkschaftsführung auf die Verwaltung der Sozialwerke unberührt ließ und generell nicht an ihren Privilegien rüttelte. Damit konnte er zumindest einen Teil von ihnen für seinen neuen Kurs gewinnen. Er kürzte die Staatsausgaben radikal, tastete aber die Zuschüsse für die armen, überwiegend von Peronisten regierten Provinzen nicht an. Kurzum, der Realpolitiker Menem betrieb nach der Devise »divide et impera« systematisch die Spaltung der seine politischen Pläne ablehnenden Gruppen, um sein Vorhaben durchzusetzen.

In der sich nach 1990 abzeichnenden Landschaft informeller Machtfaktoren gehören die Streitkräfte – über Jahrzehnte hinweg das Zünglein an der innenpolitischen Waage – zu den »Verlierern«.

Sie haben den stärksten Machtverlust erlitten, was bereits darin zum Ausdruck kommt, dass es seit 1990 keinen militärischen Aufstand oder Putsch mehr gegeben hat. Dies liegt zum einen daran, dass sich in ganz Lateinamerika in den vergangenen Jahrzehnten die Demokratie als »the only game in town« durchgesetzt hat. Zum anderen hat die letzte Militärregierung den Streitkräften eine schwer lastende Hypothek hinterlassen durch die von ihr verübten Gewaltverbrechen gegen vermeintliche und wirkliche Feinde des Regimes, den katastrophalen Zustand, in dem sie die nationale Wirtschaft nach halbherzigen Versuchen der Liberalisierung zurückließ und schließlich durch die militärische Niederlage im Malvinas-/Falkland-Krieg, in den sie sich grundlos und völlig unvorbereitet gestürzt hatte. Mochten die Kraft und das Selbstbewusstsein der Streitkräfte noch ausreichen, um sich unter Alfonsín erfolgreich gegen eine individuelle Strafverfolgung wegen begangener Menschenrechtsverletzungen zu wehren, so machte Menem kurzen Prozess mit ihnen, indem er den Militärhaushalt um die Hälfte zusammenstrich. Auch hier war die machiavellistische Handschrift des Präsidenten aus Rioja unverkennbar, der diese brutale Kürzung mit symbolischen Lobessprüchen über die Tapferkeit und die außerordentlichen Leistungen des Militärs garnierte. An sich setzten mit der Demokratisierung des Landes auch Pläne einer systematischen Militärreform ein, diese wurden aber nie realisiert. Organisatorisch und rüstungstechnisch ist das argentinische Militär auf dem Stand von gestern stehen geblieben und damit den Streitkräften von Chile und Brasilien deutlich unterlegen. Da nach dem Zusammenbruch des Kommunismus Fragen der nationalen Verteidigung generell viel von ihrer früheren politischen Bedeutung eingebüßt haben, wird dies nicht als bedrohlicher Rückstand betrachtet, zumal die frühere Rivalität längst einer Politik der Kooperation und guten Nachbarschaft mit den beiden Staaten gewichen ist.

Im Gegensatz zum Militär, das die machtpolitische Bühne gewissermaßen hat räumen müssen, sind die Gewerkschaften noch mit von der Partie, haben aber viel von ihrem früheren Einfluss eingebüßt. Dieser Machtverlust wird nur teilweise dadurch ausgeglichen, dass viele von ihnen Abgeordnete des an den Urnen unschlagbaren PJ sind. Auch in ihrem Fall sind es primär strukturelle Faktoren, die ihre Machtbasis schwächten, vor allem der Rückgang der formell Beschäftigten und damit die Ausdehnung des informellen Sektors. Während die Erwerbsbevölkerung von 1975 bis 2002 von 10,4 auf 15,3 Millionen anwuchs, ist die Zahl der formell Beschäftigten in etwa konstant geblieben und hat sich die der gewerkschaftlich Organisierten, absolut und relativ betrachtet, verringert. Rückläufige Mitgliederzahlen bedeuten sinkende Beiträge, was den Handlungsspielraum der Gewerkschaften zusätzlich einschränkt. Waren früher (bis unter Alfonsín) Großkundgebungen und Generalstreiks ihre bevorzugte Aktionsform, so organisieren sie ihre Proteste inzwischen oft in kleinerem Rahmen, etwa innerhalb von Stadtvierteln. Der von Menem vollzogene neoliberale Kurswechsel war für die Gewerkschaften in doppelter Hinsicht ein schwerer Schlag, von dem sie sich nie ganz erholten. Zum einen, weil sie nicht verhindern konnten, dass ausgerechnet ein peronistischer Präsident einen Gutteil der sozialen Rechte und Garantien aufhob, die einst der Gründer der Bewegung, Juan Domingo Perón, in Argentinien eingeführt hatte. Zum anderen, weil dieser neue Kurs die Gewerkschaften spaltete, so dass sie nicht mehr mit einer Stimme, sondern mit mehreren Stimmen sprachen. Inzwischen sind sie zwar wieder unter dem gemeinsamen Dachverband, der CGT, vereint, mit dem die Kirchners eng kooperieren. Doch das Gewicht früherer Zeiten kommt ihnen nicht mehr zu. Beispielsweise werden inzwischen die umfangreichen staatlichen Sozialhilfeprogramme an ihnen vorbei zu den Bedürftigen gelenkt.

Diesen beiden Verlierern stehen die zu einer politischen Klasse verschmolzenen Parteien sowie die Wirtschaft und die Wirtschaftsverbände als »Gewinner« der jüngsten Entwicklung gegenüber. Die Entstehung einer eigenen politischen Klasse ist ein neues Phänomen in Argentinien, das eng mit der Dauer der jüngsten demokratischen Periode und der dadurch erlangten Routinisierung des politischen Betriebs zusammenhängt. Aber auch mit dem wenig ausgeprägten ideologischen Profil und der schwach ausgebildeten programmatischen Identität der argentinischen Parteien, geführt von einer Politikerkaste, die, um mit Max Weber zu sprechen, nicht für die Politik, sondern »von der Politik« lebt. Dabei kommt Spezialisten eine große Bedeutung zu, die unabhängig von Parteiprofil und -ziel professionelle Fähigkeiten in der Organisation von Wahlkampagnen und der Beschaffung parlamentarischer Mehrheiten entwickelt haben. Inhaltliche Diskussionen, etwa Parlamentsdebatten, kümmern diese Experten des politischen Betriebs wenig, sie sind primär für dessen prozedurale Seite zuständig. Die Beliebigkeit der Zwecke, für die sie ihre Fähigkeiten einsetzen, trägt ihnen den Ruf des politischen Opportunismus ein und nährt den Verdacht, jenseits aller politischen Belange hätten sie vor allem ihren persönlichen Vorteil im Auge. Unabhängig von der Berechtigung solcher Vorwürfe sind die Parteien jedenfalls maßgeblich für das schlechte Image verantwortlich, das der Politik und den Politikern in diesem Lande anhaftet.

Dass die Wirtschaft und die Unternehmerverbände zu den Gewinnern der jüngsten Phase gehörten, bedarf keines langen Kommentars, war doch eine analoge Entwicklung seit Ende der 1980er Jahre in sämtlichen westlichen Industrieländern zu beobachten. Vor allem unter Menem, der ein Mitglied einer der ältesten Industriellenfamilien des Landes, Bunge & Born, Anfang der 1990er Jahre zu seinem Wirtschaftsminister machte, kam es zum engen Schulterschluss zwischen den wichtigen Wirtschaftsverbänden und der Regierung. Die Unternehmenslandschaft war in dieser Zeit einem dramatischen Wandel unterworfen: Alteingesessene Firmen, zum Teil ganze Holdings verschwanden, es kam zu zahlreichen Neugründungen, und ab den 1990er Jahren nahm der Einfluss ausländischen Kapitals stark zu. Wenn das Unternehmerlager in dieser bewegten Zeit nicht immer mit einer Stimme sprach, es auch zu Spannungen zwischen verschiedenen Verbänden kam, so war dies kein Zeichen von Schwäche, sondern eher von Stärke. Insgesamt von der Konjunktur begünstigt, konnte man sich durchaus einen gewissen, auch in der Öffentlichkeit demonstrierten Meinungspluralismus erlauben. Einzelne Unternehmer beziehungsweise Unternehmensgruppen verhandelten sogar, unabhängig von einer Verbandsvertretung, direkt mit der Regierung. Als die Kirchners ab 2003 und vor allem ab 2008 das Rad zurückzudrehen versuchten, indem sie etwa die Exportzölle für den Landwirtschafts- und Viehzuchtsektor drastisch heraufsetzten, um ihre steigenden Inlandsausgaben zu finanzieren, bekamen sie die Stärke und Militanz der gesamten Unternehmerschaft zu spüren. Es kam zu monatelangen Protestkundgebungen, die dem Ansehen der Regierung sehr schadeten und die Wählerschaft in weiten Teilen auf Distanz zu dem Ehepaar gehen ließ.

Neu auf die Bühne des informellen Tauziehens um politischen Einfluss und in den Kreis jener, die durch ihr Veto den politischen Prozess ernsthaft behindern können, traten die Provinzen und ihre Regierungschefs, die Gouverneure, sowie die bereits erwähnten *piqueteros*. Der Konflikt zwischen Buenos Aires und den Provinzen ist kein Novum, sondern datiert noch aus der Zeit vor der eigentlichen Staatsgründung in der zweiten Hälfte des 19. Jahrhunderts. Das klassische Mittel der Zentralregierung, um sich Provinzen, die vom politischen Kurs des Zentrums abwichen, gefügig zu machen, war die sogenannte *intervención*. Das heißt, dass die betreffende Provinz kommissarisch der Verwaltung eines

Vertreters der Zentralregierung unterstellt wurde. Dieses Instruments bedienten sich früher unterschiedslos Zivil- und Militärregierungen, letztere allerdings systematischer und bedenkenloser. Mit dem Übergang zu einem längerfristig angelegten demokratischen System 1983 mussten die Provinzen als eigenständige politisch-territoriale Einheiten ernst genommen werden. Automatisch schied damit die *intervención* als eher kurzfristig greifendes Mittel politischer Gleichschaltung aus. Schon Alfonsín als Präsident einer von der UCR gestellten Regierung machte die Opposition der mehrheitlich von Peronisten regierten Provinzen zu schaffen. Deren Bedeutung wurde im Rahmen der Verfassungsreform von 1994, nach der allen Provinzen eine Vertretung von jeweils drei Senatoren zusteht, die gemeinsam die zweite Kammer, den Senat, bilden, noch gesteigert. In neuerer Zeit sorgt die Diskrepanz zwischen einerseits den erweiterten Aufgaben und Kompetenzen der Provinzen, wie etwa für die Bereiche Gesundheit und Erziehung, und andererseits ihrer fehlenden haushaltspolitischen Autonomie nicht nur für dauerhaften Konfliktstoff, sondern eröffnet auch Möglichkeiten beträchtlicher politischer Manipulation. Die den Provinzen gesetzlich zustehenden Steuern reichen für maximal 50 Prozent ihres finanziellen Bedarfs (oft erheblich weniger), der Rest muss durch Zuweisungen des Zentralstaats gedeckt werden. Damit ist der Zentralregierung ein Mittel in die Hand gegeben, die Provinzen ihrer politischen Kontrolle zu unterwerfen. Umgekehrt ist es aber auch den Provinzen möglich, von der zentralen Regierung finanzielle Zugeständnisse zu erpressen mit der Drohung, dass ihre Vertreter im Senat die Zustimmung zu bestimmten Vorhaben verweigern oder sich mit einer regierungskritischen Fraktion innerhalb des Peronismus zusammenschließen. Vor allem dem Gouverneur der rund acht Millionen Einwohner zählenden Provinz Buenos Aires kommt eine herausragende Machtposition zu. Da jedoch allen Provinzen die gleiche Zahl von Senatsvertretern zusteht, können auch alle gleichermaßen mit ihrem politischen Pfund wuchern.

Während sich bei den Gouverneuren formelle und informelle Machtpotenzen überschneiden, bilden die *piqueteros* eine mehr oder weniger spontan aus den Unterschichten hervorgegangene Bewegung, die inzwischen aber sehr mächtig geworden ist. Ihre Entstehung geht zurück auf die Massenentlassungen der staatlichen Erdölgesellschaft YPF nach deren Privatisierung im Jahre 1996 in Neuquén, einer Provinz im Südwesten des Landes. Die Arbeitslosen und vor allem ihre Frauen organisierten äußerst wirksame Straßenblockaden, um auf ihre verzweifelte Lage aufmerksam zu machen. Das Vorgehen der Blockierer, denen nach einigen Tagen vom Provinzgouverneur Unterstützungsgelder zugesagt wurden, machte Schule. Bald folgten Blockadeaktionen auch in anderen Landesteilen, die sich allesamt gegen die Auswirkungen – in erster Linie die Arbeitslosigkeit – der von Menem verfolgten Politik der Marktliberalisierung richteten. Viele der in die Arbeitslosigkeit Entlassenen fühlten sich von den Gewerkschaften, die dem neuen Regierungskurs großenteils gefolgt waren, im Stich gelassen und sahen sich zur Eigeninitiative genötigt. Als die Staatskrise 2003 einigermaßen bewältigt war, waren die *piqueteros* zu einer mächtigen Bewegung herangewachsen, bestehend aus mehreren miteinander konkurrierenden Organisationen und einer in die Hunderttausende gehenden Zahl von Mitgliedern, größtenteils Frauen. Sie verfügte über einen immensen Verteilungsapparat mit eigenen Organisationen zur Verwaltung der eingetriebenen Gelder, zahllosen Suppenküchen und sonstigen Hilfsgemeinschaften. Der Grundmechanismus hatte sich indes kaum verändert: Nur wer aktiv an den Straßenblockaden und Protesten teilnahm, kam in den Genuss einer finanziellen Unterstützung. Die *piqueteros* stellen somit eine gewaltige Erpressungsmaschinerie dar, die den Staat »von unten« unter Druck setzt. Bilden die sozialen Netzwerke rund um die *unidades básicas* den passiven Teil der vom PJ aufgebauten politischen Klientel, so verkörpern die *piqueteros* deren offensive Seite: Als Stoßtrupps gegen politische Gegner eingesetzt, zögern sie nicht, gegebenenfalls auch gegen die peronistische Partei und Regierung selbst militant vorzugehen.

Betrachtet man die heute verbreiteten Methoden der Einflussnahme insgesamt, zeigt sich, dass nach wie vor das alte Prinzip gilt, dass jeder Machtfaktor seine spezifischen, ihm zur Verfügung stehenden Mittel zum Einsatz bringen darf. Eine wichtige Einschränkung aber hat dieses Prinzip nach dem unrühmlichen Abgang der Militärs und der festen Installierung der demokratischen Regierungsform erfahren: Gewaltanwendung »von unten«, etwa durch die *piqueteros* oder die Demonstranten, die sich gegen die Polizei zur Wehr setzen, ist bis zu einem gewissen Grad statthaft, Gewalt »von oben«, durch die staatlichen Sicherheitsorgane, stößt hingegen rasch auf Kritik und wird nicht mehr toleriert. Nach den vom letzten Militärregime verübten Gewaltexzessen ist die argentinische Gesellschaft äußerst allergisch gegenüber jeder Form staatlicher Repression geworden.

Die Zurückdrängung des Militärs und der öffentlichen Gewalt aus dem engeren politischen Geschäft ging mit der Aufwertung von Wahlen auf allen Ebenen des politischen Prozesses einher. Zugleich haben Verfahrenstricks, sogenannte Expertengremien, Vermittlungsausschüsse und ähnliche, in rechtsstaatlichen Demokratien übliche Strategien zur Steuerung des Entscheidungsprozesses Einzug in den politischen Betrieb Argentiniens gehalten. Streiks und andere Formen des Arbeitskampfes haben viel von ihrer früheren Bedeutung verloren, Kundgebungen dagegen, über die Massenmedien und die öffentliche Meinung zu erreichen sind, stehen weiterhin hoch im Kurs. Materielle Vergünstigungen oder Schadensandrohungen, kurzum: ökonomische Ressourcen nehmen nach wie vor eine Schlüsselrolle in einem Land ein, in dem Politik wenig mit bestimmten Ideologien zu tun hat, sondern sich primär an Einzelpersonen ausrichtet und pragmatische Belange widerspiegelt.

Zusammenfassend ist festzuhalten, dass es neben der formaldemokratischen Ordnung zwei im Einzelfall sich überschneidende informelle Achsen der politischen Einflussnahme gibt, von denen die eine horizontal, die andere vertikal verläuft. Die horizontale Achse bezieht sich auf den bunten Kranz korporativer Verbände, die um das staatliche Machtzentrum herum gelagert sind, ihm Zugeständnisse abnötigen und seinen Entscheidungsspielraum begrenzen. Obwohl das Militär aus diesem Zirkel ausgeschieden ist und die Gewerkschaften geschwächt sind, kann es sich weiterhin kein Präsident leisten, das Veto einer dieser Gruppierungen gegen seine Entscheidungen zu ignorieren. Die vertikale Achse steht für die breite Bevölkerung, die Einfluss nimmt vermittels ihrer Unmutsbekundungen über eine bestimmte Politik oder Regierung. Sie stellt die plebiszitäre Komponente im politischen System Argentiniens dar, die nicht in den periodisch stattfindenden Wahlen aufgeht, sondern unabhängig davon existiert. Oft über längere Zeit unterdrückt oder scheinbar entschlafen, bricht sie in Krisen- und Notzeiten plötzlich hervor, wie etwa bei den spontanen Aufständen und Massenplünderungen während der Hyperinflation 1989 oder bei den Protestkundgebungen anlässlich der Staatskrise von 2001/2002.

II. Ursachen des Entwicklungsstillstands: Ein Erklärungsversuch

5. Was heißt Entwicklungsstillstand?

Um Missverständnissen vorzubeugen: Mit der Analyse der strukturellen Sackgasse, in der sich das Land befindet, ist nicht intendiert, die moralischen, intellektuellen und professionellen Qualitäten der Argentinier als Individuen in Zweifel zu ziehen. Ebenso wenig wird übersehen, dass Teilbereiche der argentinischen Gesellschaft vorzüglich funktionieren, man denke etwa an die Familie, die eine Säule der Stabilität in dieser Gesellschaft darstellt, oder an die zahlreichen Vereine und freiwilligen Assoziationen, in denen die Vitalität und Initiativfreudigkeit der Zivilgesellschaft ihren Niederschlag gefunden haben. Die Stagnationsthese zielt auf den öffentlichen beziehungsweise den politischen Bereich im weitesten Sinne ab. Sie bezieht sich auf die tendenziell nachlassende Fähigkeit dieser Nation, sich als Kollektiv zu organisieren und zu verwalten, das heißt, die infrastrukturellen und institutionellen Grundlagen ihres Funktionierens zu sichern, innere Konfliktzuspitzungen zu vermeiden sowie die nationalen Ressourcen und das Sozialprodukt so zu verteilen, dass alle Bürger einen fairen Anteil davon erhalten, zumindest ihre Grundbedürfnisse befriedigt werden. Insoweit liegt in Argentinien vieles im Argen. Zu den bereits ausführlich dargestellten Indikatoren, die den seit Jahrzehnten anhaltenden kritischen Zustand der Nation beleuchten, zählen unter anderem:

- das geringe Wachstum des Pro-Kopf-Einkommens, das von 1928 bis 1980 mit 1,2 Prozent pro Jahr unter dem Durch-

schnittswachstum der meisten lateinamerikanischen Staaten lag, bis 1990 sogar rückläufig war und erst in jüngster Zeit wieder höhere Werte erreichte.
- die periodischen inneren Krisen und »Katastrophen«, die teils politisch, teils wirtschaftlich bedingt waren. Darunter fallen die bürgerkriegsähnlichen Verhältnisse nach Peróns Tod 1974, die beispiellose Unterdrückungskampagne unter dem Militärregime 1976 bis 1983, die Hyperinflation in der Schlussphase der Alfonsín-Regierung 1989/1990 sowie der Staatsbankrott unter der Regierung de la Rúa 2001/2002.
- die sich öffnende Schere in der Einkommens- und Vermögensverteilung seit Mitte der 1970er Jahre, die zu einer Schwächung der traditionell breiten argentinischen Mittelschicht führte, von der ein Teil ihren sozialen Abstieg nicht verhindern konnte. Gleichzeitig erreichten soziale Armut und Not ein bis dahin unbekanntes Ausmaß.
- der parallel zu dieser Entwicklung ab der zweiten Hälfte der 1970er Jahre entstehende und sich rasch ausweitende informelle Sektor, der inzwischen rund 40 Prozent aller Beschäftigten umfasst. In einem Land, das traditionell eher unter Arbeitskräftemangel litt, ist die Tatsache, dass in den Armutsvierteln bereits eine zweite Generation ohne Ausbildung und Beschäftigung heranwächst, ein Novum.
- die Zerfallstendenzen hinsichtlich des öffentlichen Raums, die sich darin manifestieren, dass sowohl Gruppen der Ober- als auch der sozialen Unterschichten ganze Gebiete gewissermaßen privatisieren, indem sie sie sowohl gegenüber der breiteren Öffentlichkeit als auch gegenüber der Polizei abschirmen. Auch die zunehmende Kriminalität weist auf Kontrollverluste des Staates in Bezug auf den öffentlichen Raum hin.

Es ließen sich noch weitere Belege wie etwa die sinkende Professionalität der öffentlichen Bürokratie oder der alarmierende Befund anführen, dass aus dem ehemaligen Einwanderungsland, zumindest phasenweise, ein Auswanderungsland geworden ist. Die Schlussfolgerung bleibt dieselbe: Argentinien, das in den 1920er Jahren als Vorzeigedemokratie innerhalb Lateinamerikas galt und von dem der bekannte Ökonom Colin Clark noch Ende der 1930er Jahre behauptete, es werde in spätestens 30 Jahren zu den vier Nationen mit dem höchsten Pro-Kopf-Einkommen der Welt zählen, ist mittlerweile zu einem Problemfall geworden.

Diese Erkenntnis ist nicht ganz neu. Sozial- und Wirtschaftswissenschaftler im In- und Ausland setzen sich bereits seit einiger Zeit mit dem argentinischen »Rätsel« oder, wie es Carlos Escudé angesichts der Ressourcenfülle des Landes ausgedrückt hat, mit dem »Wunder der argentinischen Unterentwicklung« auseinander. Dabei wurde vor allem auf bestimmte Schlüsselepochen und -entwicklungen sowie die Gruppen, die jeweils tonangebend waren, abgestellt. War nicht bereits die alte Oberschicht, die das moderne Argentinien ab 1880 in seinen Grundzügen schuf, damit zugleich für spätere Fehlentwicklungen verantwortlich? Oder wurde der Abstieg durch die ab 1930 einsetzenden Militärputsche eingeleitet, die eine Periode politischer Instabilität einleiteten, ohne das Land in seiner Entwicklung voranzubringen? War die in den 1930er und 1940er Jahren entstehende Schicht neuer Industrieunternehmer der Hauptversager, weil sie, anstatt auf technische Innovation und transnationale Expansion zu setzen, sich hinter hohen Zollmauern verschanzte und nur die begrenzten Möglichkeiten des inneren Marktes ausschöpfte? Oder muss die Hauptursache allen Übels bei der überragenden politischen Figur des 20. Jahrhunderts, dem Charismatiker und Demagogen Juan D. Perón, gesucht werden, der die Arbeiterschaft in einem exzessiven Maß mobilisierte und mit seinem autoritär-plebiszitären Regierungsstil die Grundlagen des Rechtsstaats und der Gewaltenteilung aushöhlte? Und welchen

Einfluss hatte die Verdrängung Großbritanniens als Hegemonialmacht durch die für Argentinien viel unbequemeren USA, oder inwiefern wirkte, in jüngerer Zeit, der Internationale Währungsfonds als Krisenbeschleuniger?

Grundsätzlich bleibt der Versuch, den Entwicklungsstillstand einer ganzen Nation aus einzelnen Ursachen persönlicher, gesellschaftlicher oder politischer Natur ableiten zu wollen, fragwürdig. Solche Versuche liefern allenfalls Teilerklärungen. Beispielsweise kam den von der traditionellen Oberschicht in der »Belle Époque« getroffenen Weichenstellungen zweifelsohne eine wichtige Rolle für die weitere Entwicklung des Landes in ihren positiven und ihren negativen Aspekten zu. Doch ihre Dominanz fand spätestens mit dem Militärputsch von 1943 ein Ende. Es wäre also zu klären, warum und inwiefern andere Gruppen und Schichten, die sie von der Macht verdrängten, die von ihr ausgehenden Impulse aufgegriffen oder modifiziert haben. Das Militär, um ein anderes Beispiel zu nehmen, hat gewiss durch sein wiederholtes Eingreifen in die Politik maßgeblich zur politischen Instabilität des Landes von 1930 bis 1980 beigetragen. Aber waren es nicht, wie im ersten Teil dieses Bandes nachzulesen ist, nur allzu oft die Parteien und sonstige zivile Kräfte, die es zu dieser Einmischung in den politischen Prozess ermunterten oder geradezu aufforderten?

Der Entwicklungsengpass, in dem sich Argentinien seit einiger Zeit befindet, ist nicht, so eine erste Prämisse des hier unternommenen Erklärungsversuchs, auf Einzelursachen, sondern auf ein ganzes Bündel von Kausalfaktoren zurückzuführen. Eine zweite Hypothese sei sogleich angefügt: Der Schwerpunkt dieses Ursachenbündels liegt dabei weder im wirtschaftlichen noch im politisch-institutionellen, sondern im sozialpsychologischen Bereich. Wirtschaftliche Engpässe oder Überflusssituationen sowie bestimmte politische Manöver und institutionelle Arrangements mögen zwar den Ausgangspunkt für bestimmte Sichtweisen und

Einstellungen gebildet haben. Doch haben sich diese Grunddispositionen, die Art der Argentinier, sich und ihre Mitbürger zu sehen und miteinander zu interagieren, ab einem bestimmten Zeitpunkt zu einer selbständigen Größe entwickelt, welche das allgemeine soziale Klima des Landes und vor allem die Verhaltensweisen der politischen Klasse sowie sämtlicher öffentlicher Funktions- und Machtträger bestimmt. Die meisten dieser Perzeptions- und Einstellungsmuster können zurückgeführt werden auf vier sozialpsychologische Grundsachverhalte: das gespaltene Identitätsbewusstsein der Argentinier, ihr fragwürdiges Staatsverständnis, ihr exzessiver, Gesetze und Rechtsstaat eher geringschatzender Individualismus und schließlich ihr Hang zu Ad-hoc-Lösungen, dem umgekehrt der Verzicht auf langfristige Entwicklungsplanung entspricht.

Es ist offenkundig, dass die vier Grundmuster auf bestimmten normativen Vorannahmen beruhen – etwa die Sinnhaftigkeit des Staates oder der Einhaltung von Gesetzen betreffend. Ohne Wertungen dieser Art kann man schlecht über den Entwicklungsstillstand oder Abstieg einer Nation sprechen. Natürlich könnte man die Wertakzente auch anders setzen, zum Beispiel auf die Tugenden und Schwächen einer vitalen Zivilgesellschaft, wie sie in Argentinien zweifellos existiert, abheben. Abgesehen davon, dass die herausgearbeiteten Grundeinstellungen keineswegs vor der Zivilgesellschaft haltmachen, spricht für die Betonung von Staatlichkeit und Rechtsstaatlichkeit, dass die Argentinier selbst sich seit jeher als Mitglieder der westlichen Staatengemeinschaft begreifen und der Staat wie auch die Gesetze in ihrem Denken zentrale Größen darstellen, selbst wenn sie ihnen in der Praxis nur geringen Respekt zollen.

Ein möglicher Einwand gegen das Vier-Punkte-Schema könnte lauten, es spiegle nicht nur die Probleme Argentiniens, sondern die vieler lateinamerikanischer Länder wider, auch jener, die wie

Brasilien und Chile in jüngerer Zeit eine positive Entwicklung genommen haben. Dies wäre eine kurzsichtige, die meisten lateinamerikanischen Länder gewissermaßen über einen Kamm scherende Betrachtungsweise. Wie sich im Folgenden zeigen wird, handelt es sich bei dem gespaltenen Identitätsbewusstsein und dem exzessiven Individualismus, auch bei der übertriebenen Sicht des Staates als Beuteobjekt um spezifisch argentinische Einstellungsmuster, für die man im restlichen Lateinamerika nicht ohne weiteres Parallelen findet.

6. Mentale Muster und Grundeinstellungen

Identitätsprobleme

Geht man davon aus, dass das Grundbekenntnis zur Nation, die vorbewusste Identifizierung mit ihr, eine wichtige Voraussetzung dafür ist, dass der Einzelne der nationalen Gemeinschaft einen Vertrauensvorschuss gewährt und dazu bereit ist, etwas in sie zu »investieren«, so weist Argentinien an diesem Punkt ein auffallendes Defizit auf. Den meisten Argentiniern fehlt es an ebendieser Basisidentifikation mit ihrem Land, was wiederum damit zu erklären ist, dass diese Nation von Anfang an kein eindeutiges Profil hatte, sondern ein hybrides Gebilde war.

So war lange Zeit keineswegs klar, wie die La-Plata-Republik geografisch zu definieren war, wo genau ihre Grenzen verliefen. Im 18. Jahrhundert bestand das damalige Vizekönigtum aus der Küstenstadt Buenos Aires und einigen alten Kolonialstädten wie Córdoba und Salta im Norden sowie Nordwesten des Landes. Westlich und südlich von Buenos Aires erstreckte sich jedoch die schier endlose Pampa, wo die Grenze zwischen den Siedlungen der Weißen und den unter indianischer Hoheit stehenden Gebieten durchlässig war und sich ständig veränderte. Nach der Unabhängigkeit wurde der Dualismus Küstenstadt versus endlose Weite des Hinterlandes abgelöst durch jenen zwischen der rasch sich entwickelnden und alsbald nationale Hegemonieansprüche anmeldenden Küstenmetropole Buenos Aires und den träge in ihren traditionellen Strukturen verharrenden Provinzen des Landesinnern.

Die große Spannung zwischen beiden Polen blieb jedoch bestehen. Das war die Zeit, als der bekannte Publizist und Pädagoge (sowie spätere Präsident des Landes) Domingo F. Sarmiento seinen Essay *Facundo – Zivilisation und Barbarei* schrieb, eine polemische Auseinandersetzung mit der Brutalität und Rückständigkeit eines Caudillo des Landesinnern und zugleich ein Plädoyer für das Modernisierungsprojekt der urbanen Eliten. Der in diesem Werk angestimmte Grundton, es gelte dem zivilisatorischen Fortschritt zum Siege zu verhelfen und die verbliebenen Reste des kolonialen Erbes und urwüchsiger Fehden zu beseitigen, sollte lange Zeit den nationalen Diskurs über die weitere Entwicklung bestimmen.

Fortschritt und Zivilisation wurden in jener Zeit vor allem von Europa verkörpert. Unter der Devise »Regieren heißt bevölkern« öffnete das Land seine Grenzen und warb gezielt europäische Migranten an. Die in wenigen Jahrzehnten einströmenden Millionen von Zuwanderern führten – vor allem in den Großstädten – praktisch eine demografische Erneuerung herbei. So lag in der Hauptstadt rund 50 Jahre lang die Zahl der Zugewanderten über jener der einheimischen Kreolen. Gleichzeitig entwickelte sich ein reger Tausch von Wolle, Leder, Getreide und Rindfleisch gegen europäische Industrieprodukte, der das Land binnen weniger Jahrzehnte zu einer wohlhabenden Nation werden ließ. Der wichtigste soziokulturelle Effekt dieser engen wirtschaftlichen Anlehnung an Europa war, dass auch die innere Bindung Argentiniens an den alten Kontinent immer stärker wurde, sich vor allem die Oberschicht und obere Mittelschicht als Europäer – gewissermaßen als europäische Enklave am südlichen Rand Südamerikas – fühlten. Bildungs- wie auch Erholungsreisen nach Europa gehörten fortan zum obligatorischen Erziehungsprogramm der heranwachsenden kreolischen Eliten. Man kleidete sich nach französischem Geschmack, übernahm britische Sitten, ließ die Landhäuser *(estancias)* im Stil italienischer Villen errichten.

All diese Bemühungen konnten freilich nicht darüber hinwegtäuschen, dass Argentinien allenfalls zu einer inoffiziellen »Kolonie« Europas, nicht aber genuin europäisch geworden war. Gerade die eklektische und übertriebene Nachahmung europäischer Moden und kultureller Strömungen offenbarte die Künstlichkeit des Versuchs, Europäer zu sein. Vor allem patriotisch gesinnte Intellektuelle störte bei den verkrampften Anstrengungen, sich an Europa anzupassen, dass dabei ein wichtiger Teil der argentinischen Tradition und Lebensart ausgeblendet, sozusagen unterschlagen wurde. Die Berufung dieser Patrioten auf das urtümlich Einheimische *(lo vernáculo)* war allerdings nicht weniger fragwürdig und nebulös als die konstruierte Herleitung des argentinischen Volkscharakters aus ausschließlich europäischen Wurzeln. Sollten dazu auch die Mestizen, Schwarzen und Indios gehören, die fester Bestandteil der Kolonialgesellschaft im La-Plata-Raum gewesen waren? Der ab den 1920er Jahren aufkommende Rechtsnationalismus – im Grunde ebenfalls ein Duplikat entsprechender europäischer Strömungen – war jedenfalls eher Ausdruck des virulenten Problems der nationalen Identität als dessen Lösung. Er rief jedoch in das kollektive Gedächtnis zurück, dass es ungeachtet des engen Anschlusses an Europa zwei Argentinien gab, das kreolische und das transatlantische, die sich unversöhnt und unverbunden gegenüberstanden.

Bei dieser Dualität ist es bis zur Gegenwart geblieben, mit der Änderung, dass an die Stelle Europas seit dem Zweiten Weltkrieg die USA als Orientierungsparameter getreten sind. In einem Essay aus den 1990er Jahren hat Tomás Eloy Martínez die daraus resultierende innere Spannung und Zerrissenheit vieler Argentinier gut auf den Punkt gebracht mit seinem Hinweis, dass die großen argentinischen Denker und Schriftsteller, von der eigenen Nation zurückgewiesen, ihre bedeutenden Werke meist im Exil verfassten und auch manche der angesehensten argentinischen

Staatsmänner ihren Lebensabend weitab von ihrer Heimat verbrachten. Darin spiegle sich die tiefe Spaltung der Nation und vor allem die bedenkliche Tradition seiner Eliten, ihre zivilisatorische Mission gegenüber dem vermeintlich barbarisch gebliebenen Rest mit Zwang durchsetzen zu wollen, das heißt mit ebenjenen barbarischen Mitteln, die sie angeblich bekämpften. Zu einer Versöhnung der Teilidentitäten, so der inzwischen verstorbene Schriftsteller, werde es erst kommen, wenn sich deren Träger mit Geduld und gegenseitiger Toleranz begegneten.

Die Implikationen und Folgen dieses gespaltenen Identitätsbewusstseins sind nicht nur negativer Natur. Denn höchstwahrscheinlich hat die außerordentliche Fruchtbarkeit dieser Nation in intellektueller, künstlerischer und generell kultureller Hinsicht ihren Ursprung nicht zuletzt in dem hybriden Grundzug des Nationalcharakters. Das gleichzeitige Leben in »zwei Welten« stellt eine Herausforderung dar, die zu kreativen Bewältigungsversuchen nicht nur einlädt, sondern geradezu provoziert. Zu erleben und zu sehen nicht nur in Kunst und Literatur, sondern auch in der Wissenschaft. So zeichnen sich beispielsweise argentinische Sozialwissenschaftler vor allem durch eine besondere Mischung aus Fantasie und Rationalität aus, die Fähigkeit, sich in die unterschiedlichsten Situationen hineinzuversetzen und gegensätzliche Theorien bis zu ihren letzten Konsequenzen durchzuspielen.

Zu den eher bedenklichen Seiten des Identitätskonflikts jedoch gehört, dass die Unklarheit darüber, ob ein bestimmtes Phänomen argentinisch ist und wie nationale Phänomene überhaupt zu beurteilen sind, zu beträchtlichen kognitiven Verzerrungen führen kann. In Interviews für eine Studie über die erste peronistische Regierung (1946–1955) zogen Befragte unterschiedlicher sozialer Gruppen und Schichten zur Einschätzung Peróns und seiner Bewegung häufig Vergleiche mit politischen Figuren Europas wie Hitler, Mussolini, sogar Napoleon III., und stellten den ehemaligen

Präsidenten auffallend selten in einen argentinischen geschichtlichen Kontext. Dem entspricht eine weitere Beobachtung: In den Jahren vor Peróns Rückkehr nach Argentinien und dem Antritt seiner zweiten, durch seinen baldigen Tod beendeten Regierungszeit (1973/1974) war sich die extreme politische Rechte mit den linksextremistischen Guerillaverbänden darin einig, dass es sich bei Perón um einen linken Sozialrevolutionär handle, der eine sozialistische Republik nach kubanischem oder sowjetischem Muster anstrebte. Beide Seiten sahen nicht oder wollten nicht sehen, dass er letztlich ein Offizier geblieben war, dem vor allem an der Wahrung der nationalen Selbstandigkeit sowie an einer Symmetrie der sozialen Kräfte, das heißt an der Vermeidung eines Bürgerkriegs, gelegen war.

Ergibt sich aus dem Mangel an eigenen, national fundierten Beurteilungskriterien im harmloseren Fall nur ein kognitiver Irrtum, so kann dieses Defizit in politisch brisanten Situationen Menschen auch das Leben kosten. Eine solche Situation war unter der letzten Militärregierung des *Proceso Argentino* (1976–1982) gegeben. Die führenden Köpfe der Militärdiktatur, die durch das massive »Verschwindenlassen« von politischen Gegnern eine fragwürdige Berühmtheit erlangten, waren allen Ernstes der Auffassung, der Weltgeist habe die La-Plata-Republik am Südzipfel Südamerikas als Austragungsort für die letzte Entscheidungsschlacht zwischen den Kräften des Guten und des Bösen – dem christlichen Abendland einerseits und dem gottlosen Kommunismus andererseits – ausgewählt. Deshalb, so ihre feste Überzeugung, dürfe in diesem Krieg keine Nachsicht walten und keine »falsche« Humanität geübt werden. Er müsse rücksichtslos bis zur letzten Konsequenz durchgefochten werden, das heißt, bis es gelungen sei, das »subversive Krebsgeschwür« aus dem argentinischen »Volkskörper« herauszuschneiden und damit die Voraussetzung für dessen »Gesundung« zu schaffen.

Argentinien ist das Land der Verschwörungstheorien und utopischen Zukunftsverheißungen, die beide die komplexe Realität extrem verkürzen. Sei es, dass einer verschworenen Bande von Bösewichten sämtliche Schuld an einem Desaster oder einem Missstand zugeschrieben wird, sei es, dass auf eine Wunderformel, einen Trick oder ein geschicktes Manöver gesetzt wird, um die Dinge zum Guten zu wenden. Menems wirtschaftspolitische Ausrichtung auf den Neoliberalismus vor rund 20 Jahren steht für solch ein Operieren mit Wunderformeln und den Glauben an ihre Heilkraft. Waren der Präsident und sein Team anfangs offenbar doch fest davon überzeugt, durch den Verkauf der Staatsunternehmen, die Deregulierung der Märkte, den Abbau des Zollschutzes für argentinische Industriegüter und das Andocken des Peso an den US-Dollar die finanziellen und wirtschaftlichen Probleme des Landes mit einem Schlage lösen zu können. Dass die getroffenen Maßnahmen den Staat nicht überflüssig machten, sondern ihm nur eine neue, dafür subtilere Rolle des Einwirkens auf Wirtschaft und Gesellschaft zuwuchs, wurde den Beteiligten erst allmählich klar.

Die Antwort auf die ebenfalls aus dem Identitätskonflikt resultierende Frage, welche Individuen und Gruppen zum Land gehören, sich als argentinisch bezeichnen dürfen, entscheidet nicht nur über die Rechte und Pflichten der Betreffenden, sondern hat auch weitergehende politische Konsequenzen. Die traditionellen Eliten, die im Prinzip die Einwanderung aus Europa als unentbehrlich für die Entwicklung des Landes betrachteten und die Einwanderungsgesetzgebung entsprechend großzügig gestalteten, reagierten äußerst gereizt, als ein Teil der Arbeitsmigranten, die Ende des 19., Anfang des 20. Jahrhunderts in das Land strömten, sich der anarchistischen, später der anarchosyndikalistischen Bewegung anschloss. Die daraufhin ausbrechenden sozialen Unruhen und Zusammenstöße mit der Polizei wurden als »unargentinisch« und mit den nationalen Interessen kollidierend gebrandmarkt. Alsbald wurde ein Gesetz verabschiedet, das es gestattete, »umstürzlerische Elemente« des Landes zu verweisen und in die Heimat abzuschieben. Die Praxis, Gruppen, welche die bestehende Ordnung in Frage stellten, als nationale Feinde zu diskreditieren, machte Schule. In den 1920er Jahren schwang sich eine »Patriotische Liga« genannte Vereinigung zum Anwalt der Verteidigung nationaler Werte und Interessen auf. Sie nahm vor allem Vertreter linker Gruppierungen, zum Beispiel von Gewerkschaften, desgleichen Juden und all diejenigen ins Visier, die einen liberalen, kosmopolitischen Lebensstil pflegten. Am Ende wurde es generell üblich, sich auf Patriotismus und Nationalismus als Beweis für die eigene moralische Überlegenheit gegenüber der Position des politischen Gegners zu berufen. Keine Partei und keine soziale Bewegung, auch keine Militärregierung, die nicht das Etikett »national« im Titel führte und für sich in Anspruch nahm, die Essenz vaterländischen Denkens und Fühlens zu verkörpern.

Man kann in diesem inflationären Gebrauch von »argentinisch« und »national« ein weiteres Symptom der Verlegenheit sehen, den nationalen Charakter und die nationale Eigenart inhaltlich präzise zu bestimmen. Doch wurde dadurch eine zusätzliche Härte in die politischen Debatten hineingetragen, denn für die eigene Partei oder Bewegung das Attribut national zu reklamieren bedeutet, die politischen Gegner aus dem nationalen Verband herauszudefinieren. Ihnen wird unterstellt, mit dem nationalen Wohl unvereinbare Interessen und Ziele zu verfolgen, das heißt, sie werden letztlich zu Vaterlandsfeinden abgestempelt. Hier liegt wohl eine der Wurzeln für die Unversöhnlichkeit der Standpunkte, die für politische Auseinandersetzungen in diesem Land bezeichnend ist. Man mag es Intoleranz, Dogmatismus oder Rechthaberei um jeden Preis nennen, in jedem Fall läuft es auf die starke Neigung hinaus, in Schwarz-Weiß-Gegensätzen, Alles-

oder-nichts-Kategorien zu denken und jeden Vermittlungsversuch, jede Geste des Einlenkens und Versöhnens als Verrat an der eigenen Sache hinzustellen. Ein gutes Beispiel hierfür ist das Verhalten der militärisch-politischen Koalition, die Perón 1955 von der Macht verdrängte. Nicht allein, dass man den Peronisten jede weitere politische Tätigkeit verbot, sie zu Kriminellen abstempelte und zwang, in den Untergrund zu gehen. Selbst die Bezeichnungen »Perón« und »Peronismus« wurden verboten, was die Medien zu merkwürdigen sprachlichen Manövern zwang, wenn sie von der weiterhin stärksten politischen Kraft des Landes berichteten. Es mussten 17 Jahre vergehen, bis diese Ächtung aufgehoben, Perón und seine Bewegung wieder als legale und legitime politische Kraft akzeptiert wurden. Es liegt auf der Hand, dass der ohnedies prekäre nationale Zusammenhalt durch absolute politisch-ideologische Frontstellungen dieser Art zusätzlich strapaziert wird.

In Argentinien gibt es jedoch nicht nur ein schwach ausgeprägtes Identitäts- und Gemeinschaftsgefühl mit all den daraus resultierenden kognitiven Konsequenzen. Mindestens ebenso schwerwiegend sind die emotionalen Auswirkungen, die das Fehlen beziehungsweise die Unterbesetzung der »Nation« als Objekt der Identifikation erzeugt. Dieser Mangel führt zu einer ambivalenten Haltung gegenüber dem Vaterland, einem Schwanken zwischen Vertrautheit und Entfremdung, affektiver Nähe und zynischer Distanzierung. Auf dieser Basis entsteht schwerlich jenes Grundvertrauen in die eigene Nation, das Voraussetzung jedes ernsthaften nationalen Engagements ist. Es gibt kaum eine Familie der argentinischen Mittel- und Oberschicht, die nicht ein Konto in einem als sicher und stabil geltenden Drittland unterhält. Und es gibt kaum einen Intellektuellen oder Freiberufler, der nicht schon mit der Idee eines (unter Umständen endgültigen) Aufenthalts im Ausland gespielt hätte. So verständlich diese Ausweichmanöver aus der individuellen Perspektive sind, für das nationale Entwicklungspotenzial schlagen sie negativ zu Buche.

Der Staat als Ausbeutungsobjekt

Die Einstellung der Argentinier zum Staat ist vielschichtig und paradox. Abstrakt hält man vom Staat und der Staatsidee große Stücke, doch in der Praxis werden die Staatsorgane und -behörden mit Geringschätzung betrachtet und behandelt. Einerseits hegt man große Erwartungen, was die Ausübung staatlicher Funktionen betrifft, doch andererseits nutzt man jede Gelegenheit, um der Verpflichtung, Steuern zu zahlen, zu entgehen.

In der Literatur ist man sich weitgehend darin einig, dass in Argentinien ein, verglichen mit den brasilianischen oder chilenischen Verhältnissen, relativ schwacher Staat einer äußerst vitalen Gesellschaft gegenübersteht. Die Schwäche äußert sich nicht in der unvollkommenen Ausbildung der formellen Staatsstrukturen und -funktionen. Der Staat in Form eines ausdifferenzierten Behördenapparates, gewaltenteilig gegliederter Staatsorgane, von Schulen und Universitäten, Sicherheitskräften, Provinzen und Provinzverwaltungen existiert schon seit über einem Jahrhundert. Die Durchsetzungskraft des Staates gegenüber den gesellschaftlichen Kräften und Gruppen ist jedoch begrenzt geblieben, was letztlich damit zusammenhängt, dass er keine den gesellschaftlichen Partikularbelangen gegenüberstehende eigenständige Machtgröße darstellt, dass es keine Staatsraison gibt. Der Staat ist lediglich ein verzerrter Spiegel der gesellschaftlichen Interessenkonflikte.

Das gilt heute bis zu einem bestimmten Grade für sämtliche westlichen Demokratien. Am Fall Argentinien lässt sich jedoch gut studieren, welche Konsequenzen es hat, wenn die Idee, der Staat sei lediglich die Fortsetzung und der institutionelle Reflex gesellschaftlicher Interessenlagen, bis zum äußersten Extrem des Verzichts auf ein eigenständiges, dem Gemeinwohl verpflichtetes Prinzip staatlichen Handelns getrieben wird.

Wie bei vielen aktuellen Problemen Argentiniens liegt auch der Ursprung der Staatsschwäche in der sogenannten »Belle Époque«, als die traditionelle Oberschicht eine weitgehend unumschränkte Herrschaft über das Land ausübte. Verdienste und Schwächen dieser klassischen Führungsschicht sind bis heute äußerst umstritten. Die einen sehen in ihr die Initiatorin des wirtschaftlichen Booms, der dem Land zu raschem Wohlstand verhalf, und die Schöpferin des modernen Argentinien mit seinen ausdifferenzierten Staats- und Gesellschaftsstrukturen. In den Augen der anderen war sie eine primär ihre Eigeninteressen verfolgende Gruppe von Spekulanten und Rentiers, die letztlich wenig zur Entwicklung des Landes beitrug. Zwei Sachverhalte, die für die Zukunft wichtige Weichen stellten, dürften indessen unbestritten sein. Einmal die Tatsache, dass die klassische Oberschicht nicht etwa einen bereits bestehenden Staatsapparat mit neuem Leben erfüllte und gemäß ihren Ideen in eine bestimmte Richtung lenkte, sondern dass sie den Staat, seine Organe und Behörden weitgehend neu schuf. Dies gab ihr die Chance, ihm ihren Stempel aufzudrücken. Dass der Staat ein Instrument der Oberschicht war, kam unter anderem darin zum Ausdruck, dass die politische Lenkungs- und Entscheidungsmacht nicht allein in den Händen der Staatsorgane, vor allem der Regierung lag. Sie wurde daneben von sozialen Clubs der Oberschicht, insbesondere dem Jockey-Club und der *Sociedad Rural* – die meisten Minister waren Mitglieder dieser Clubs – ausgeübt, die die organisatorischen und finanziellen staatlichen Ressourcen stark in den Dienst der eigenen Interessen stellten. Das war zwar nicht ihr Hauptziel, denn etliche verdienstvolle Staatsmänner der späteren sogenannten Oligarchie schufen Einrichtungen und führten Reformen durch, die als äußerst fortschrittlich galten und der ganzen Nation zugutekamen. Doch aufs Ganze gesehen konnte die traditionelle Elite nicht der Versuchung widerstehen, Staatsbelange und Partikularinteressen zu vermengen. Viele Maßnahmen der öffentlichen Hand dienten erkennbar primär der eigenen Schicht und hatten wenig mit der Allgemeinheit und der Förderung nationaler Belange zu tun.

Diese Einstellung und Praxis wurde nur allzu bereitwillig von späteren Regierungen aufgegriffen. Bereits der Präsident der Radikalen, Hipólito Yrigoyen, entwickelte das System des Austauschs von Gefälligkeiten gegen die politische Unterstützung beim Wahlakt zu großer Perfektion. Unter seiner Ägide entstand eine ganze Klasse von Mittelsleuten, deren ausschließliche Aufgabe darin bestand, diesen Austauschprozess zu organisieren und auf Dauer zu stellen. Perón führte dieselbe Tradition fort. Obwohl er als Militär unterstrich, dem Staat seine Neutralität zurückgeben zu wollen, fand während seiner Zeit ebenfalls eine zunehmende Vermischung staatlicher Funktionen mit Initiativen rein politischen Charakters statt. Mochte er mit der politischen Mobilisierung und sozialen Integration der Arbeiterschaft anfangs das Ziel verfolgen, einer sozialen Revolution zuvorzukommen, so diente ihre weitere Förderung und Bevorzugung primär parteipolitischen Zwecken. Auch die Stiftung Eva Perón, ursprünglich zur sozialen Unterstützung Armer und Notleidender gegründet, wurde in ein politisches Instrument umgewandelt, das dem Herrscherpaar die Loyalität der marginalen sozialen Schichten sichern sollte. Ab 1952 gab es praktisch keine staatliche Maßnahme mehr, die nicht zumindest indirekt darauf abzielte, das um Perón errichtete politische Machtgefüge zu stabilisieren.

Nach Peróns Sturz 1955 änderte sich die Gesamtlage insofern, als es nun keine hegemoniale politische Kraft mehr gab, die imstande gewesen wäre, den Staatsapparat zu okkupieren und in eine bestimmte Richtung zu lenken. Dies hatte zur Folge, dass der für alle politischen Gruppierungen bezeichnende Partikularismus eine neue Stoßrichtung annahm. Es setzte ein ständiges Tauziehen zwischen ihnen um die mit der Macht verbundenen Vorteile ein, sprich: um die Befugnis, generelle Normen zu erlassen, und um den bevorzugten Zugang zu materiellen und sonstigen Ressourcen. Nachdem die einzelnen Machtfaktoren zu schwach waren, um längerfristig einen bestimmten Kurs durchsetzen zu können, schlossen sie sich zu meist nur kurzfristig währenden Bündnissen zusammen. Oder sie nutzten ihr Vetopotenzial aus, um die politischen Vorhaben des Gegners zu blockieren.

In dieser Blockadehaltung, der Bereitschaft, eher Gräben aufzureißen als zuzuschütten, kommt eine weitere Schwäche der politischen Kultur des Landes zum Ausdruck. Es fehlt der Wille, vielleicht auch die Fähigkeit, um übergeordneter Ziele willen eigene Vorbehalte zurückzustellen, zu verhandeln und mit dem Gegner Kompromisse zu schließen. Auch die katholische Kirche trägt, im Unterschied zu anderen lateinamerikanischen Ländern, nicht zur Überbrückung der Gegensätze bei, sondern hat wiederholt die Konflikte noch zusätzlich angeheizt. Der Hang zur Härte und Unversöhnlichkeit dürfte einer der Hauptgründe für den häufigen Rückgriff auf gewaltsame Mittel sein, der die jüngere politische Geschichte Argentiniens wie ein roter Faden durchzieht. In ethische Kategorien gefasst, könnte man von einem Mangel an Verantwortungsbewusstsein, der geringen Verbreitung bürgerlicher Tugenden wie Toleranz und Dialogbereitschaft sprechen. Jedenfalls ist das Vertrauen, auf gütlichem Wege, durch Überzeugen oder die Berufung auf gemeinsame Werte, zu politischen Einigungen zu gelangen, gering ausgeprägt. Im Zweifel ziehen politische Machtakteure Druck, Zwang oder materielle Verlockungen vor, um ihre Kontrahenten zum Einlenken zu veranlassen.

Auch dieser Zug hat eine mindestens ins frühe 20. Jahrhundert zurückreichende Geschichte. Argentinische Historiker werfen der alten Oberschicht vor, ihr Hauptversagen habe darin bestanden, dass sie unfähig war, sich aus ihrem sozialen und politischen Ghetto zu befreien und zusammen mit anderen sozialen Schichten eine mehrheitsfähige Partei zu gründen. Stattdessen ließ sie sich 1930 auf ein Bündnis mit den Streitkräften ein, um die verfassungsgemäße Regierung Yrigoyens zu stürzen und als Minderheit an die Herrschaft zurückzukehren, die sie dann über zehn Jahre lang mittels systematischen Betruges behauptete. Generell entwickelte sich der Flirt mit einer putschbereiten Fraktion des Militärs zu einer beliebten Methode, um die eigene politische Schwäche zu kompensieren und sich in politischen Machtfantasien zu ergehen. Keine Partei, einschließlich der kommunistischen, die nicht mit der Idee gespielt hätte, auf diesem Weg die Regierung zu übernehmen. Einen weiteren Beleg für die gering ausgeprägte Verhandlungs- und Kompromissbereitschaft liefert das Verhalten der Parteien untereinander. Von der Diabolisierung des Peronismus nach Peróns Sturz und der politischen Ächtung seiner Partei über mehr als 15 Jahre hinweg war bereits die Rede. Wenngleich dafür in erster Linie die Militärs verantwortlich waren, nützte die Radikale Partei, die Hauptkonkurrentin der Peronisten, die ihr damit zugewachsene Vorzugsposition skrupellos aus. Die Peronisten ihrerseits zögerten nicht, den Radikalen Schaden zuzufügen, wo sie nur konnten. Als beispielsweise die von dem Radikalen de la Rúa angeführte Parteienkoalition Ende 2001 auf den Staatsbankrott zusteuerte, machten die Peronisten nicht nur keine Anstalten, ihr beizustehen, sondern trugen noch zur Steigerung des Chaos bei, indem sie die im Vorstadtgürtel von Buenos Aires ausbrechenden sozialen Unruhen systematisch schürten.

Halten wir fest: Als Haupthypotheken für das Staatsverständnis und generell die politische Kultur des Landes können zwei Defizite gelten, nämlich das Fehlen einer am Gemeinwohl orientierten Staatsidee und Staatsraison sowie die mangelnde Bereitschaft, um des öffentlichen Friedens und der Bewältigung dringlicher nationaler Probleme willen auf die politischen Kontrahenten zuzugehen und nach einvernehmlichen Lösungen zu suchen. Hinter diesen beiden Schwächen wird umrisshaft das eigentliche Problem sichtbar, das den politischen Prozess Argentiniens belastet: das Fehlen verantwortungsbewusster Eliten, die sich nicht nur als Sprecher bestimmter Gruppen und Schichten profilieren, sondern in ihrem Verhalten am Wohl und der Entwicklung der gesamten Nation orientieren. Die politische Klasse des Landes hat einen mehr als schlechten Ruf. Sie gilt als opportunistisch und selbstsüchtig. Der in der heißen Phase des Staatsbankrotts 2001/2002 in Protestversammlungen immer wieder laut werdende Ruf »Que se vayan todos!« erinnert stark an die Protestrufe, mit denen vor kurzem die ebenfalls knapp vor dem Staatsbankrott stehenden Griechen ihrer Empörung gegen ihre Politiker Luft machten.

Wie wirken sich die beschriebenen Mängel aus? Kenner bestätigen, dass sich der Staat gegenwärtig in einer beklagenswerten Verfassung befindet. In diesem Fall von Stillstand oder sogar Verfall zu reden ist mehr als angebracht. Mag die klassische Oligarchie auch die eine oder andere staatliche Einrichtung zu ihrem Vorteil missbraucht haben, so hat sie doch insgesamt für den Aufbau funktionsfähiger staatlicher Behörden gesorgt. Diese Funktionsfähigkeit hat im Laufe der Zeit deutlich gelitten. Sowohl hinsichtlich der Leistungsbereitschaft als auch hinsichtlich der Professionalität der Beamten und staatlichen Angestellten ist ein deutlicher Niveauverlust festzustellen. Ein gutes Beispiel ist das Schulwesen, insbesondere die Primärschulen, deren Niveau und Dichte über das gesamte nationale Territorium hinweg einst der Stolz des Landes waren. Aufgrund der schlechten Bezahlung der Lehrerinnen (meist handelt es sich um Frauen) und der jahrzehntelangen Vernachlässigung der schulischen Infrastruktur ist die Qualität der öffentlichen Schulen inzwischen so zurückgegangen, dass zahlungskräftige Eltern es vorziehen, ihre Kinder auf Privatschulen zu schicken. Ein Hauptgrund für die Qualitätseinbuße der öffentlichen Bürokratie ist deren Politisierung. Allein auf Bundesebene werden bei jedem Regierungswechsel 25 Prozent aller Verwaltungsstellen, das sind rund 30000 Posten, neu besetzt. Die Spielregeln des politischen Klientelismus verlangen, dass der neue Amtsinhaber einen entsprechend hohen Anteil seiner Gefolgsleute auf diese Weise belohnt, unabhängig davon, ob sie die jeweils erforderliche Qualifikation aufweisen oder nicht. Bei Schlüsselorganen, wie dem Obersten Gerichtshof, ist es ohnehin üblich, dass bei jedem Präsidentenwechsel die Stellen gemäß den politischen Präferenzen des Regierungschefs neu besetzt werden.

In der Neuvergabe von Posten und sonstigen staatlichen Pfründen spiegelt sich die Auffassung wider, der Staat stelle ein Beuteobjekt des jeweils regierenden Clans dar. Der politische Führer, dem es gelungen ist, das Präsidentenamt zu erlangen, betrachtet es als sein natürliches Recht und in gewissem Sinn auch als seine »Pflicht«, die Staatsressourcen unter seine Unterstützer und Anhänger zu verteilen. Auf diese Weise hat der Staat den Charakter einer riesigen Umverteilungsmaschinerie des Volksvermögens angenommen. Diejenigen, die an den Schalthebeln der Macht sitzen, verfügen weitgehend nach Gutdünken über die Steuereinnahmen und die sonstigen von der öffentlichen Hand erhobenen Abgaben. Sie schanzen einander Vorteile zu, verwenden die Staatsgelder, um politische Gefügigkeit zu erkaufen, unterstützen ihre politische Klientel durch Subventionen, sind bei entsprechenden persönlichen Beziehungen bereit, Unternehmensschulden vom Staat übernehmen zu lassen, während andere Gruppen, etwa die Sparer, durch Abwertung der Währung oder gar (im

Extremfall) Einfrieren ihrer Guthaben entsprechend bezahlen müssen. Dass das eine oder andere dieser fragwürdigen Manöver auf öffentliche Empörung und Kritik in den Massenmedien stößt, stört sie wenig. Wichtiger ist, dass alle um die Regierung versammelten Individuen und Gruppen angemessen am Verteilungsprozess beteiligt werden, um das Machtgefüge insgesamt stabil zu halten.

Mit der Wiedereinführung der Demokratie ab 1983 hat sich zwar die Situation etwas verkompliziert, aber nicht grundsätzlich verändert. Gewiss, militärische Gewalt als Mittel zur Durchsetzung politischer Ziele und Interessen wurde ab 1990 tabuisiert und spielt seitdem keine Rolle mehr. Doch wie bereits gezeigt wurde, hat die peronistische Partei Wege gefunden, um durch die systematische Alimentierung der ärmeren Schichten einen Großteil der Wählerschaft von vornherein an sich zu binden. Zwischen den Wahlen, vor und nach ihnen geht das alte Spiel des Tauziehens der Regierung mit den mächtigen Interessengruppen, den Gewerkschaften, Unternehmen und Unternehmerverbänden, *piqueteros* etc. weiter. Ein Spiel, das neben den Institutionen abläuft und eigenen Regeln von Druck und Gegendruck, persönlichem Einfluss und Beziehungen, auch von Bestechung und Korruption gehorcht. Argentinien hat sich zwar zur Demokratie bekehrt, ist aber weiter denn je davon entfernt, zum Rechtsstaat geworden zu sein.

Regelsprengender Individualismus

Von dem französischen Soziologen Émile Durkheim stammt die Erkenntnis, dass die Moderne eine starke Zunahme individualistischer Einstellungen und Verhaltensweisen mit sich bringe. Durkheim, dessen Hauptwerke um die Wende vom 19. zum 20. Jahrhundert entstanden, dachte dabei vor allem an das moderne Frankreich, seine Analyse könnte aber genauso gut, wenn nicht eindeutiger, Argentinien zum Gegenstand gehabt haben. Der Individualismus in diesem Land drückt sich in dem ausgeprägten Anspruch des Einzelnen auf Achtung seiner Würde und Integrität aus, in der Betonung seines Wohls und Interesses, aber auch in der bemerkenswerten Duldsamkeit und Offenheit der argentinischen Gesellschaft gegenüber individuellen Besonderheiten, Spleens und Abweichungen von den gängigen Verhaltensmustern.

Diese individualistische Grundhaltung hat mehrere Wurzeln. Eine von ihnen könnte in den bis etwa zur Mitte des 19. Jahrhunderts vorherrschenden Existenzbedingungen in der Pampa, dem Tieflandgürtel rund um Buenos Aires, liegen. Die Siedler und Viehhirten, die dort lebten, konnten auf keinerlei staatlichen Schutz oder sonstige Hilfe zählen, um mit den Widrigkeiten der Natur fertig zu werden oder sich gegen die Beutestreifzüge der Indios zu wehren. Sie mussten sich ganz auf die eigenen Kräfte verlassen. Die spezielle Form der Massenzuwanderung ab 1870/1880 dürfte ebenfalls nicht ohne Einfluss geblieben sein. Mit Ausnahme der Briten und der Deutschen schlossen die meisten Einwanderer sich nicht zu ethnischen Kolonien zusammen, sondern ließen sich als Einzelne, allenfalls im Familienzusammenschluss nieder. Auch die mit dem raschen wirtschaftlichen Aufschwung des Landes sich früh herausbildende breite urbane Mittelschicht war in diesem Zusammenhang von Bedeutung. Angehörige der Mittelschicht sind per se mobiler, flexibler, offener für sich bietende

Chancen, weniger im sozialen Kollektiv verhaftet als die soziale Unter- oder Oberschicht. Der rasch wachsende generelle Wohlstand trug ein Übriges dazu bei, individuelle Energien und Aspirationen freizusetzen.

Der in Argentinien verbreitete »exzessive« Individualismus enthält in seiner spezifischen Form eines extrem starken Freiheits- und Autonomiestrebens eine antisoziale und antiinstitutionelle Komponente. Der Familienclan und der engere Kreis der Freunde ist von dieser Abwehrhaltung nicht betroffen, im Übrigen begegnet man jedoch den Mitbürgern und vor allem jeglicher Art von sozialen Gebilden und Institutionen mit einem ausgesprochenen Misstrauen. Mit Pierre Bourdieu könnte man sagen, dass »soziales« Kapital, das heißt das gegenseitige Vertrauen der Menschen untereinander und ihre spontane Kooperationsbereitschaft, in diesem Land Mangelware ist, von Krisensituationen, in denen man aufeinander angewiesen ist, einmal abgesehen. Im Grunde sieht sich, latent oder offen, jeder durch jeden ständig bedroht.

Wenn es eine Gesellschaft gibt, auf welche die als generelles Postulat höchst fragwürdige Prämisse der »rational-choice«-Theorie zutrifft, dann ist es Argentinien. Das soll nicht heißen, dass alle sozialen Beziehungen einem auf individuellen Nutzen hin orientierten Kalkül unterliegen. Familienangehörige und Freunde bleiben, wie gesagt, aus diesem Kalkül ausgeklammert, außerdem ist die nämliche Rationalität zugleich die Quelle mancher positiver Züge, beispielsweise der vor allem bei Mittelschichtfamilien anzutreffenden Bereitschaft, hohe Summen in die Ausbildung ihrer Kinder zu investieren, um diesen in einer prinzipiell unsicheren Welt angemessene Chancen auf eine interessante berufliche Karriere zu eröffnen. Doch prinzipiell besteht eine gewisse Zögerlichkeit und Distanziertheit in den sozialen Beziehungen, die spontanen Gemeinschaftsunternehmungen alles andere als förderlich sind.

Nun ist Individualismus, auch exzessiver Individualismus, eine keineswegs nur in Argentinien verbreitete Grundhaltung. Moderne Gesellschaften weisen – wie Durkheim ja feststellte – generell zunehmend diesen Zug auf, vor allem aber ist er in den meisten Einwanderungsgesellschaften anzutreffen. Der typische Fall eines Landes mit einem hochentwickelten Individualismus sind beispielsweise die USA. Dort wird die überschäumende, keine moralischen und sozialen Grenzen kennende Initiative des Einzelnen jedoch gebremst und in allgemeinverträgliche Bahnen gelenkt durch ein verbindliches Regelwerk: die Verfassung und die Strafgesetze, über deren Einhaltung strikt gewacht wird. Ein vergleichbar verbindlicher normativer Rahmen existiert in Argentinien nicht. Hier setzt sich vielmehr, etwas übertrieben gesagt, jeder seine eigenen Regeln oder handelt sie mit den anderen aus. Damit sind wir beim zweiten Hindernis für den Rechtsstaat in diesem Lande angelangt, dem allgemeinen Mangel an Respekt vor den Gesetzen und vor dem Recht im Allgemeinen.

Die Bedeutung eines verbindlichen Regelwerks lässt sich an Situationen ermessen, in denen Argentinier die Spielregeln nicht manipulieren können, sondern mit festen Normen konfrontiert sind, denen sie sich fügen müssen, beispielsweise im Sport. Die beeindruckenden Spitzenleistungen, zu denen Argentinier etwa im Fußball oder Tennis fähig sind, lassen erahnen, welche Potenzen in dieser Gesellschaft schlummern, wenn der Einzelne mit klaren Regeln konfrontiert ist. Doch genau dieser feste Rahmen existiert in Argentinien nicht: Argentinier nehmen es mit dem Recht und Gesetz nicht allzu ernst – ein von Sozialwissenschaftlern bereits analysiertes Phänomen, das sich auch in populären Sentenzen niederschlägt. »Se acata, pero no se cumple« war ein beliebter Spruch in der Kolonialzeit (etwa: Man zollt den Gesetzen förmlichen Respekt, richtet sich aber nicht nach ihnen). Heute bezeichnet der Volksmund denjenigen als Tor, der sich an die Gesetze hält, weil von vornherein klar ist, dass die anderen das nicht tun werden, oder ganz pointiert: Für die Freunde alles, für die Feinde das Gesetz.

Typische Bereiche, in denen fast routinemäßig geltendes Recht verletzt wird, sind der Straßenverkehr, der Bausektor (Sicherheitsvorschriften), Restaurantbetriebe (Hygienestandards), der Bereich der Umwelt und natürlich das Steuerrecht. In zahlreichen, vor allem kleineren Unternehmen, ist es üblich, »weiße« und »schwarze« Konten zu führen, das heißt, es wird sorgfältig zwischen Transaktionen unterschieden, die dem Fiskus angegeben, und jenen, die unter der Hand abgewickelt werden. Und auch die Verfassung ist nicht tabu. Verfassungsbrüche bildeten in der Vergangenheit nicht die Ausnahme, sondern die Regel. Die diversen Militärputsche sind nur ein – wenn auch extremer – Ausdruck davon.

Der Putsch von 1930 schuf insofern einen verhängnisvollen Präzedenzfall, als das De-facto-Regime, das sich an der Macht installierte, anschließend vom Obersten Gerichtshof für rechtens erklärt wurde. Das zeigt, dass es nicht selten die Hüter und Wächter der Gesetze selbst sind, die nicht zögern, deren Buchstaben und Geist zuwiderzuhandeln. Sowohl die Richterschaft als auch die Staatsbürokratie Argentiniens gelten als hochgradig korrupt. Das Land nimmt auf dem Korruptionsindex von Transparency International einen Platz weit hinten, in unmittelbarer Nachbarschaft afrikanischer und nahöstlicher Staaten, ein. Hinter dem Gesetzesbruch steht nicht selten eine informelle Parallelnorm, im Falle der Amtsverletzung etwa eine Gefälligkeitsverpflichtung, was die Sachlage noch unübersichtlicher macht. In Extremfällen, wie zum Beispiel Krisensituationen, kann sich der Regelpluralismus zu einem veritablen Normenchaos (Anomie) auswachsen, das die Bürger hilflos macht, weil sie nicht mehr wissen, was gilt und wonach sie sich richten sollen.

Von John Elster, einem bekannten Sozialwissenschaftler, stammt das Wort, Normen seien der Zement einer Gesellschaft. Was geschieht, wenn, wie in Argentinien, dieser Zement brüchig ist oder wird? Bezogen auf den Staat, dessen Funktionsweise durch die Verfassung geregelt wird, bedeutet die Nichtbeachtung oder der Missbrauch grundlegender Normen, der politischen Einflussnahme ausschließlich Eigeninteressen verfolgender Machtfaktoren Tür und Tor zu öffnen. Es ist im Falle Argentiniens moniert worden, dass entscheidende politische Weichenstellungen an den politischen Institutionen vorbei allein vom Präsidenten und einflussreichen Lobbygruppen verhandelt und entschieden wurden. Diese Verlagerung führt dazu, dass die entsprechenden Vereinbarungen jeglicher öffentlichen Kontrolle entzogen sind, es zu fragwürdigen Deals kommt und staatliche Amtsträger und Institutionen für die spezifischen Belange machtvoller Interessengruppen oder Individuen in Dienst genommen werden.

Der überentwickelte Individualismus der Argentinier erschwert die Bildung von Assoziationen und Organisationen und stellt für jede Form einvernehmlichen, koordinierten Vorgehens ein Hindernis dar. Der Leiter einer argentinischen Niederlassung eines deutschen Chemiekonzerns hütet sich nach eigenen Angaben, den beschäftigten Argentiniern fachliche Anweisungen zu geben; das sei weitgehend überflüssig, da sie durchweg gut qualifiziert seien. Seine Aufgabe beschränke sich, wie er sagte, im Wesentlichen darauf, die Abteilungen und einzelnen Mitarbeiter zu koordinieren und Konflikte zwischen ihnen auszuräumen. Teamarbeit in einem von hohem individuellen Selbstwertgefühl, latentem Misstrauen und starkem Rivalitätssinn geprägten sozialen Klima kann in der Tat problematisch sein. Die zögerliche Bereitschaft, Kooperationspartnern einen Vertrauensvorschuss zu gewähren, bildet nicht nur eine Hürde für einen eigentlich notwendigen Zusammenschluss, sondern lässt diesen oft zu einem Provisorium werden, da einer der Beteiligten seine Interessen und Ideen im

Bündnis nicht hinreichend berücksichtigt findet und dieses aufkündigt. So gesehen ist es nicht erstaunlich, dass nicht selten die starke Hand, ein charismatischer Führer, die beste Gewähr für einen länger anhaltenden Gruppenzusammenhalt bietet. Autoritarismus und latente anarchische Tendenzen in diesem Lande sind im Grunde Ausdruck derselben Unfähigkeit, über Dialoge zu einem Einvernehmen zu gelangen.

Der soziale Verkehr, vor allem der Geschäftsverkehr, gestaltet sich in einer Gesellschaft, in der sich die Individuen einerseits ihrer Interessen hochbewusst sind, andererseits auf Normen gleich welcher Art kein Verlass ist, sehr aufwendig. Geht es doch nicht allein darum, sich über den Inhalt einer geschäftlichen Transaktion einig zu werden. Darüber hinaus muss ausgehandelt werden, nach welchen Regeln diese abgewickelt und wie vor allem vermieden wird, dass ein Geschäftspartner den anderen hereinlegt. Die Beseitigung der damit verbundenen Unsicherheiten durch das vorsichtige Herantasten der Vertragspartner an einen Konsens ist ein zeitraubender, mühsamer Prozess.

In der Sprache der neueren Institutionenökonomik formuliert, liegen die »Transaktionskosten« in Argentinien sehr hoch, was sich insgesamt nachteilig auf die Entwicklungsdynamik des Landes auswirkt. Ein Vergleich der Verhältnisse in den USA und in Lateinamerika im 19. Jahrhundert hat gezeigt, dass stabile, berechenbare gesetzliche Rahmenbedingungen einen der Hauptgründe für das relativ rasche und kontinuierliche wirtschaftliche Wachstum in den Vereinigten Staaten darstellten. Was Argentinien angeht, so mussten beispielsweise Siedler, die am Erwerb von Bodenbesitz interessiert waren, weitaus ungünstigere und vor allem weniger verlässliche gesetzliche Normen in Kauf nehmen. An dieser Grundsituation hat sich bis heute wenig geändert. Beispiele aus jüngerer Zeit sind die dem landwirtschaftlichen Sektor 2008 ad hoc auferlegten Exportabgaben, die zwei Jahre später ohne

Vorwarnung von Seiten der Regierung durch eine weitere Exportsteuer auf die Ausfuhr von Fleisch ergänzt wurden.

Fehlen einer nationalen Entwicklungsstrategie

Ein Regierungsprogramm sucht man bei den meisten argentinischen Präsidenten der vergangenen Jahrzehnte vergebens. Ihr Kurs bewegte sich zwischen Maßnahmen, die durch Herrschaftsinteressen oder den Druck einflussreicher Interessengruppen bedingt waren, und der Reaktion auf die von ihren Vorgängern hinterlassenen Krisen und Missstände. Das ist kein neues Phänomen. Schon Yrigoyen, der Führer der Radikalen Partei, hatte 1916 kein anderes Programm, als der Verfassung zu ihrem Recht zu verhelfen und vor allem betrugsfreie Wahlen sicherzustellen. Und Perón setzte 30 Jahre später zwar sozial- und wirtschaftspolitische Prioritäten und verabschiedete sogar Fünfjahrespläne, richtete sich aber in der Praxis kaum danach. Auch die Militärregierungen kamen über plakative Schlagworte kaum hinaus.

Der tiefere Grund für die merkwürdige Sorglosigkeit, mit der die politischen Führungsgruppen in die Zukunft blicken, liegt vermutlich in dem überwältigenden Erfolg des von der traditionellen Elite aus der Taufe gehobenen Modells des »Wirtschaftswachstums nach außen«. Dieses Modell, das auf der Handelspartnerschaft mit Europa, insbesondere Großbritannien, beruhte, bescherte Argentinien einen 50 Jahre lang anhaltenden wirtschaftlichen Aufschwung, von dem alle sozialen Schichten profitierten, wenngleich in unterschiedlichem Maße. Er machte das Land reich und hinterließ tiefe nostalgische Spuren im kollektiven Bewusstsein. Zwar wurden schon während dieser Wachstumsphase und auch danach alternative Entwicklungsmodelle diskutiert und zum Teil auch ausprobiert, sie hatten aber keine Chance, jenes »goldene

Zeitalter« als tief sitzendes Wunschkonstrukt aus der Erinnerung zu verdrängen.

Wie man inzwischen weiß, ist eine Periode längeren und raschen wirtschaftlichen Wachstums kein reiner Segen für eine Gesellschaft. Bereits in den 1940er Jahren warnte der renommierte argentinische Wirtschaftswissenschaftler Carlos Octavio Bunge, es gelte mehr auf einen autozentrierten Wachstumskurs umzuschwenken. Dies nicht nur, um das Land unabhängiger von Handelspartnern zu machen, sondern vor allem, weil das auf dem Export agrarwirtschaftlicher Rohprodukte beruhende Modell wegen Erschöpfung der Bodenreserven bald an seine Grenzen stoßen würde. Er fand jedoch wenig Gehör, da die meisten Argentinier weder die Voraussetzungen noch die Folgen der mirakulösen Entwicklung ihres Landes sonderlich interessierten. Sie waren davon überzeugt, der Aufschwung sei vor allem ihrer außerordentlichen Tüchtigkeit und Strebsamkeit zu verdanken, und bezweifelten nicht, dass er weiter anhalten würde. Nur wenige begriffen, dass es letztlich eine glückliche Konstellation war, nämlich der wachsende Nahrungsmittelbedarf der expandierenden europäischen Industrieregionen und Argentiniens Fähigkeit, diesen Bedarf zu decken, die ihnen den wirtschaftlichen Segen bescherte. Eine Konstellation, die allerdings an Bedingungen, wie beispielsweise den Weltfrieden und die weltweite Respektierung des Freihandels, gebunden war, früher oder später also ihr Ende finden musste. Andere Länder wie Australien, die als Produzenten pflanzlicher und tierischer Produkte in einer ähnlichen Lage waren, empfingen beizeiten Warnsignale in Form von Absatzkrisen und begannen deshalb, die einheimische Industrie zu fördern. In Argentinien traf man keine vergleichbaren Anstalten.

Für die dennoch stattfindende Entwicklung der argentinischen Industrie war bezeichnend, dass dahinter keine dynamische Unternehmerschaft im Sinne Joseph Schumpeters stand, die innovationsfreudig und konkurrenzbewusst dem Agrar- und Viehzuchtsektor den wirtschaftlichen Vorrang streitig zu machen suchte. Vielmehr wurde der zunächst ausschließlich auf Konsumgüter ausgerichtete Industrialisierungsprozess teils von Migranten, teils von Großgrundbesitzern getragen, die hier lediglich eine zusätzliche Chance sahen, ihr Kapital gewinnbringend anzulegen. Diese Chance ergab sich vor allem daraus, dass keine neuen Märkte erschlossen, keine neuen Produkte entwickelt werden mussten, sondern beides aufgrund der aus Europa importierten Waren schon weitgehend vorhanden war. In dem Moment, in dem die verfügbaren Devisen nicht mehr ausreichten, um die Nachfrage nach europäischen Konsumgütern zu befriedigen, oder diese für argentinische Konsumenten zu teuer wurden, ergab sich für einheimische Unternehmen eine Möglichkeit, in die Bresche zu springen.

Damit haftete der Industrialisierung von vornherein ein defensiver Zug an, die Vermutung, sie könne sich früher oder später als überflüssig erweisen. Gewiss, es entstanden neue soziale Schichten und Gruppen, die den eingeschlagenen Weg verteidigten, vor allem eine Industrieunternehmerschaft und machtvolle Industriegewerkschaften. Auch wurde eine Rechtfertigungsformel gefunden, um das neue Wachstumsmodell zu legitimieren: »Der innere Markt« sollte erschlossen und für eine größere wirtschaftliche Unabhängigkeit der Nation Sorge getragen werden. Gleichwohl behielt der Industrialisierungskurs lange Zeit etwas Halbherziges, den Charakter einer zwar akzeptierten, aber nie gezielt geförderten wirtschaftspolitischen Option. Die Industriellen selbst, vor allem soweit sie aus Migrantenkreisen stammten, verstärkten oft diesen Eindruck. Einmal zu Wohlstand gelangt, hatten sie oft nichts Wichtigeres zu tun, als diesen in Grundbesitz anzulegen, um als Latifundienbesitzer am Sozialprestige dieser Klasse zu partizipieren. Dass die Industrie, deren Anteil am Bruttosozialprodukt jenen des Primärsektors seit dem Zweiten Weltkrieg übertraf, es hinsichtlich ihres sozialen Ansehens nie mit diesem aufnehmen konnte, lag zum einen am schlechten Ruf der einheimischen Industrieprodukte, die den importierten Waren an Qualität angeblich unterlegen waren. Eine Wertung, die wohl eher die traditionelle Überschätzung der Argentinier aller aus den Industrieländern stammenden Waren zum Ausdruck brachte als den objektiven Sachverhalt. Ein zweiter handfester Grund lag darin, dass die nationale, durch Zollbarrieren geschützte Industrie sich im Wesentlichen mit der Erschließung des nationalen Marktes begnügte und es nie wirklich schaffte, international konkurrenzfähig zu werden. Und da die nationale Industrie nie zur Exportreife gelangte, bleibt das Land bis zur Gegenwart zur Deckung seiner Importe primär auf die Ausfuhr einer begrenzten Zahl von Primärgütern angewiesen – mit all den negativen Folgen, die diese einseitige Ausrichtung mit sich bringt.

Zunächst jedoch gehörte zu den unmittelbaren sozialpsychologischen Effekten des raschen Wachstums und der umfassenden Wohlstandsmehrung ein überbordendes Selbstgefühl des Landes und seiner Bewohner. Die Argentinier waren überzeugt, als Nation ein großes Schicksal vor sich zu haben, sie sahen sich bereits als Partner der mächtigen Industrienationen. Sie gingen davon aus, dass ihr Land innerhalb Lateinamerikas eine Führungsrolle spielen solle und sich auch vor den USA nicht zu verstecken brauche, sondern auf gleicher Ebene Gespräche führen und verhandeln könne. Aus jener Zeit stammt der Ruf der Arroganz und Überheblichkeit, der vor allem den Einwohnern von Buenos Aires, den *porteños*, lange Zeit anhaftete. In der Außenpolitik machte sich Argentinien zum Anwalt der prinzipiellen Gleichheit und Souveränität aller Nationen. Argentinische Außenminister profilierten sich auf panamerikanischen Konferenzen in den 1930er Jahren oft als Rivalen und Gegenpol der USA. Das Land hielt im

Zweiten wie bereits im Ersten Weltkrieg lange an einer strikten Neutralitätspolitik gegenüber den kriegführenden Mächten fest und verscherzte sich damit gründlich die Sympathie der USA. Manche argentinische Sozialwissenschaftler sehen darin einen Hauptauslöser für den anschließenden Abstieg Argentiniens.

Innerhalb der argentinischen Gesellschaft löste das wirtschaftliche Wachstum Prozesse hoher sozialer Mobilität, allerdings teilweise auch überzogene Ansprüche und Erwartungen hinsichtlich der persönlichen und der nationalen Zukunft aus. Die sich eröffnenden Mobilitätschancen waren einerseits ein wichtiges Motiv für die Zähigkeit, mit der die Mittelschicht ihre Bildungs- und Berufspläne verfolgte, sie förderten jedoch andererseits auch eine Reihe fragwürdiger Eigenschaften, deren gemeinsamer Nenner die Gier nach rapide und mühelos erworbenem Reichtum war. Bereits der alten Oberschicht sagte man nach, sie habe ihr Geld im Zweifel in Spekulationsobjekte mit hohen kurzfristigen Gewinnchancen, etwa dem Immobiliensektor angelegt, und es britischen Firmen überlassen, in Bereichen wie dem Eisenbahnnetz und -bau zu investieren, die sich langfristig verzinsten. Ihrem Beispiel folgten viele, wenngleich auf bescheidenerem Niveau. Das Ausspähen einer günstigen Gelegenheit, das Ausstechen von Konkurrenten durch Schläue und List, Glücksspiele und Wetten, die bis heute mit Eifer und Passion betrieben werden, sind allesamt mentale Erbstücke der großen Expansionsphase.

Die bis heute anhaltende nationale Abhängigkeit vom Export vieh- und agrarwirtschaftlicher Primärprodukte hat tiefe Spuren in den kollektiven Denkgewohnheiten hinterlassen. »Wetter gut, Ernte gut, Export prächtig«, so ließe sich ein typischer kollektiver Erfahrungssatz zusammenfassen. Der »beef-cycle«, das heißt der Zyklus der Aufzucht der Rinder bis zur Schlachtreife, lässt es für Landwirte ebenso wenig nötig erscheinen, sich über längerfristige Perspektiven den Kopf zu zerbrechen, wie die regelmäßigen

Nachfrageschwankungen bei den von Argentinien produzierten Nahrungsmitteln. Die starke Außenabhängigkeit des Landes, verbunden mit der Möglichkeit kurzfristigen Klimawechsels oder unvorhersehbarer Entscheidungen der Regierung, begünstigt vielmehr ein Kalkül der Risikominderung und insgesamt eine Haltung des »Sichdurchwurstelns«, die bei vielen Argentiniern Nachahmung fand. Die regelmäßigen, für die gesamtwirtschaftliche Entwicklung des Landes typischen »stop-go-cycles« bedeuten, dass nach Abschwung- oder Stagnationsphasen regelmäßig wieder mit einer wirtschaftlichen Erholung zu rechnen ist. Weil das Land mit Krisen zu leben gelernt hat, lösen diese nur noch in den seltensten Fällen wie zum Beispiel bei der Hyperinflation von 1989 und dem Staatsbankrott von 2001/2002 eine kollektive Panik aus.

Was beim einzelnen Bürger verständlich und nachvollziehbar erscheint, stellt auf die Nation bezogen freilich einen eklatanten Mangel dar: das Fehlen einer kohärenten Zukunftsvision, einer Entwicklungsstrategie. Darin liegt möglicherweise die schwerwiegendste Konsequenz des sich über rund ein halbes Jahrhundert lang scheinbar mühelos akkumulierenden Wohlstandes. Er ersparte es der politischen Führungsschicht, sich über die wirtschaftliche und generelle Zukunft des Landes Gedanken zu machen. Wirtschaftliche Prosperität schien eine feste Größe zu sein, sie zu schaffen kein ernsthaftes Problem. Regierungen sahen ihre Hauptaufgabe in der angemessenen Verteilung des nationalen Sozialprodukts. So haben es die Präsidenten durchweg gehalten, und man sucht vergeblich nach einem, der sich des Bildungs- und Ausbildungssektors angenommen oder die Forschungs- und Technologiepolitik zu seinem Anliegen gemacht hätte. Das alles blieb den *fuerzas vivas del país*, den gesellschaftlichen Kräften, überlassen. Die Regierungschefs ließen es bei ein paar entwicklungspolitischen Schlagworten bewenden und widmeten sich im Übrigen primär verteilungspolitischen Fragen. Für eine Nation, die zunehmend von klassischen Problemen der Entwicklungsländer wie wachsender Armut, niedrigem Ausbildungsniveau der Jugend, Abwanderung der Akademiker ins Ausland und regionalen Disparitäten eingeholt wird, ist das ein Luxus, den sie sich eigentlich nicht länger leisten kann.

Identitätsprobleme, fehlendes Staats- und Gemeinwohlbewusstsein, übertriebener Individualismus, Unfähigkeit oder mangelnder Wille zum Entwurf einer nationalen Entwicklungsstrategie – man mag sich fragen, ob dies ausreicht, den Entwicklungsstillstand des Landes zu erklären. Haben andere Länder nicht vergleichbare Handicaps, ohne von Niedergangstendenzen bedroht zu sein? Tatsächlich sind es nicht allein die nüchternen Tatbestände, die den Abwärtstrend begründen, sondern deren spezifisch argentinische Ausformung und Einfärbung. Der Entwicklungsstillstand beruht nicht nur auf der hybriden Identität an sich, sondern zusätzlich aus der daraus resultierenden Militanz, welche die anderen aus dem nationalen Verband herausdefiniert und allein für die eigene Gruppe reklamiert, national zu sein. Auch ist ursächlich nicht allein das mangelnde Staats- und Gemeinwohlbewusstsein wirksam, sondern die Tatsache, dass diese Schwäche keinen ausreichenden Ausgleich durch die Verhandlungs- und Konsensbereitschaft aller Parteien und Gruppen erfährt und der überentwickelte Individualismus kein Gegengewicht in Form einer von allen anerkannten sanktionsbewehrten Rechtsordnung findet.

Die genannten Defizite bewirken nicht einzeln, sondern in ihrer Vernetzung und fatalen gegenseitigen Ergänzung einen kaum aufzuhaltenden Gesamttrend des »Auf-der-Stelle-Tretens«. Bleibt zu fragen, ob und wann es die Möglichkeit gab, diesen Trend zu stoppen, den Niedergangstendenzen Einhalt zu gebieten oder sie sogar umzukehren.

7. Gab es Alternativen?

Um zu prüfen, ob Argentinien die Chance hatte, die Entwicklungssackgasse, in der es sich seit geraumer Zeit befindet, zu verlassen und einen alternativen Weg einzuschlagen, bietet sich die sogenannte Theorie »pfadabhängiger Entwicklung« an. Ausgangspunkt dieser ursprünglich aus der Volkswirtschaft stammenden Theorie ist der empirische Befund, dass soziale Entwicklungsprozesse der unterschiedlichsten Art regelmäßig in zwei Phasen zerfallen: in lange Strecken, in denen die Kontinuität, das heißt die Fortsetzung des einmal eingeschlagenen Kurses, überwiegt; und in relativ kurze Phasen, in denen dieser in Frage gestellt wird. Dabei bleibt offen, warum ein einmal eingeschlagener Pfad – unabhängig, in welchem Bereich – über einen längeren Zeitraum hinweg nicht verlassen wird. Ob dies aus utilitaristischen Beweggründen geschieht, weil die Fortsetzung sich lohnt, aus machtpolitischen Gründen, weil einflussreiche Gruppen hinter ihm stehen, oder aus legitimatorischen Gründen, weil er ein besonderes Ansehen und Prestige genießt. In der Pfadabhängigkeitstheorie wird besonders betont, dass es Kräfte gibt, die an dem einmal eingeschlagenen Weg festhalten, obwohl theoretisch alternative Optionen effizienter und »rentabler« wären als der Pfad, der sich durchgesetzt hat. Diese alternativen Optionen kommen nur in kurzen Zwischenphasen zum Zuge, wenn ein Zyklus abgeschlossen ist, eine Entwicklung sich erschöpft hat. In diesen Zwischenphasen werden die Karten gewissermaßen neu gemischt und ergibt sich die Chance, die Weichen so zu stellen, dass daraus ein neuer Entwicklungsweg resultieren kann (aber nicht muss).

Der Ansatz pfadabhängiger Entwicklung ist theoretisches Neuland, das bislang nur vereinzelt empirisch getestet wurde. Die Untersuchungen bezogen sich vorwiegend auf den technischen und den wirtschaftlichen, nicht auf den gesellschaftlichen Bereich. Sie waren auf Einzelentwicklungen, etwa eine technische Erfindung oder eine Institution, beschränkt, befassten sich nicht, wie hier, mit einem ganzen Variablenbündel. Auch die Konstanz beziehungsweise Variabilität von Einstellungsmustern waren bislang nicht Untersuchungsgegenstand. Und schließlich bezogen sich die bisher vorliegenden Untersuchungen allesamt auf »positive« Entwicklungen, nicht auf fehlschlagende Prozesse. Gleichwohl erscheint es sinnvoll, den Grundgedanken dieser Theorie aufgreifend, zu fragen, ob und wann es in den vergangenen 80 Jahren der argentinischen Geschichte eine Chance, ein »Gelegenheitsfenster« (»window of opportunity«) gegeben hat, einen anderen Weg einzuschlagen. Mit »anderem Weg« ist gemeint, den Entwicklungspfad und seine sozialpsychologischen Korrelate zu verlassen, die durch den sozioökonomischen Aufschwung ab dem späten 19. Jahrhundert während der »Belle Époque« vorgezeichnet wurden. Als sogenannte »critical junctures«, Entscheidungspunkte beziehungsweise Weichenstellerphasen, kann unter diesem Gesichtspunkt die Lage während des Zweiten Weltkriegs und unter der Regierung Alfonsín gelten.

Mögliche Wendepunkte: Der Zweite Weltkrieg und die Alfonsín-Regierung

Da im Zweiten Weltkrieg eine Entwicklung kumulierte, die auf die zunehmende Infragestellung des klassischen Modells des »Wachstums nach außen« hinauslief, bietet diese historische Phase sich als theoretisch mögliche Weichenstellung für eine alternative Entwicklung an. Den Auftakt für die Verunsicherung bildete die Weltwirtschaftskrise, die das Ende der Freihandelsperiode einleitete und damit für Argentinien den bis dahin äußerst lukrativen Warenaustausch vor allem mit Großbritannien erschwerte. Mit dem generell sich abzeichnenden Einflussverlust des britischen Inselreichs, das von seiner Position als international führende Industrienation und politisch-militärische Großmacht zunehmend von den USA verdrängt wurde, verschoben sich auch die Handelsbeziehungen Argentiniens. Zunehmend auf Investitionen und fortgeschrittene Technologie aus den Vereinigten Staaten angewiesen, hatte Argentinien diesen wenig zu bieten, geriet im Gegenteil bei seinen Hauptexportgütern Getreide und Fleisch zu ihnen in eine sich verschärfende Konkurrenzsituation. Hinzu kam, dass Argentinien es sich außenpolitisch mit dem mächtigen Nachbarn im Norden verdorben hatte, da es sich auf panamerikanischen Konferenzen regelmäßig als ebenbürtiger Partner der USA zu profilieren suchte.

Nicht nur handels- und außenpolitisch, sondern auch innergesellschaftlich erwuchs dem exportlastigen Wachstumsmodell ein Konkurrent: Die aufstrebende Industrie profitierte zum einen von den bereits Anfang der 1930er Jahre einsetzenden Zuwanderungen »freigesetzter« ländlicher Arbeitskräfte in die Städte und zum anderen vom Nachfrageüberhang, der durch die Reduktion der Industrieimporte aus Europa aufgrund des Devisenengpasses entstanden war. Mit dem Industrialisierungsprozess entstand insbesondere im Großraum von Buenos Aires ein aufmüpfiges Industrieproletariat, das zunehmend für soziale Unruhe sorgte und soziale und politische Mitspracheansprüche anmeldete.

Rein machtpolitisch hatte es die alte Oberschicht noch einmal geschafft, die Zügel der Herrschaft in die Hand zu nehmen. Doch daraus erwuchs ihr kein bleibender Vorteil. Im Nachhinein betrachtet bildete ihre Regierungszeit in den 1930er Jahren die Vorstufe zur definitiven Abdankung als politische Klasse, obwohl ihre politische Vertretung in jenen Jahren die über Jahrzehnte hinweg maßgebliche, tragfähige Infrastruktur für die Metropole und den Verkehrsknotenpunkt Buenos Aires geschaffen hat und obwohl ein fähiges Team von Wirtschaftsexperten dafür sorgte, dass die unmittelbaren Auswirkungen der Weltwirtschaftskrise sich in Grenzen hielten und das Land alsbald zum Pfad wirtschaftlichen Wachstums zurückkehren konnte. Allerdings zielten die meisten wirtschafts- und finanzpolitischen Maßnahmen darauf, von dem klassischen Modell der exportorientierten Wirtschaft zu retten, was noch zu retten war, und dienten damit vorwiegend den Interessen der Agraroligarchie, die sich in mehrere Fraktionen aufgespalten hatte. Die aufkommende Industrie wurde zwar geduldet, teils auch indirekt unterstützt, unter den zahlreichen die Wirtschaft betreffenden Gesetze der 1930er Jahre lässt sich aber kein einziges entdecken, das explizit die Förderung von Industriezweigen zum Gegenstand gehabt hätte. Ebenso wenig wurde von der herrschenden Schicht zur Kenntnis genommen, dass mittlerweile eine industrielle Unternehmerschaft und ein industrielles Proletariat entstanden waren. Das war vielleicht ihr Hauptfehler und das, was am meisten zu ihrer Diskreditierung beitrug. Durch einen Militärputsch an die Macht gelangt, an der sie sich nur dank systematischen Wahlbetrugs behauptete, fuhr die alte Elite fort, das Land in patrimonialistischer Manier wie ihren privaten Besitz zu behandeln, ohne sich um die übrigen sozialen Schichten und Gruppen zu kümmern.

Der Zweite Weltkrieg wirkte wie ein Katalysator für diese Entwicklungen, die in den 1930er Jahren bereits das nahende Ende einer Epoche und einen sich anbahnenden Umschwung anzeigten. Er beschleunigte den sich schon vollziehenden Wandel und erzwang angesichts der durch den Krieg herbeigeführten Unsicherheiten und Risiken rasche und teils wegweisende Entscheidungen. Zu den wichtigsten innergesellschaftlichen Folgen zählte der jähe und gänzliche Stopp der Einfuhr europäischer Industrieprodukte. Dadurch erhielt die einheimische Industrie zusätzlichen Auftrieb, mit der Folge, dass sie hinsichtlich ihres Beitrags zum Bruttoinlandsprodukt den landwirtschaftlichen Sektor überflügelte. Da jedoch der Bedarf Großbritanniens an Rindfleisch und Getreide während des Krieges nicht zurückging, weiterhin also Nahrungsmittel aus Argentinien importiert wurden, sammelte sich in London ein stattliches Devisenguthaben des südamerikanischen Staates an. Die durch den Krieg erzeugte Rapidität der Machtverschiebung von Großbritannien zu den USA erschwerte für Argentinien den Umstellungs- und Anpassungsprozess an den neuen Hegemon und legte kurzfristige nationalistische Reaktionen auf Führungsansprüche aus dem Norden nahe.

Noch mehr als diese faktischen Entwicklungen beunruhigten die meisten Argentinier allerdings die aus dem Weltkriegsgeschehen resultierenden Unsicherheiten und Unwägbarkeiten. Wer würde aus dem gewaltigen militärischen Konflikt als Sieger hervorgehen? Und was würde das für das eigene, eng in die internationalen Handelsströme eingebundene Land bedeuten? War es wirklich wünschenswert, dass die nationale Industrie einen so rasanten Aufschwung nahm? Oder könnte sich die damit verbundene Konjunktur nicht als trügerisch erweisen, sobald sich nach dem Kriegsende die Industrieländer wieder erholt hätten und durch den Export ihrer technologisch überlegenen Produkte den einheimischen Industriesektor in Bedrängnis bringen würden?

Die Atmosphäre allgemeiner Unsicherheit und raschen Wandels ließ auch die Politik in Bewegung geraten. Die in den Kriegsjahren stattfindenden politischen Machtwechsel – zunächst die Verschiebung des Kräfteverhältnisses innerhalb des konservativ dominierten Regierungsbündnisses, dann 1943 der Militärputsch mit anschließenden Rivalitäten zwischen verschiedenen Offizierscliquen – endeten erst, nachdem Perón, der von der Führung der Streitkräfte inhaftiert worden war, unter dem Druck der Straße ein triumphales politisches Comeback feierte. Diese innenpolitischen Auseinandersetzungen wie auch der internationale Konflikt wurden von der Bevölkerung mit großer Anteilnahme und Interesse verfolgt. Im Laufe des Krieges bildeten sich zwei Lager heraus: das eine mehr mit den Alliierten sympathisierend, das andere auf der Seite der Achsenmächte stehend. Nach dem Militärputsch spaltete sich die Nation zusätzlich in eine Minderheitsfraktion, die der Ansicht war, die Streitkräfte sollten bis auf weiteres an den Schalthebeln der politischen Macht bleiben, während der Mehrheit an der baldigen Wiederherstellung demokratischer Verhältnisse gelegen war.

Doch gab es auch eine Bewegung hin zum Konsens, zumindest zu einer breiten Grundstimmung. Aus der Kriegssituation heraus – also ex negativo – kam es zur allgemeinen Stärkung des nationalen Bewusstseins: Das faktische kollektive Risiko erzeugte Gefühle gemeinsamer Hilflosigkeit und des Ausgeliefertseins. Die prekäre internationale Lage brachte allen schlagartig zu Bewusstsein, dass sie gewissermaßen in einem Boot saßen.

Auch die über eine lange Zeit von den verschiedenen Regierungen verfolgte Neutralitätspolitik in dem Weltkonflikt war von der Zustimmung der meisten Argentinier getragen. Zusätzlich bestärkt wurde diese Einstellung durch die brüsk ablehnende Haltung der USA gegenüber Argentiniens Vorschlag, die strikt neutrale Position mit jener einer »nicht kriegführenden Nation« zu vertauschen, was einer Art Sympathieerklärung für die Alliierten gleichkam. Wenig später waren es die USA ihrerseits, die nach Pearl Harbor, also Ende 1941, sämtliche amerikanischen Staaten drängten, sofort an ihrer Seite in den Krieg einzutreten. Diese jähe Schwenkung und die damit verbundene Zumutung an die Argentinier, sich opportunistisch dem neuen außenpolitischen

Kurs der aufstrebenden Weltmacht anzupassen, überforderten das argentinische Selbstbewusstsein. Noch war die Zeit nicht reif für eine Außenpolitik, die vom peripheren Realismus geprägt war.

Schließlich stieß auch die Forderung nach vermehrter staatlicher Lenkung und Intervention auf allgemeine Zustimmung. Eine entsprechende Tendenz hatte schon als Reaktion auf die Weltwirtschaftskrise an Boden gewonnen, als von der konservativen Regierung mehrere staatliche Koordinationsgremien ins Leben gerufen wurden, die schlichtend und regulierend die Verteilungskämpfe zwischen den verschiedenen Exportsektoren dämpften. Die durch die Kriegsereignisse ausgelösten Entwicklungen auf nationaler und internationaler Ebene verstärkten nicht nur bei den Streitkräften, sondern auch in der Bevölkerung den Eindruck, das schwerfällige und korrupte Parteiensystem sei durch die neue Lage überfordert. Der Putsch der Streitkräfte war somit keine isolierte militärische Unternehmung, sondern entsprach den Erwartungen vieler Argentinier.

Insgesamt also schien der Entwicklungspfad des »Wachstums nach außen« an die Grenzen seiner Möglichkeiten gestoßen zu sein und nach 50 Jahren des Erfolgs auszulaufen. Von den politischen Eliten ignoriert, hatten sich neue soziale Schichten und mit ihnen neue, durch den Krieg beschleunigte und verstärkte Entwicklungsoptionen herausgebildet. Argentinien war an der Schwelle zur Industriegesellschaft angelangt. Aus den vielfältigen und teils gegenläufigen Strömungen und Kräften während des Weltkriegs ging schließlich der Peronismus als neue Bewegung mit einem deutlich vom Modell des »Wachstums nach außen« abgehobenen politischen Programm hervor. So versuchte er der Nation ein solideres Identitätsfundament zu geben, indem er das bis dahin marginalisierte städtische Industrieproletariat integrierte und eine eigene nationale Doktrin, den *justicialismo*, kreierte. Er war sichtlich bestrebt, den Staat aus den partikularistischen Interessenkonflikten herauszuhalten und ihm eine überparteiliche, allein dem Gemeinwohl dienende Position zu sichern. Und er erkannte die Anfälligkeit einer allzu sehr vom Außenhandel abhängigen Wirtschaft und versuchte sie durch die gezielte Förderung der nationalen Industrie auf eigene Beine zu stellen. Doch das reichte nicht aus. So verdienstvoll die eine oder andere von Perón angestoßene Initiative war, bei ihrer Umsetzung konnte er sich nicht aus den herkömmlichen mentalen Mustern und Schemata befreien, so dass die meisten seiner Ideen bloße Rhetorik blieben. Zudem wurde er in der Fortsetzung des traditionellen Politikstils dadurch bestärkt, dass ihm zu Kriegsende in Form des angesammelten Devisenvorrats eine beträchtliche Ressourcenfülle zur Verfügung stand.

Der *justicialismo* hatte von Anfang an wenige Chancen, als nationale Identitätsbasis akzeptiert zu werden. Dazu trug er zu deutlich den Stempel seines Urhebers, der sich auch gehörig für diese geistige Leistung feiern ließ. Wie bei vielen bedeutenden argentinischen Staatsmännern bildeten auch bei Perón Eitelkeit und Selbstbezogenheit die Haupthindernisse, um als nationale Symbolfigur anerkannt zu werden. Im Ergebnis spaltete er die Nation, anstatt sie zu einen.

Wenngleich formell ein Verteidiger der Staatssouveränität, vermischte Perón, an die Herrschaft gelangt, alsbald parteipolitische und staatliche Interessen und verwechselte insbesondere seine persönlichen Machtambitionen mit dem Staatswohl. Auch hier war das Ergebnis der peronistischen Regierung der ursprünglich proklamierten Intention genau entgegengesetzt. Der partikularistische Zug im argentinischen Machtgefüge wurde nicht abgeschwächt, sondern zusätzlich verstärkt.

Was schließlich das von Perón verfolgte Projekt umfassender Industrialisierung einschließlich des Aufbaus einer nationalen Schwerindustrie angeht, so entpuppte es sich als ein Papiertiger.

Bei der Kredit- und Devisenvergabe bevorzugt sowie durch hohe Zollmauern gegen jegliche ausländische Konkurrenz geschützt, verzeichnete die nationale Industrie einige Jahre lang hohe Wachstumsraten. Als der staatliche Devisenvorrat erschöpft war, zeigte sich jedoch, dass die Unternehmer die beträchtlichen Gewinne kassiert, sie also nicht für zusätzliche Investitionen verwendet hatten. Die Industrie war weitgehend auf ihrem ursprünglichen, durch intensiven Arbeitskräfteeinsatz und anspruchslose Technologie geprägten Niveau stehen geblieben.

Insgesamt zeigt vor allem die erste peronistische Regierungszeit, dass es keineswegs an neuen Anläufen und Initiativen politischer, wirtschaftlicher, technischer Natur fehlte. Doch die mentalen Dispositionen waren weitgehend dieselben wie früher geblieben. Insofern gab es keine ernsthafte Infragestellung der bisherigen Entwicklung, keine »critical juncture«. Die Folge war, dass Argentinien die Schwelle zur Industriegesellschaft nie definitiv überschritten hat, das heißt ein industrialisiertes Land darstellt, dessen mentale Strukturen und Wunschvorstellungen weiterhin von der »Belle Époque« geprägt bleiben.

Wie das Beispiel der Weltkriegssituation und des Aufstiegs des Peronismus gezeigt hat, gleichen Zwischenphasen, auch wenn sie nur scheinbar offen sind, Experimentsituationen, in denen sich entscheidet, welchen strukturellen Faktoren eine tiefer gehende Veränderungspotenz zukommt. Gewiss trug der Peronismus zur Konsolidierung des sich bereits zuvor abzeichnenden neuen Modells des »Wachstums nach innen« bei, das eine Korrektur der traditionellen Fixierung des Landes auf den Außenhandel darstellte. Aber an den vorhandenen mentalen Einstellungen, die letztlich den Keim der stagnierenden Entwicklung des Landes in sich trugen, vermochte eine Politik forcierter Industrialisierung, stärkerer Betonung der Staatssouveränität und -initiative sowie die Aufwertung des nationalen Bezugsrahmens nur wenig zu ändern.

In der Politik der Alfonsín-Regierung war der Hauptakzent des angestrebten Wandels von vornherein gegen eines dieser mentalen Grundmuster, die Geringschätzung von Gesetz und Rechtsstaat durch die argentinische Gesellschaft, gerichtet. Zwar gelang es auch dieser Regierung nicht, Politik und Gesellschaft in der Aufwertung rechtsstaatlicher Verfahren und Prinzipien auf einen neuen Weg zu bringen. Dies lag aber vor allem an der fehlenden Nachhaltigkeit des neu eingeschlagenen Kurses, der sich zudem schlecht mit den anderen Einstellungsmustern, vor allem dem weiterhin dominierenden Gruppenpartikularismus, vereinbaren ließ.

Die Situation nach dem Rückzug der letzten Militärregierung von der politischen Macht war ausgesprochen günstig für die Wiederbesinnung auf die Bedeutung von Recht und Moral. Die Streitkräfte hatten durch die massive Verletzung der Menschenrechte den Sinn des individuellen Rechtsschutzes und rechtsförmiger Verfahren vor Augen geführt. Sie hatten sich zwar Sondervollmachten einräumen lassen und Sondertribunale zur strafrechtlichen Verfolgung der »Subversion« Verdächtiger geschaffen. Doch in der Praxis hatten sie es regelmäßig vorgezogen, »Linke« und angebliche Sympathisanten der Guerillagruppen in Nacht- und Nebelaktionen aus ihren Privatwohnungen zu entführen, anschließend in sogenannten Haftzentren zu foltern und sie schließlich verschwinden zu lassen, indem sie sie etwa betäubt aus Flugzeugen über dem offenen Meer abwarfen oder in Massengräbern verscharrten. Auf diese Weise sollen etwa 20 000 Menschen umgekommen sein. Die Beseitigung ihrer Landsleute ohne jegliches Verfahren war nur die spektakulärste Form, in der sich die Streitkräfte über alle Rechtsregeln hinweggesetzt hatten. Im Rahmen der von ihnen betriebenen neoliberalen Wirtschaftspolitik hoben sie zudem zahlreiche Sozialschutzklauseln und Normen des Kündigungsschutzes für die Arbeitnehmer auf. Und sie wurden ihrem eigenen Anspruch, die Staatsautorität wiederherzustellen, untreu, indem sie sich als hochgradig bestechlich erwiesen. Zusammen mit einer durchweg korrupten Gruppe öffentlicher Angestellter und Richter plünderten sie den Staatsapparat regelrecht aus. Die Quittung für die damit verbundene Zersetzung ihrer professionellen Moral wurde den Streitkräften bei dem absichtlich (aus Ablenkungsgründen) vom Zaun gebrochenen militärischen Konflikt mit Großbritannien um die Malvinas/Falkland-Inseln präsentiert, der für Argentinien mit einem militärischen Desaster endete.

Bevor sie, gründlich diskreditiert, die politische Bühne räumen mussten, erließen die Streitkräfte noch ein Amnestiegesetz in eigener Sache, um sich gegen eventuell drohende strafrechtliche Verfolgungsmaßnahmen zu schützen. Während sich die Peronisten insoweit verhandlungsbereit zeigten, steuerte Alfonsín von vornherein einen härteren Kurs. Mit der Propagierung ethischer und moralischer Grundwerte setzte er sich in seinem Wahlkampf deutlich von der Militärregierung ab. Nach seinem etwas überraschenden Wahlsieg stellte er weiterhin Pluralismus und Dialogbereitschaft, den Respekt vor den Institutionen und der Verfassung sowie generell die Prinzipien der Rechtsstaatlichkeit und demokratischen Selbstbestimmung in den Mittelpunkt seines politischen Programms – was einer kleinen Revolution in dem Lande gleichkam.

So war es denn auch nur konsequent, dass zu den Schwerpunkten von Alfonsíns Politik die Aufarbeitung des durch das Militärregime begangenen Unrechts gehörte. Dabei ging es um die Grundwerte der Wahrheit und der Gerechtigkeit. Im Zeichen der Wahrheitsfindung wurde eine Kommission eingesetzt, die den Umfang und die Intensität der Menschenrechtsverletzungen durch die staatlichen Sicherheitskräfte herausfinden sollte. Aufgrund ihrer Untersuchungen, aus denen sich der systematische Charakter der militärischen Repressionskampagne ergab, wurden die führenden Köpfe der Militärregierung, durchweg Offiziere im Ruhestand, zu hohen Haftstrafen verurteilt.

Alfonsín ließ es nicht bei der aufsehenerregenden, weil in Lateinamerika einmaligen Verurteilung der Spitzen der Militärdiktatur bewenden, sondern machte auch im politischen Alltagsgeschäft Ernst mit den Postulaten der Rechtsstaatlichkeit und des Dialogs. Er zog bei der Besetzung von Stellen des Obersten Gerichtshofs, eine der klassischen Domänen des Präsidenten, die Opposition mit zur Beratung heran. Er konsultierte vor Beilegung des Grenzkonflikts mit Chile das Parlament und ließ die Entscheidung durch ein Plebiszit bestätigen. Und er wertete das Parlament durch ausführliche Debatten über Gesetzesvorhaben, etwa das neue Scheidungsgesetz, auf. Außerdem führte er auch in den Verhandlungen mit den Interessengruppen und -verbänden einen neuen Stil ein, indem er sie an einen gemeinsamen Tisch zu bringen und zu einvernehmlichen Lösungen zu gelangen suchte (sogenannte *concertación*).

Dahinter stand der weiter gehende Plan einer Staatsreform, zu der unter anderem eine Reform der Verfassung und die Verlegung der Hauptstadt in den Süden des Landes gehören sollte. Mit seinen Vorhaben und seinem Regierungsstil stieß der Präsident der Radikalen Partei vor allem bei den Mittelschichten auf breite Zustimmung. Offenbar traf er mit seinem Plädoyer für Toleranz, Pluralismus und Gerechtigkeit die generelle politische Aufbruchsstimmung, die nach dem Militärregime in dem Lande herrschte. Der Vertrauensschub zugunsten einer emanzipierten Bürgerschaft und der jungen Demokratie fand unter anderem seinen Niederschlag in dem Zulauf, den die Parteien verbuchten. Rund 30 Prozent aller Wahlberechtigten sollen in den Jahren 1983/1984 einer politischen Partei angehört haben. Auch das Rechtsbewusstsein und das Vertrauen in die Justiz nahmen zu, nachdem die Hauptverantwortlichen des Militärregimes verurteilt worden waren.

Mehr Menschen als früher riefen die Gerichte bei rechtlichen Auseinandersetzungen an, und die Medien berichteten häufiger und eingehender über Gerichtsverfahren.

Die demokratisch-rechtsstaatliche Welle der Mobilisierung hielt ungefähr vier Jahre lang an, dann ebbte sie ab. Alfonsíns Nachfolger, Carlos Menem, setzte sich, wie die meisten seiner Vorgänger, oft skrupellos über die Gesetze und die Grundprinzipien des Rechtsstaates hinweg. Er stieß dabei auf Kritik, diese spitzte sich aber zu keinem Zeitpunkt so sehr zu, dass er um sein Amt fürchten musste. Im Gegenteil, er wurde sogar für eine zweite Amtszeit gewählt. Woran lag das? Handelte es sich bei der von breiten Bevölkerungsschichten getragenen rechtsstaatlichen Renaissance nach 1983 nur um ein flüchtiges Strohfeuer?

Neben seinem personalistischen Regierungsstil und diversen kleineren, mit den proklamierten Prinzipien schlecht zu vereinbarenden Rechtsverstößen waren es im Wesentlichen zwei Dinge, mit denen Alfonsín seiner Sache schadete. Zum Ersten unterschätzte er die Bedeutung wirtschafts- und finanzpolitischer Probleme. Als die Inflationsrate nicht lange nach seinem Amtsantritt eine besorgniserregende Höhe erreichte, verabschiedete er den *Plan Austral*, ein wirtschaftliches Stabilisierungsprogramm, mit dessen Hilfe er die Geldentwertung vorübergehend stoppen konnte. Durch diesen Erfolg sorglos gemacht, schob er aber wichtige Entscheidungen in diesem Bereich so lange vor sich her, bis die Inflation erneut auf Rekordmarken anstieg und nicht mehr zu bremsen war. Der zweite Grund lag in seiner allzu weit gehenden Großzügigkeit gegenüber dem Militär. Als eine Fronde von Offizieren um den Rädelsführer Rico in der Osterwoche 1987 rebellierte, lenkte er zu rasch ein und gab den Forderungen dieser Gruppe nach. Das kostete ihn viele Sympathien in der Bevölkerung. Obwohl sein Wunsch, Blutvergießen zu vermeiden, verständlich war, fragten sich viele, ob es sich nicht gelohnt hätte, um der Wahrung demokratischer und rechtsstaatlicher Prinzipien willen ein größeres Risiko einzugehen, wo doch vor 1983 von den Militärs Zehntausende sinnlos oder mit Scheinbegründungen umgebracht worden waren.

Nicht weniger fielen jedoch die gesellschaftlichen Kräfte ins Gewicht, die Alfonsíns Politik regelrecht blockierten. Neben einem Teil der Streitkräfte und der sich jeder Zusammenarbeit verweigernden oppositionellen peronistischen Partei sind hier vor allem die Gewerkschaften und das Unternehmerlager zu nennen. Beide weigerten sich, sich der Selbstdisziplin einer konzertierten Aktion zu unterwerfen, sondern verfolgten rücksichtslos ihre Gruppeninteressen. Auch die ausländischen Gläubiger zeigten wenig Verständnis für die politische Aufbruchsstimmung in dem hochverschuldeten Land und bestanden auf den fälligen Schuldendienstzahlungen beziehungsweise der Rückzahlung von Schulden. Vor allem die unflexible Haltung des Internationalen Währungsfonds brachte den Staatshaushalt in große Bedrängnis.

Und die Bevölkerung? Auch sie wurde bei aller Aufgeschlossenheit für den demokratisch-rechtsstaatlichen Neubeginn aufgrund der sich verschlechternden wirtschaftlichen Situation zunehmend skeptisch gegenüber der Amtsführung der Radikalen. Konnte Alfonsín 1985 noch seinen Wahlerfolg von 1983 wiederholen, so brachten die nächsten Teilwahlen von 1987, als deutlich wurde, dass der *Plan Austral* gescheitert war, der Regierung empfindliche Stimmenverluste. Spätestens die Hyperinflation von 1989 drängte die Fragen der Rechtsstaatlichkeit und des Pluralismus in den Hintergrund und begründete das Ansehen jenes Politikers, der sich in der Lage zeigte, der galoppierenden Inflation Einhalt zu gebieten: Carlos Menems.

Die dominierende Prägekraft bestimmter mentaler Syndrome scheint echte politische und gesellschaftliche Veränderungen in Argentinien nicht zuzulassen. Insofern greifen Versuche einiger

Sozialwissenschaftler, den Stillstand des Landes bestimmten Personen, Gruppen oder Bewegungen der jüngeren Geschichte anzulasten, zu kurz, da die Ursachen tiefer liegen. Selbst kollektive Missgeschicke und Krisen wie die letzte Militärdiktatur, die Hyperinflation oder der Staatsbankrott konnten diese mentalen Muster nicht grundlegend tangieren. Offenbar haben sich die Argentinier gegenüber schockartig hereinbrechendem Unheil so weitgehend immunisiert, dass dieses – eine Ausnahme bilden die unter der letzten Militärregierung »Verschwundenen« – keine bleibenden Spuren und Traumata in der Kollektivseele hinterlassen. Eine so einschneidende Katastrophe, dass diese Immunisierung aufgebrochen und eine grundlegende Veränderung der tief sitzenden Einstellungs- und Verhaltensmuster erzwungen würde, ist weder wahrscheinlich noch dem Land zu wünschen. So ist es denn am wahrscheinlichsten, dass das Verharren im Wartestand, mit unübersehbaren Niedergangstendenzen, weiter anhält.

Literaturverzeichnis

Übersichtsdarstellungen
Bethell, Leslie (Hg.): *Argentina since Independence*, Cambridge 1993.
Carreras, Sandra/Potthast, Barbara: *Eine kleine Geschichte Argentiniens*, Berlin 2010.
Corradi, Juan E.: *The Fitful Republic: Economy, Society and Politics in Argentina*, Boulder 1985.
Donghi, Tulio Halperín: *Argentina: La democracia de masas*, Buenos Aires 1986.
Ferns, Henry Stabley: *Argentina*, New York 1969.
Luna, Félix: *Breve Historia de los Argentinos*, Buenos Aires 1996.
Losada, Leandro: *Historia de las élites en la Argentina. Desde la conquista hasta el surgimiento del peronismo*, Buenos Aires 2009.
Riekenberg, Michael: *Kleine Geschichte Argentiniens*, München 2009.
Rock, David: *Argentina 1516–1987: From Spanish Colonization to Alfonsín*, Berkeley 1987.
Rouquie, Alain: *Pouvoir militaire et société politique en République Argentine*, Paris 1977.

Kapitel 1
Botana, Natalio R.: *El orden conservador*, Buenos Aires 1979.
Bunge, Alejandro E.: *Una nueva Argentina*, Buenos Aires 1940.
Cornblit, Oscar: »La opción conservadora en la política argentina«, in: *Desarrollo Económico*, Vol. 14, No. 53–56 (1975), S. 599–639.
Di Tella, Guido/Zymelman, Manuel: *Las Étapas del Desarrollo Económico Argentino*, Buenos Aires 1967.
Fodor, Jorge/O'Connell, Arturo: »La Argentina y la economía atlántica en la primera mitad del siglo XX«, in: *Desarrollo Económico*, Vol. 13, No. 49 (1973), S. 3–65.
Gallo, Ezequiel: *La pampa gringa: La colonialización agrícola en Santa Fe (1870–1895)*, Buenos Aires 1983.
Godio, Julio: *El movimiento obrero argentino (1910–1930): Socialismo, sindicalismo, y comunismo*, Buenos Aires 1987.

Losada, Leandro: »Sociabilidad, distinción y alta sociedad en Buenos Aires: los clubes sociales de la élite porteña (1880–1930)«, in: *Desarrollo Económico*, Vol. 45, No. 180 (enero – marzo 2006), S. 547–572.

Luna, Félix: *Yrigoyen*, Buenos Aires 1981.

McGee Deutsch, Sandra: *Counterrevolution in Argentina, 1900–1932: The Argentine Patriotic League*, Nebraska 1986.

Newton, Ronald: *German Buenos Aires, 1900–1933: Social Change and Cultural Crisis*, Austin 1977.

Rock, David: *Politics in Argentina 1890–1930: The Rise and Fall of Radicalism*, Cambridge 1975.

Rock, David: *State Building and Political Movements in Argentina, 1860–1916*, Stanford 2002.

Sábato, Hilda: *The Many and the Few. Political Participation in Republican Buenos Aires*, Stanford 2001.

Scobie, James R.: *Revolution on the Pampas. A social History of Argentine Wheat, 1860–1910*, Austin 1964.

Solberg, Carl E.: *Immigration and Nationalism. Argentina and Chile, 1890–1914*, Austin 1970.

Solberg, Carl E.: »The Tariff and Politics in Argentina 1916–1930«, in: *HAHR (Hispanic American Historical Review)* 53/2 (1973), S. 260–284.

Villanueva, Javier: »El origen de la industrialización argentina«, in: *Desarrollo Económico*, Vol. 12, No. 47 (1972), S. 451–476.

Kapitel 2

Ciria, Alberto: *Política y cultura popular: la Argentina peronista 1946–1955*, Buenos Aires 1983.

Ciria, Alberto: *Partidos y poder en la Argentina moderna (1930–1946)*, Buenos Aires 1985.

Cramer, Gisela: *Argentinien im Schatten des Zweiten Weltkriegs: Probleme der Wirtschaftspolitik und der Übergang zur Ära Perón*, Stuttgart 1999.

Di Tella, Guido/Dornbusch, Rüdiger (Hg.): *The Political Economy of Argentina 1946–1983*, London 1989.

Diaz Alejandro, Carlos F.: *Essays on the Economic History of the Argentine Republic*, New Haven 1970.

Escudé, Carlos: *Gran Bretaña, Estados Unidos y la declinación argentina, 1942–1949*, Buenos Aires 1988.

Falcoff, Mark/Dolkart, Ronald H. (Hg.): *Prologue to Perón: Argentina in Depression and War, 1930–1943*, Berkeley 1975.

Fraser, Nicholas/Navarro, Marysa: *Eva Perón*, London 1980.

Girbal-Blacha, Noemí: *Mitos, paradojas y realidades de la Argentina peronista, (1946–1955). Una interpretación histórica de sus decisiones político-económicas*, Bernal 2003.

James, Daniel: *Resistance and Integration: Peronism and the Argentine Working Class, 1946–1976*, Cambridge 1988.

Luna, Felix: *El 45*, Buenos Aires 1986.

Meding, Holger (Hg.): *Nationalsozialismus und Argentinien: Beziehungen, Einflüsse und Nachwirkungen*, Frankfurt/Main 1995.

O'Connell, Arturo: »Argentina in the Depression: Problems of an Open Economy«, in: Rosemary Thorp (Hg.): *Latin America in the 1930s: The Role of the Periphery in World Crisis*, London 1984, S. 88–221.

Page, Joseph: *Perón. A Biography*, New York 1983.

Plotkin, Mariano: *Mañana es San Perón. Propaganda, rituales políticos y educación en el régimen peronista (1946–1955)*, Buenos Aires 1994.

Potash, Robert A.: *Army and Politics in Argentina, 1928–1945: Yrigoyen to Perón*, Stanford 1969.

Potash, Robert A.: *The Army and Politics in Argentina, 1945–1962: Perón to Frondizi*, Stanford 1980.

Rapoport, Mario: *Gran Bretaña, Estados Unidos y las clases dirigentes argentinas*, Buenos Aires 1983.

Schönwald, Matthias: *Deutschland und Argentinien nach dem Zweiten Weltkrieg. Politische und wirtschaftliche Beziehungen und deutsche Auswanderung 1945–1955*, Paderborn 1988.

Smith, Peter: *Carne y Política en la Argentina*, Buenos Aires 1968.

Torre, Juan C.: *La vieja guardia sindical y Perón: sobre los orígenes del peronismo*, Buenos Aires 1990.

Waldmann, Peter: *Der Peronismus 1943–1955*, Hamburg 1974.

Kapitel 3

Agulla, Juan C.: »Estructura social de la sociedad argentina (un análisis censal: 1960–1980)«, in: *Anales de la Academia Nacional de Ciencias de Buenos Aires 1988*, S. 5–53.

Altimir, Oscar: »Estimaciones de la distribución del ingreso en la Argentina, 1953–1980«, in: *Desarrollo Económico*, Vol. 100 (1986), S. 521–566.

De Riz, Liliana: *Retorno y Derrumbe. El último gobierno peronista*, Buenos Aires 1987.

Donghi, Tulio Halperín: *Argentina en el callejón*, Buenos Aires 1995.

Evers, Tilman: *Militärregierung in Argentinien. Das politische System der »Argentinischen Revolution«*, Hamburg 1972.

Haffa, Annegret: *Beagle-Konflikt und Falkland (Malwinen)-Krieg. Zur Außenpolitik der argentinischen Militärregierung 1976–1983*, München 1987.

Hamburger Institut für Sozialforschung: *Nie wieder! Ein Bericht über Entführung, Folter und Mord durch die Militärdiktatur in Argentinien*, Weinheim/Basel 1987.

Imaz, José L. de: *Los que mandan*, Buenos Aires 1965.

Imaz, José L. de: *Los Hundidos: Evaluación de la población marginal*, Buenos Aires 1974.

Jackisch, Carlota: *Los partidos políticos en América Latina: desarrollo, estructura y fundamentos programáticos: El caso argentino*, Buenos Aires 1990.

Katz, Jorge/Kosacoff, Bernardo: *El proceso de industrialización en la Argentina: evolución, retroceso y perspectiva*, Buenos Aires 1989.

Kirkpatrick, Jeane: *Leader and Vanguard in Mass Society: A Study of Peronist Argentina*, Cambridge/Mass. 1971.

Llovet, Ignacio: »Tenencia de la tierra y estructura social en la provincia de Buenos Aires«, in: Osvaldo Barsky u. a.: *La agricultura pampeana: Transformaciones productivas y sociales*, Buenos Aires 1988, S. 249–294.

Luna, Felix: *Argentina de Perón a Lanusse: 1943–1973*, Buenos Aires 1973.

Mallon, Richard/Sourrouille, Juan: *Economic Policymaking in a Conflict Society: The Argentine Case*, London 1975.

Moyano, María José: *Argentina's Lost Patrol. Armed Struggle 1969–1979*, Yale 1995.

Novaro, Marcos/Palermo, Vicente: *La dictadura militar 1976–1983: del golpe de Estado a la restauración democrática*, Buenos Aires 2003.

O'Donnell, Guillermo A.: *Estado y alianzas en la Argentina, 1956–1976*, Buenos Aires 1976.

Sábato, Jorge F.: »Stagnation et progrès de l'agriculture: Le problème de la pampa«, in: *Problèmes d'Amérique Latine* 68 (1983), S. 80–101.

Schvarzer, Jorge: *Estructura y comportamiento de las grandes corporaciones empresarias argentinas (1955–1983)*, Buenos Aires 1990.

Sidicaro, Ricardo: »Permanence et transformations du système des parties politiques en Argentine«, in: *Problèmes d'Amérique Latine* 68 (1983), S. 17–40.

Wynia, Gary W.: *Argentina in the Postwar Era: Politics and Economic Policy Making in a Divided Society*, Albuquerque 1978.

Kapitel 4

Auyero, Javier: »The Logic of Clientelism in Argentina: An Ethnographic Account«, in: *Latin American Research Review*, Vol. 35 (2000), No. 3, S. 55–81.

Bodemer, Klaus: »Argentinische Außenpolitik: Die schwierige internationale Positionierung einer Macht zweiter Ordnung«, in: Klaus Bodemer u.a. (Hg.): *Argentinien heute*, Frankfurt am Main 2002, S. 403–436.

Boeckh, Andreas: »Alte und neue Formen der Armut«, in: Klaus Bodemer u.a. (Hg.): *Argentinien heute*, Frankfurt am Main 2002, S. 297–318.

Boris, Dieter/Tittor, Anne: *Der Fall Argentinien. Krise, soziale Bewegungen und Alternativen*, Hamburg 2009.

Carreras, Sandra: »Politische Kultur und politisches Verhalten in Zeiten der Krise«, in: Klaus Bodemer u.a. (Hg.): *Argentinien heute*, Frankfurt am Main 2002, S. 15–36.

Donghi, Tulio Halperín: »Die historische Erfahrung Argentiniens im lateinamerikanischen Vergleich«, in: Detlef Nolte/Nicolaus Werz (Hg.): *Argentinien. Politik, Wirtschaft, Kultur und Außenbeziehungen*, Frankfurt am Main 1996, S. 18–28.

Escudé, Carlos: *Realismo Periférico*, Buenos Aires 1992.

Escudé, Carlos: *El Estado Parasitario. Argentina: Ciclos de vaciamiento, clase política delictiva y colapso de la política exterior*, Buenos Aires 2005.

Gerchunoff, Pablo: »Causas y azares ... en más de un siglo de historia económica argentina«, in: Roberto Russell (Hg.): *Argentina 1910–2010. Balance del Siglo*, Buenos Aires 2010, S. 103–166.

Gorelik, Adrian/Silvestri, Graciela: »Das Ende der Expansion. Stadt und Stadtkultur in Buenos Aires 1976–2000«, in: Klaus Bodemer u.a. (Hg.): *Argentinien heute*, Frankfurt am Main 2002, S. 437–460.

Haldenwang, Christian von: »Die föderative Ordnung Argentiniens: Auf der Suche nach einem neuen Steuerungsmodell«, in: Klaus Bodemer u.a. (Hg.): *Argentinien heute*, Frankfurt am Main 2002, S. 385–402.

Kessler, Gabriel: *Delito, sentimiento de inseguridad y políticas públicas*, Manuskript, Buenos Aires 2010.

Kessler, Gabriel: »Der Abstieg der argentinischen Mittelschicht«, in: Klaus Bodemer u.a. (Hg.): *Argentinien heute*, Frankfurt am Main 2002, S. 271–298.

Konrad-Adenauer-Stiftung: *Demokratie-Index Lateinamerika*, Konrad-Adenauer-Stiftung 2009.

Levitsky, Steven: »An ›Organised Disorganisation‹: Informal Organisation and the Persistence of Local Party Structures in Argentine Peronism«, in: *Latin American Studies*, Vol. 33 (2001), S. 29–65.

Llanos, Mariana: *Privatization and Democracy in Argentina. An Analysis of President-Congress Relations*, Oxford 2002.

Merkx, Gilbert W.: »Recessions and Rebellions in Argentina, 1870–1970«, in: *HAHR (Hispanic American Historical Review)*, Vol. 53 (1973), No. 2, S. 285–295.

Messner, Dirk: »Wirtschaftsstrategie im Umbruch«, in: Detlef Nolte und Nicolaus Werz (Hg.): *Argentinien. Politik, Wirtschaft, Kultur und Außenbeziehungen*, Frankfurt am Main 1996, S. 149–176.

Münziger Länderberichte: *Argentinien*, Ravensburg 2009.

Mustapic, Ana María: *Argentina: La fluidez del sistema de partidos y la presidencialización de la política*, Manuskript, Buenos Aires 2010.

Nolte, Detlef: »Demokratie und Marktwirtschaft in Lateinamerika: Politische Institutionen und wirtschaftliche Reformen in der Wahrnehmung der Bürger«, in: Peter Birle u. a. (Hg.): *Demokratie und Entwicklung in Lateinamerika*, Frankfurt am Main 2006, S. 123–157.

Radsek, Michael: »Das argentinische Militär: Vom Machtfaktor zum Sozialfall?«, in: Klaus Bodemer u. a. (Hg.): *Argentinien heute*, Frankfurt am Main 2002, S. 83–103.

Romero, Luis Alberto: »Democracia, República y Estado: Cien Años de Experiencia Política en la Argentina«, in: Roberto Russell: *Argentina 1910–2010. Balance del Siglo*, Buenos Aires 2010, S. 15–102.

Russell, Roberto: »La Argentina del segundo centenario: ficciones e realidades de la política exterior«, in: Roberto Russell: *Argentina 1910–2010. Balance del Siglo*, Buenos Aires 2010, S. 227–309.

Sabáto, Hilda: »Demokratie in Agonie?«, in: Klaus Bodemer u. a. (Hg.): *Argentinien heute*, Frankfurt am Main 2002, S. 663–684.

Sangmeister, Hartmut: »Von der Binnenorientierung zur selektiven Weltmarktintegration: Argentiniens Außenhandel im Wandel«, in: Klaus Bodemer u. a. (Hg.): *Argentinien heute*, Frankfurt am Main 2002, S. 183–214.

Svampa, Maristella: *La sociedad excluyente. La Argentina bajo el signo del neoliberalismo*, Buenos Aires 2006.

Torre, Juan Carlos: »Transformaciones de la sociedad argentina (1910–2010)«, in: Roberto Russell: *Argentina 1910–2010. Balance del Siglo*, Buenos Aires 2010, S. 167–226.

Waldmann, Peter: »Regelsprengender Individualismus. Ein Essay zum Normenverständnis der Argentinier«, in Klaus Bodemer u.a. (Hg.): *Argentinien heute*, Frankfurt am Main 2002, S. 59–82.

Werz, Nicolaus: »Democracia, actitudes políticas y partidos en América Latina«, in: *Diálogo Político*, 4/2009, S. 33–56.

Wolff, Jonas: *Turbulente Stabilität. Die Demokratie in Südamerika jenseits ferner Ideale*, Baden-Baden 2008.

Kapitel 5–7

Botana, Natalio: *El orden conservador. La política argentina entre 1880 y 1916*, Buenos Aires 1977.

Capoccia, Giovanni/Kelemen, Daniel: »The Study of Critical Junctures. Theory, Narrative and Counterfactuals in Historical Institutionalism«, in: *World Politics*, Vol. 59 (2007), S. 341–369.

Carreras, Sandra: »Die Entwicklung der Parteien seit Beginn der Demokratisierung«, in: Detlef Nolte und Nicolaus Werz (Hg.): *Argentinien. Politik, Wirtschaft, Kultur und Außenbeziehungen*, Frankfurt am Main 1996, S. 241–259.

Carreras, Sandra: »Politische Kultur und politisches Verhalten in der Krise«, in: Klaus Bodemer u.a. (Hg.): *Argentinien heute*, Frankfurt am Main 2002, S. 15–36.

Corradi, Juan E.: *The Fitful Republic. Economy, Society and Politics in Argentina*, Boulder/London 1985.

Cramer, Gisela: *Argentinien im Schatten des Zweiten Weltkriegs. Probleme der Wirtschaftspolitik und der Übergang zur Ära Perón*, Stuttgart 1999.

Donghi, Tulio Halperín: »Die historische Erfahrung Argentiniens im lateinamerikanischen Vergleich. Konvergenzen und Divergenzen im Laufe des 20. Jahrhunderts«, in: Detlef Nolte/Nicolaus Werz (Hg.): *Argentinien. Politik, Wirtschaft, Kultur und Außenbeziehungen*, Frankfurt am Main 1996, S. 15–28.

Escudé, Carlos: *Gran Bretaña, Estados Unidos y la declinación argentina 1942–1949*, Buenos Aires 1983.

Escudé, Carlos: *El Estado parasitario. Argentina: Ciclos de vaciamiento, clase política delictiva y colapso de la política exterior*, Buenos Aires 2005.

Johns, Michael: »The Antinomies of Ruling Class Culture: The Buenos Aires Elite, 1880–1910«, in: *Journal of Historical Sociology*, Vol. 6 (1993), No. 1, S. 74–101.

Koselleck, Reinhart: »›Fortschritt‹ und ›Niedergang‹ – Zur Geschichte zweier Begriffe«, in: Reinhart Koselleck: *Begriffsgeschichten*, Frankfurt am Main 2006, S. 159–181.

Losada, Leandro: *Historias de las élites en la Argentina. Desde la conquista hasta el surgimiento del peronismo*, Buenos Aires 2009.

MacLachlan, Colin M.: *Argentina. What Went Wrong*, Westpoint/London 2006.

Mahoney, James: »Path Dependence in Historical Sociology«, in: *Theory and Society*, Vol. 29 (2000), No. 4, S. 507–548.

Martínez, Tomás Eloy: »A Culture of Barbarism«, in: Colin M. Lewis/ Nissa Torrents (Hg.): *Argentina in the Crisis Years (1983–1990)*, London 1993, S. 11–23.

Nino, Carlos S.: *Un país al margen de la ley*, Buenos Aires 1992.

Nohlen, Dieter: »Argentinien: Ursachen und Folgen einer Staats- und Gesellschaftskrise«, in: Dieter Nohlen/Hartmut Sangmeister (Hg.): *Macht, Markt, Meinungen. Demokratie, Wirtschaft und Gesellschaft in Lateinamerika*, Wiesbaden 2004, S. 75–91.

Olsen, Mancur: »Rapides Wachstum als Destabilisierungsfaktor«, in: Klaus von Beyme (Hg.): *Revolutionsforschung*, Opladen 1973, S. 205–222.

Riekenberg, Michael: *Kleine Geschichte Argentiniens*, München 2009.

Romero, Luis Alberto: »The Argentine Crisis: A Look at the Twentieth Century«, in: Flavia Fiorucci/Marcus Klein (Hg.): *The Argentine Crisis at the Turn of the Millennium. Causes, Consequences and Explanations*, Amsterdam 2004, S. 15–39.

Sarmiento, Domingo F.: *Facundo. Civilización y Barbarie*, Buenos Aires 1972.

Torre, Juan Carlos: »Conflict and Cooperation in Governing the Economic Emergency: The Alfonsín Years«, in: Colin M. Lewis/Nissa Torrents (Hg.): *Argentina in the Crisis Years (1983–1990)*, London 1993, S. 73–89.

Waisman, Carlos H.: *Reversal of Development in Argentina. Postwar Counterrevolutionary Policies and Their Structural Consequences* (Politische Vierteljahresschrift), Princeton 1987.

Waldmann, Peter: *Der Peronismus 1943–1955*, Hamburg 1974.

Waldmann, Peter: »Argentinien: Schwellenland auf Dauer?«, in: *PVS*, Sonderheft 16 (1985), »Dritte-Welt-Forschung«, S. 113–134.

Waldmann, Peter: *Der anomische Staat: Über Recht, öffentliche Sicherheit und Alltag in Lateinamerika*, Opladen 2002.

Wynia, Gary W.: *Argentina in the Postwar Era: Politics and Economic Policy Making in a Divided Society*, Albuquerque 1978.

Danksagung

Es ist unmöglich, an dieser Stelle alle argentinischen Freunde und Bekannten aufzuzählen, die mir über Jahrzehnte hinweg treu waren und in der einen oder anderen Form mein Argentinien-Bild geprägt und mein Wissen über dieses Land bereichert haben. Ich möchte deshalb nur drei von ihnen dankend erwähnen: Miguel Murmis, Carlos Escudé und der inzwischen verstorbene José Luis de Imaz.

Meinen Dank möchte ich auch nochmals Frau Gisela Cramer, meiner ehemaligen Promovendin, für ihre Mithilfe bei dem Handbuchartikel aussprechen, der die Grundlage für diese Publikation bildet.

Bei der Sammlung von Material für die schwer zu beurteilende jüngste Phase der argentinischen Geschichte war mir Juan Carlos Torre besonders behilflich. In Deutschland konnte ich meine Thesen mit Wolfgang Knobl, Peter Imbusch und Heinrich W. Krumwiede diskutieren. H. W. Krumwiede und Sandra Carreras lasen zudem eine erste Fassung des analytischen Teils und trugen durch kritische Kommentare zu dessen Verbesserung bei. Ihnen allen sei an dieser Stelle herzlich gedankt.

Im angelsächsischen Wissenschaftsmilieu ist es üblich, dergleichen Danksagungen mit der obligatorischen Formel abzuschließen, der Autor allein habe selbstredend die Irrtümer und Fehlschlüsse zu vertreten, die seine Arbeit enthalte. Wenn ich diesen Passus aufgreife und hiermit betone, niemanden außer mir treffe die Verantwortung für die in diesem Essay aufgestellten Thesen, so handelt es sich indes um mehr als einen puren Formalismus.

Denn ich kann mir gut vorstellen, dass etliche meiner Freunde meine skeptischen Überlegungen über den argentinischen »Entwicklungsstillstand« keineswegs teilen. Sie mögen mir diese Skepsis nachsehen.

Peter Waldmann, Augsburg, im Juli 2010